余绪缨经典文集

纪念余绪缨诞辰100周年系列丛书

余绪缨 著

SPM 南方传媒 | 广东经济出版社

·广州·

图书在版编目（CIP）数据

余绪缨经典文集 / 余绪缨著. —广州：广东经济出版社，2022.9
（纪念余绪缨诞辰100周年系列丛书）
ISBN 978-7-5454-8163-1

Ⅰ. ①余… Ⅱ. ①余… Ⅲ. ①会计学—文集 Ⅳ. ①F230-53

中国版本图书馆CIP数据核字（2021）第260497号

责任编辑：周伊凌　魏　维　孙　媛
责任技编：陆俊帆
封面设计：柏拉图

余绪缨经典文集
YU XUYING JINGDIAN WENJI

出版人	李　鹏
出　版 发　行	广东经济出版社（广州市环市东路水荫路11号11～12楼）
经　销	全国新华书店
印　刷	珠海市国彩印刷有限公司 （珠海市金湾区红旗镇永安一路国彩工业园）
开　本	787毫米×1092毫米　1/16
印　张	23.25
字　数	345千字
版　次	2022年9月第1版
印　次	2022年9月第1次
书　号	ISBN 978-7-5454-8163-1
定　价	118.00元

图书营销中心地址：广州市环市东路水荫路11号11楼
电话：（020）87393830　邮政编码：510075
如发现印装质量问题，影响阅读，请与本社联系
广东经济出版社常年法律顾问：胡志海律师

选编说明

2021年4月6日，厦门大学隆重举行百年庆典。一篇题为《这是我们要追的星！百年厦大，群贤璀璨》的文章瞬间“刷屏”整个微信圈。著名会计学家、管理学家、经济学家和教育家，中国管理会计学科的开拓者和奠基人，厦门大学资深教授余绪缨先生就是其中一颗璀璨之星。

1922年8月，余绪缨先生出生于江西靖安。1945年，余绪缨先生以优异的成绩毕业并受聘于母校厦门大学，从此开始了其一生从事的教学与科研相结合的漫长学术生涯。

2007年9月23日，余绪缨先生永远告别其毕生挚爱的会计学教育与科研事业。

2022年是余绪缨先生诞辰100周年。缅怀余绪缨先生的最好方式就是理解其学术思想，并加以继承和发扬光大。为纪念余绪缨先生诞辰100周年，余绪缨先生的亲属和学生们决定出版：（1）《余绪缨经典文集》，选编余绪缨先生不同时期、不同主题的经典论文30篇；（2）《一绪长缨——余绪缨传记》，记录余绪缨先生“多彩”的学术人生。

根据分工，由余绪缨先生的学生胡玉明和刘运国负责选编《余绪缨经典文集》的论文篇目。现将论文篇目的选编过程说明如下：（1）考虑余绪缨先生自己的“偏好”。优先考虑余绪缨先生生前亲自审定的论文集《会计理论与现代管理会计研究》（中国财政经济出版社，1989年12月）、《余绪缨学术文集》（辽宁人民出版社，2000年9月）、《余绪缨综合文集》（中国财政经济出版社，2003年12月）和《管理、管理会计理论与实践的新发展》（暨南大学出版社，2006年7月）所入选的论文篇目。（2）综合考虑论文的经典性、普适性（尽量避免鲜明的时代烙印）、可理解性（尤其是年轻人能够理解）和前瞻性。（3）兼顾不同时期与不同主题的论文篇目之间的平衡。（4）胡玉明与刘运国根据余绪缨论文目录各自分别选定论文篇目。凡是两人共同选定的论文篇目马上确定入选，凡是两人意见不同的论文篇目经过讨论后达成共识再确定入选。

经过上述选编过程，最后选定30篇论文（包括会计学基础理论5篇、管理会计基本理论10篇、管理会计人文化10篇和管理会计人才培养5篇）汇编成《余绪缨经典文集》。为了便于阅读，《余绪缨经典文集》按主题分类排列，同一个主题按论文发表时间的先后顺序排列。《余绪缨经典文集》的所有论文都以其发表时的原貌，"原汁原味"地呈现。

余绪缨先生学贯中西，博古通今，卓然有成，著作等身，我等难以企及。作为余绪缨先生的学生，继承和发扬先生的学术思想我等责无旁贷，但还是诚惶诚恐，唯恐选编不当，遗漏余绪缨先生的经典之作。好在《余绪缨经典文集》附有"余绪缨先生主要论文目录"，可供各位同仁查验。当然，我等还是应该承担选编不当之责。

感谢广东省出版集团和广东经济出版社的大力支持。特别感谢广东经济出版社周伊凌女士、魏维女士和孙媛女士的精心编辑。

胡玉明　刘运国

2021年11月2日

目录

余绪缨先生青年时期　摄于1952年

第一辑

会计学基础理论

币值变动会计之理论及其方法

一、币值与会计

企业会计为今日工商业用以统制其经济活动之主要工具。一企业纷繁之经济活动，苟无会计为适当之记载、分析和整理，企业管理者及其利害关系人将无以得知企业之财政状况及其经营过程，营业政策、信用政策之厘定亦无依据。为使会计方法能普遍应用于繁复之经济社会，会计学者乃择定一共同之估价单位（Valuation Unit）为计算之基础，非借此共同之估价单位为之媒介，形态各殊、性质互异之各种资产负债势无法相加减，会计亦无所用其术。由于近代之经济交换，悉以货币为媒介，财货与劳务之经济价值，均以货币表示之，因此各国通用之“法偿币”亦同时被采用为各国之记账单位。一切纷繁复杂之交易，经精密之会计程序，最后均转化为货币数量之增减。根据货币数量之增减记录，财产净值与营业损益，亦易于确定。此传统会计方法之所以被称为“金钱会计”或“货币会计”也。

凡稍具经济学识者，咸知货币之经济意义，不在其本身之内的价值，而在其每单位所能购买财物或劳务之数量。换言之，货币之经济价值视其“购买力”（Purchasing Power）而定。传统会计方法既以货币为“共同之估价单位”，必须币值稳定，以货币单位所表示之财货或劳务之相对价值，始有其正确性；如遇货币价值之本身动荡无定，货币单位自不足以尽

业损益可按通常方法列表如下：

销货		$3,000
销货成本：		
期初存货	1,000	
购货	2,000	
	$3,000	
期末存货	2,000	1,000
毛利		$2,000

据诸实际情形，该公司已实现利益，如照跌落之币值计算，毛利应为$1,000而非$2,000，其差异之产生乃由于期初存货之“虚伪涨价”$800及期末存货之“未实现涨价”（Unrealized Appreciation）$200，于上表中均已计作本期收益，本期收益因而有同额之膨大。此种情形应如何修正，俟下节讨论“会计方法之修正”时再行申论。至于无实体价值项目，乃指现金、银行存款、应收票据、应收账款、应付票据、应付账款等而言。此等项目之实体即为货币，如遇货币价值变动，其无实体价值亦随之升降。换言之，无实体价值项目之借项可称为“货币价值资产”（Money-Value Assets），此等资产乃代表有收取“定额货币”之权利。同理，无实体价值项目之贷项可称为“货币价值负债”（Money-Value Liabilities），此等负债乃负有支付“定额货币”之义务。当货币价值下落时，有实体价值项目之“借差”（币值资产大于币值负债）将使企业丧失其“购买力”之一部分而发生“货币亏损”，反之，无实体价值项目如有“贷差”（币值负债大于币值资产），将使企业节省其“购买力”之一部分而发生“货币盈余”。此等“货币亏损”或“货币盈余”，当企业有巨额之币值资产与币值负债时，恒为影响“资本实值”之重要因素。因此优良之企业管理，在未明币值涨落之趋向以前，应使其币值资产与币值负债之数额相接近，庶币值变动之风险可资转嫁。如确知货币价值有继续上涨或下落之趋势，则

其“价值尺度”之功能。申言之，物价（财货价值之货币表示）之涨落，或由于货物之原因，或由于货币之原因，或受二者共同之影响。其由于货物之原因者，乃基于生产（指广义之生产而言）技术或供需关系之转变，为财货“经济价值”（Economic Value）之涨落。其由于货币之原因者，指市场通货之膨胀或收缩，以致表示同一经济价值之货币单位必须增加或减少。因此，物价之变动，非分析其中货值经币值增减之比例，仍无以获悉其变动之经济意义。通常“一般物价水准”（General Price Level）之变动可视为币值变动之反映；而“个别物价水准”（Specific Price Level）之升降，则由币值与货值二因素所组成。此间之关系，可写成简单公式如下：

（1）币值=100/一般物价指数

（2）货值=个别物价指数/一般物价指数

因此“货币会计”之应用，必须币值稳定，其货币数字之增减记录始无碍于财政状况与营业成绩之正确表示。如我国目前情况，通货膨胀继续不已，物价因币值下落而急剧上涨，其影响所及，工商业之外表无不显示虚伪之繁荣。此时，企业之会计报表均显示营业扩张、资产增加、利益优厚，企业管理者如据此虚夸之账面数字进行分派股息，其结果，将使企业之“实物营业量”与“资本实值”日益缩减，再生产过程无法长时继续。会计学者有鉴于此，及期于会计技术上有所改进，借谋记账单位之相对稳定。

二、币值变动与资本维持

基于上述之分析，“货币会计”因币值下落所显示之虚伪之繁荣，将使企业之“资本实值”蒙受无形之亏损。因此，会计方法之改善，当以“资本维持学说”（Capital Maintenance Theory）为其理论之中心。向之持资本维持说者，又有货币资本（Money Capital）维持说、财物资本

业损益可按通常方法列表如下：

销货		$3,000
销货成本:		
期初存货	1,000	
购货	2,000	
	$3,000	
期末存货	2,000	1,000
毛利		$2,000

据诸实际情形，该公司已实现利益，如照跌落之币值计算，毛利应为$1,000而非$2,000，其差异之产生乃由于期初存货之“虚伪涨价”$800及期末存货之“未实现涨价”（Unrealized Appreciation）$200，于上表中均已计作本期收益，本期收益因而有同额之膨大。此种情形应如何修正，乃指俟下节讨论“会计方法之修正”时再行申论。至于无实体价值项目，乃指现金、银行存款、应收票据、应收账款、应付票据、应付账款等而言。此等项目之实体即为货币，如遇货币价值变动，其无实体价值亦随之升降。换言之，无实体价值项目之借项可称为“货币价值资产”（Money-Value Assets），此等资产乃代表有收取“定额货币”之权利。同理，无实体价值项目之贷项可称为“货币价值负债”（Money-Value Liabilities），此等负债乃负有支付“定额货币”之义务。当货币价值下落时，有实体价值项目之“借差”（币值资产大于币值负债）将使企业丧失其“购买力”之一部分而发生“货币亏损”，反之，无实体价值项目如有“贷差”（币值负债大于币值资产），将使企业节省其“购买力”之一部分而发生“货币盈余”。此等“货币亏损”或“货币盈余”，当企业有巨额之币值资产与币值负债时，恒为影响“资本实值”之重要因素。因此优良之企业管理，在未明币值涨落之趋向以前，应使其币值资产与币值负债之数额相接近，庶币值变动之风险可资转嫁。如确知货币价值有继续上涨或下落之趋势，则

其“价值尺度”之功能。申言之，物价（财货价值之货币表示）之涨落，或由于货物之原因，或由于货币之原因，或受二者共同之影响。其由于货物之原因者，乃基于生产（指广义之生产而言）技术或供需关系之转变，为财货“经济价值”（Economic Value）之涨落。其由于货币之原因者，指市场通货之膨胀或收缩，以致表示同一经济价值之货币单位必须增加或减少。因此，物价之变动，非分析其中货值经币值增减之比例，仍无以获悉其变动之经济意义。通常“一般物价水准”（General Price Level）之变动可视为币值变动之反映；而“个别物价水准”（Specific Price Level）之升降，则由币值与货值二因素所组成。此间之关系，可写成简单公式如下：

（1）币值=100/一般物价指数

（2）货值=个别物价指数/一般物价指数

因此“货币会计”之应用，必须币值稳定，其货币数字之增减记录始无碍于财政状况与营业成绩之正确表示。如我国目前情况，通货膨胀继续不已，物价因币值下落而急剧上涨，其影响所及，工商业之外表无不显示虚伪之繁荣。此时，企业之会计报表均显示营业扩张、资产增加、利益优厚，企业管理者如据此虚夸之账面数字进行分派股息，其结果，将使企业之“实物营业量”与“资本实值”日益缩减，再生产过程无法长时继续。会计学者有鉴于此，及期于会计技术上有所改进，借谋记账单位之相对稳定。

二、币值变动与资本维持

基于上述之分析，“货币会计”因币值下落所显示之虚伪之繁荣，将使企业之“资本实值”蒙受无形之亏损。因此，会计方法之改善，当以“资本维持学说”（Capital Maintenance Theory）为其理论之中心。向之持资本维持说者，又有货币资本（Money Capital）维持说、财物资本

业损益可按通常方法列表如下：

销货		$3,000
销货成本:		
期初存货	1,000	
购货	2,000	
	$3,000	
期末存货	2,000	1,000
毛利		$2,000

据诸实际情形，该公司已实现利益，如照跌落之币值计算，毛利应为$1,000而非$2,000，其差异之产生乃由于期初存货之“虚伪涨价”$800及期末存货之“未实现涨价”（Unrealized Appreciation）$200，于上表中均已计作本期收益，本期收益因而有同额之膨大。此种情形应如何修正，俟下节讨论“会计方法之修正”时再行申论。至于无实体价值项目，乃指现金、银行存款、应收票据、应收账款、应付票据、应付账款等而言。此等项目之实体即为货币，如遇货币价值变动，其无实体价值亦随之升降。换言之，无实体价值项目之借项可称为“货币价值资产”（Money-Value Assets），此等资产乃代表有收取“定额货币”之权利。同理，无实体价值项目之贷项可称为“货币价值负债”（Money-Value Liabilities），此等负债乃负有支付“定额货币”之义务。当货币价值下落时，有实体价值项目之“借差”（币值资产大于币值负债）将使企业丧失其“购买力”之一部分而发生“货币亏损”，反之，无实体价值项目如有“贷差”（币值负债大于币值资产），将使企业节省其“购买力”之一部分而发生“货币盈余”。此等“货币亏损”或“货币盈余”，当企业有巨额之币值资产与币值负债时，恒为影响“资本实值”之重要因素。因此优良之企业管理，在未明币值涨落之趋向以前，应使其币值资产与币值负债之数额相接近，庶币值变动之风险可资转嫁。如确知货币价值有继续上涨或下落之趋势，则

涨2.4倍（即该机器之重置成本为$24,000），此时，该机器之折旧可依上述三法计算如下：

（1）原始成本折旧法：折旧额=$10,000/10=$1,000

（2）重置成本折旧法：折旧额=$24,000/10=$2,400

（3）购买力成本折旧法：折旧额=（$10,000 ÷ $\frac{100}{300}$）÷ 10=$3,000

以上第二法与第三法所得结果之不同，乃起因于特殊物价水准与一般物价水准之差异。此种差异（240/300=0.8）即显示该机器市场价值之相对低落。似此情形，企业之“财物资本”即能维持，仍无以保障“资本实值”之完整，此财物资本维持说之有其严重之缺点也。

基于上述经济资本维持说之理论，关于流动资产部分尚有“币值资产”与“营业资产”之处理问题。吾人以为企业之资产负债可分为两大类，一为有实体价值（Corporeal Value）项目，一为无实体价值（Incorporeal Value）项目。前者如房屋、机器、原料、存货等，其价值即存于其实体中，货币仅用以表示其价值之工具。且其实体价值不受币值变动之影响，币值变动，唯用以表示其实体价值之货币单位亦相当应增减而已。此一类项目，除固定资产应采用上述“购买力成本折旧法”外，其余原料、商品存货等营业资产（Trading Assets）之处理亦非易事。当通货膨胀时期，存货之涨价，有所谓“真实涨价”（Real Appreciation）与“虚伪涨价”（Fictitious Appreciation）之分，二者非严加分辨，将无以明悉营业正确之盈亏。例如，设某公司于一般物价指数100时有存货100件，价值$1,000，其后一般物价指数上涨至180，该项存货之市场价格亦上涨一倍，此时，该存货之“真实涨价”与“虚伪涨价”可计算如下：

（1）真实涨价=（$1,000+$1,000）−（$1,000 ÷ $\frac{100}{180}$）=$200

（2）虚伪涨价=（$2,000−$1,000）−$200=$800

又设该公司于一般物价水准上涨至180后，会购入同样货品100单位，每单位购价$20，同时，按照每单位$30之价格出售之，此时，该公司之营

（Material Capital）维持说与经济资本（Economic Capital）维持说诸种。所谓货币资本维持，又称名义资本（Nominal Capital）或法定资本（Legal Capital）之维持，意即企业之资本以维持经官署登记之货币数量为满足，其因币值下落所受之损害，非起因于企业之内部因素，亦非企业管理者所应负其咎。所谓财物资本之维持，意即股东之出资虽为货币，然其背面实代表有实体价值之财产，此定额之资本经管理者周转运用，若干年后，无论货币价值之涨落，至少必须以投入资产之相等价值返还各投资人，企业之原投资本始可称完整无缺。至于经济资本之维持，亦称“真实资本”或“购买力资本”之维持，此说以通货继续膨胀时期，货币资本之维持固失资本维持之本义，即财物资本之维持，如遇此一定量财货之相对价值未尽稳定，仍无以达资本维持之效果。因此“资本实值”之维持，严格言之，应以市场一般财资之总价值为对象，庶原投资本不致损失其“一般购买力”，盖非如此，将无以保持各股份之原有经济价值也。

上述财物资本维持说与经济资本维持说表现于会计方法上之不同，可举固定资产折旧为例。大凡生产企业均以固定资产为资产结构之主要成分，固定之资产折旧亦为生产成本之重要因素。当币值下落，物价继续上涨时，固定资产之折旧如仍以资产之原始成本（Original Cost）为计算之基础，其结果，必使折旧费用少计，利益夸大，同时，折旧基金之累积亦无以应新资产换置之所需。因此，主财物资本维持说者，以历期之折旧费用应取决于资产之重置成本（Replacement Cost），以期固定资产废弃时，折旧基金之累积，得以购置相同之设备以资抵补，庶企业之“财物资本”得以保全。而主经济资本维持说者，以资产之原始成本表面上虽为一定量之货币，精确言之，当视为一定量之“购买力”。而折旧费用之计作成本，亦所以谋逐次损耗之“购买力”能取偿于产品售价也。故此说以历期折旧额之决定当基于“原始成本除以币值变动率”，以期企业投放于固定资产之资金得以保存其原有之经济价值。此间之关系可举简单数字为例：设某公司于X年（基年）购置机器一架，价值$10,000，其使用年限为十年，无残余价值。至Y年，一般物价指数上涨至300，机器之价格亦上

其“价值尺度”之功能。申言之，物价（财货价值之货币表示）之涨落，或由于货物之原因，或由于货币之原因，或受二者共同之影响。其由于货物之原因者，乃基于生产（指广义之生产而言）技术或供需关系之转变，为财货“经济价值”（Economic Value）之涨落。其由于货币之原因者，指市场通货之膨胀或收缩，以致表示同一经济价值之货币单位必须增加或减少。因此，物价之变动，非分析其中货值经币值增减之比例，仍无以获悉其变动之经济意义。通常“一般物价水准”（General Price Level）之变动可视为币值变动之反映；而“个别物价水准”（Specific Price Level）之升降，则由币值与货值二因素所组成。此间之关系，可写成简单公式如下：

（1）币值=100/一般物价指数

（2）货值=个别物价指数/一般物价指数

因此“货币会计”之应用，必须币值稳定，其货币数字之增减记录始无碍于财政状况与营业成绩之正确表示。如我国目前情况，通货膨胀继续不已，物价因币值下落而急剧上涨，其影响所及，工商业之外表无不显示虚伪之繁荣。此时，企业之会计报表均显示营业扩张、资产增加、利益优厚，企业管理者如据此虚夸之账面数字进行分派股息，其结果，将使企业之“实物营业量”与“资本实值”日益缩减，再生产过程无法长时继续。会计学者有鉴于此，及期于会计技术上有所改进，借谋记账单位之相对稳定。

二、币值变动与资本维持

基于上述之分析，“货币会计”因币值下落所显示之虚伪之繁荣，将使企业之“资本实值”蒙受无形之亏损。因此，会计方法之改善，当以“资本维持学说”（Capital Maintenance Theory）为其理论之中心。向之持资本维持说者，又有货币资本（Money Capital）维持说、财物资本

其币值资产与币值负债间差额之决定，应尽可能使本公司处于有利之地位，以期资本实值能于无形中有所增进。

三、会计方法之修正

如上所云，当币值变动剧烈时，传统会计方法不足为企业盈亏之正确表示，因而影响资本实值之完整。因此会计方法之改善，应以“营业损益”与“货币损益”之划分并保持原投资本之经济价值为其基本要件。吾人试以通货膨胀为例。通货膨胀之过程，货币价值因时而异，记账单位亦失其稳定，如以先后期不同价值之货币数字逐相加减，其结果，自不足以供给正确而合理之会计资料。会计学者有鉴于此，乃倡议除供市场交易之“通货银元”（Current Dollar）外，并须设立一种假想之“基准银元”（Standard Dollar）作为计算之准绳。此种“基准银元”乃代表基期之货币价值，亦即代表一般物价指数100时之货币价值，其价值不受通货膨胀之影响。会计实务上，该项“基准银元”可直接应用于账簿之记载，亦可减轻记账手续仅用于决算之分析。其各法之大要，分述如下：

（1）复单位记账法：此法以通货膨胀时期，账簿之记载同时采用两种单位，一为对外之记账单位，即通用银元单位，一为对内之事实单位，即基准银元单位。交易之发生，除记载其通用银元外，并依币值变动率将通用银元折合基准银元一并记载之。如此，货币损益与营业损益可予划分，营业结果亦能为正确之表示。兹举例以明之：设某公司于××年一月一日（基期）开始营业，一月一日至一月六日币值变动及其所发生之交易汇总如下，试为之一一记入总分类簿，并结清各账户，编制期末资产负债表如下。

币值变动表

基期：×× 年一月一日

日期		一般物价指数	币值
1	1	100	1
	2	111	.9
	3	125	.8
	4	143	.7
	5	167	.6
	6	200	.5

甲公司交易汇总表

日期		交易事项
1	1	资本主某甲投资现金 ＄400，商品 ＄600，器具 ＄500 本日开始营业
	2	赊购商品 ＄200
	3	赊售商品 ＄400
	4	收到应收账款 ＄100
	5	应付杂项费用 ＄100
	6	收到佣金收益商品 ＄50
	6	商品盘存 ＄1,200

甲公司总分类簿

杂项费用

1	5	应付账款	S.$ 60	C.$ 100	1	6	营业损益	S.$ 60	C.$ 120
	6	货币损益		20					
			S.$ 60	C.$ 120				S.$ 60	C.$ 120

佣金收益

1	6	营业损益	S.$ 25	C.$ 50	1	6	商　品	S.$ 25	C.$ 50

商品盘存

1	6		S.$ 600	C.$ 1,200					

货币损益

1	6	现　金	S.$ 220		1	6	商　品		C.$ 520
	6	应收账款	100			6	器　具		500
	6	资　本		C.$ 1,500		6	应付账款	S.$ 90	
						6	杂　费		20
						6	损　益	230	460
			S.$ 320	C.$ 1,500				S.$ 320	C.$ 1,500

营业损益

1	6	杂　费	S.$ 60	C.$ 120	1	6	商　品	S.$ 115	C.$ 230
	6	损　益	80	160		6	佣　金	25	50
			S.$ 140	C.$ 280				S.$ 140	C.$ 280

损　益

1	6	货币损益	S.$ 230	C.$ 460	1	6	营业损益	S.$ 80	C.$ 160
						6	资本主	150	300
			S.$ 230	C.$ 460				S.$ 230	C.$ 460

现　金

1	1	投　资	S.$ 400	C.$ 400	1	6	结　存	S.$ 250	C.$ 500
	4	收　账	70	100		6	货币损益	220	
			S.$ 470	C.$ 500				S.$ 470	C.$ 500

商　品

1	1	投　资	S.$ 600	C.$ 600	1	3	赊　售	S.$ 320	C.$ 400
	2	赊　购	180	200		6	盘　存	600	1,200
	6	佣　金	25	50					
	6	营业损益	115	230					
	6	货币损益		520					
			S.$ 920	C.$ 1,600				S.$ 920	C.$ 1,600

器　具

1	1	投　资	S.$ 500	C.$ 500	1	6	差　额	S.$ 500	C.$ 1,000
	6	货币损益		500					
			S.$ 500	C.$ 1,000				S.$ 500	C.$ 1,000

资本主某甲投资

1	6	损　益	S.$ 150	C.$ 300	1	1	投　资	S.$ 1,500	C.$ 1,500
	6	差　额	1,350	2,700		6	货币损益		1,500
			S.$ 1,500	C.$ 3,000				S.$ 1,500	C.$ 3,000

应付账款

	6	差　额	S.$ 150	C.$ 300	1	2	商　品	S.$ 180	C.$ 200
	6	货币损益	90			5	费　用	60	100
			S.$ 240	C.$ 300				S.$ 240	C.$ 300

应收账款

1	3	商　品	S.$ 320	C.$ 400	1	4	收　现	S.$ 70	C.$ 100
						6	差　额	150	300
						6	货币损益	100	
			S.$ 320	C.$ 400				S.$ 320	C.$ 400

甲公司资产负债表

××年一月六日（传统法）

现　　金	$　500	应付账款	$　300
应收账款	300	资本主某甲投资	1,500
商　　品	1,200	本期净利	700
器　　具	500		
	$ 2,500		$ 2,500

甲公司资产负债表

××年一月六日（修正法）

现　　金	S.$　250	C.$　500	应付账款	S.$　150	C.$　300
应收账款	150	300	资本主某甲投资	1,500	3,000
商　　品	600	1,200	亏绌	（150）	（300）
器　　具	500	1,000			
	S.$ 1,500	C.$ 3,000		S.$ 1,500	C.$ 3,000

如上例所示，甲公司之会计事务如沿用“传统法”为之处理，其结果示净利益$700，与本文修正法之示净损失$300（或基准货币$150）者适得其反。该司以其无实体价值项目之借差受通货膨胀之损失。不仅营业净利悉被削，且其资本实值较诸开业时已减少10%。如更依传统法所示之净利进行分派股息，其资本实值之亏折自更行严重。传统法之谬误及其无以尽会计之原始功能，至属显然。

（2）转换账法：此法亦采用通用银元与基准银元两种单位，唯欲免除每交易逐一折合之繁，乃设立两套独立之账簿，一为通用货币簿，一为基准货币簿。前者专记载与币值俱变之无实体价值项目，后者专记载不受币值影响之有实体价值项目。两套账簿之间用“转换账”以资联络。凡交易涉及有实体价值项目与无实体价值项目者，两套账簿中均应有完整之记载，如只涉及一方，仅于其有关方面为单独之记载。至于营业过程中所发生之损益项目（非实物账户），严格言之，应视为“一定量购买力”

之消长，此等项目亦应按发生时之币值变动率记入基准货币簿，以期营业盈亏之正确表示。倘若货币损益之决定，可比较两套账簿间“转换账”之余额得之。结账时，通用货币簿转换账之余额以结账日之币值合成基准货币后，如与基准货币簿转换账所示之余额不同，其差额即为本期之货币损益，该项损益应另设账户记入基准货币簿。其记账之详细程序可例解如下（例题同第一法）。

通用货币分类簿

现　金

1/1	转换账	\$ 400	1/6	结　存	\$ 500
4	收　账	100			
		\$ 500			\$ 500

应收账款

1/3	转换账	\$ 400	1/4	现　金	\$ 100
			6	差　额	300
		\$ 400			\$ 400

应付账款

1/6	差　额	\$ 300	1/2	转换账	\$ 200
			5	转换账	100
		\$ 300			\$ 300

转换账

1/2	应付账款	\$ 200	1/1	现　金	\$ 400
5	应付账款	100	3	应收账款	400
6	差　额	500			
		\$ 800			\$ 800

基准货币分类簿

商　品

1/1	投　资	$ 600	1/3	转换账	$ 320
2	转换账	180	6	盘　存	600
6	佣　金	25			
6	营业损益	115			
		$ 920			$ 920

器　具

1/1	投　资	$ 500			

资本主某甲投资

1/6	损　益	$ 150			$ 1,500
6	差　额	1,350			
		$ 1,500			$ 1,500

杂项费用

1/5	转换账	$ 60	1/6	营业损益	$ 60

佣金收益

1/6	营业损益	$ 25	1/6	商　品	$ 25

商品盘存

1/6		$ 600			

转换账

1/1	投资	$ 400	1/2	商品	$ 180
3	商品	320	5	杂费	60
			6	货币损益	230
			6	差额	250
		$ 720			$ 720

货币损益

1/6	转换账	$ 230	1/6	损益	$ 230

营业损益

1/5	杂费	$ 60	1/6	商品	$ 115
6	损益	80	6	佣金	25
		$ 140			$ 140

损益

1/6	货币损益	$ 230	1/6	营业损益	$ 80
			6	资本主	150
		$ 230			$ 230

甲公司资产负债表（一）

××年一月六日（通用银元）

现金	$ 500	应付账款	$ 300
应收账款	300	转换账（见表二）	500
	$ 800		$ 800

甲公司资产负债表（二）

××年一月六日（基准银元）

转换账（见表一）	$ 250	资本主某甲投资	$ 1,500
商品	600	亏绌	（150）
器具	500		
	$ 1,350		$ 1,350

（3）报表稳定法：学者鉴于上述复单位记账法与转换账法记账手续之繁重，且“基准银元”之运用亦难为一般簿记人员所了解，故主张日常交易仍以保持一单位记账法为宜。此法之记账技术与传统法无异，其簿借之登录仍始终保持交易之原始成本数字，期末并编制通用货币决算表。此等报表之分析与解释须经过折合程序，盖非将表内各项目先以适当之方法合成基准货币，将无以显示正确之经济事实，亦不足为拟订政策或改进业务之依据。兹举此列详例以明此法之应用：

设甲公司X年及（X+1）年之决算如下表所示。（X+1）年一月一日之币值与X年无异，唯此后即开始下落，其变动率如下所示表所示。该公司之固定资产折旧每年照原始成本之8%，存货估价一律采用“先购先用法”，并假定该公司之“实物营业量”（Physical Volume of Business）全年分配均匀，无“季节性”存在。其决算表应为修正之式分之述如下。

甲公司资产负债表

	X年12月31日	（X+1）年12月31日
现金	$ 200,000	$ 214,783
应收账款	200,000	255,000
存货	150,000	173,410
库房设备	800,000	800,000
减：折旧准备	（250,000）	（314,000）
土地	50,000	50,000
	$ 1,150,000	$ 1,179,153

（续表）

应付账款	50,000	45,000
公司债	100,000	100,000
股本	1,000,000	1,000,000
盈余		34,193
	$ 1,150,000	$ 1,179,193

甲公司损益计算书

	X年1/1—12/31	（X+1）年1/1—12/31
销货	$ 800,000	$ 869,565
销货成本	496,000	515,720
毛利	$ 304,000	353,845
销售与管理费用	244,000	259,652
净利	$ 60,000	$ 94,193
股息支付	60,000	60,000
盈余滚存	0	$ 34,193

（X+1）年币值变动表

日期		一般物价指数	币值
1	1	100	1
3	31	104.16	.96
6	30	108.35	.92
9	30	113.63	.88
12	31	119.10	.84
全年平均			.92

注：通货膨胀通常为“渐进”程序，表内货币价值之低落为此一定时间内逐日累积之结果，非于某一特定日期货币购买力突然为如许之下降也。

吾人如以常用分析法观察上述甲公司（X+1）年之决算表，其财政状况之进步殊足令人满意。以损益计算书而论，毛利率已由38%增加至40.70%，净利益较诸×年亦增长57%。至于财政结构，其流动比率由

11：1增长至14：1，除支付正常股息外，并有巨额盈余供营业扩充之用。然吾人如衡以币值变动因素，上项“繁荣”不仅消失无遗，且显示其“资本实值”亏折甚巨。试先研讨其各项目换成基准货币时折合率之决定：

① 销货数字乃逐日累积而成，其所收入者为各种贬值程度不同之货币，故其折成基准货币应采用“平均币值”，以明全年所收入之“购买力”总量。

② 期初存货$150,000，原代表上期结转之基准币值，无须经折合手续。

③ 本期购货$539,130（$515,720+$173,410−$150,000=$539,130），其中$365,720经陆续售出，余$173,410仍存贮未动。该公司以其“实物营业量”平均分配于全年以及存货估价之采用先购先用法，其售出部分约购买于九月十日以前，而盘存部分则购买于九月十日以后。故前者应以一月一日至九月十日之平均币值为折合率，后者应以九月十日至十二月三十一日之平均币值为折合率。

④ 销售与管理费用中，除固定资产折旧$64,000原代表基准币值无庸折合外，其余$195,652乃全年逐日累积而成，应以全年平均币值为折合率。

⑤ 无实体价值项目乃代表期末之货币价值，均以期末货币价值为折合率。

⑥ 其余项均代表上期结转之基准币值，无重行折合之必要。

试根据上述诸折合率做成该公司（X+1）年基准货币决算表如下：

甲公司资产负债表

（X+1）年12月31日

（基准银元）

现　　　金	$　　180,418
应 收 账 款	214,200
存　　　货	150,000

（续表）

厂房设备		800,000
减：折旧准备		（314,000）
土地		50,000
	$	1,080,618
应付账款	$	37,800
公司债		84,000
股本		1,000,000
亏绌	$	（41,182）
	$	1,080,618

甲公司损益表

（X+1）年1/1—12/31

（基准银元）

销货	$	800,000
销货成本		496,000
毛利	$	304,000
销售与管理费用		244,000
净利	$	60,000

上述甲公司资产负债表经换成基准货币后，不仅盈余消失，且亏绌达$41,182之巨，其异差之原因可以盈余分配表示之如下：

甲公司盈余分配表

（X+1）年12月31日

（基准银元）

营业净利			$	60,000
股息	$	50,400		
货币损失		50,782		101,182
亏绌			$	41,182

该公司币值资产远大于币值负债，因而发生巨额之货币损失。该项损失之计算，可先求出币值项目之“平均差额”，再以“平均差额”乘“币值贬跌率”得之。如上述甲公司之货币损失可计算如下：

$$① 平均差额=\frac{期初差额+期末差额}{2}$$

$$=\frac{[(200,000+200,000)-(50,000+100,000)]+[(214,783+{*}60,000+255,000)-(45,000+100,000)]}{2}$$

$$=\$317,391$$

（*股息之支付通常于期末为之，该公司股息支付前之现金余额应增加此数）

② 币值贬跌率=期初币值－期末币值=1−0.84=0.16

③ 货币损失=①×②=\$317,391×0.16=\$50,782

此外，该公司（X+1）年度正确之营业净利应为基准货币\$60,000，如以此\$60,000合成通用货币（\$60,000÷0.92）得\$65,218，与未修正前损益表示净利\$94,193者相差\$28,975之数。此项差额殊有其重要意义。吾人分析上述通用货币决算表，可知其期初存货之转入销货成本仍以基准币值\$150,000计算，该项存货如合成跌落后之币值应为\$173,410，其“虚伪涨价”（实即货币之贬值）\$23,410，由于销货成本之少计而流入营业净利，此为应调整者一。其次，该公司固定资产折旧仍用原始成本折旧法，其折旧费用\$64,000实不足抵偿资产价值法折损之耗。盖正确之折旧成本如照购买方成本折旧计算，应为\$69,565，其折旧少计亦影响利益之夸大，此为应调整者二。据此申论，可列示营业净利差异分析表如下：

营业净利差异分析表

（通用银元）

营业净利（修正前）	$	94,193
营业净利（修正后）		65,218

（续表）

差异总额	$	28,975
差异原因：		
存货虚伪涨价	$	23,410
折旧尚计		5565
	$	28,975

综上所云，可知币值变动时期，凡企业仍以通用货币为记账之基础者，其决算表必须合成基准货币后，其财政状况始能正确表示。如上述甲公司如欲维持其“资本实值”，该年度股息之分派均以通用货币$10,973为限，企业管理者未可以虚夸之账面数字为判断之根据也。

四、结论

币值变动使会计失其稳定之计算基础，会计记录亦无以尽其传统之功能。如我国经此长期而剧烈之通货膨胀，会计数字所代表之经济事实，稍易时日，即已失去其原始之意义。似此情形，会计记录不唯无参考价值，且足以招致谬误之结果。因此，传统记账法应如何改善，庶可适应今日币值剧变之事实，诚为会计界同仁所应深思熟虑者。本文致点以经济资本之维持为中心，而于会计技术上则正力于营业损益与货币损益之分别表示。上述诸修论方法中，复单位记账法与转换账法，会计数字逐日修正，理论上自属完备，唯其实际应用时，账务纷繁，靡费颇巨，或未能普遍采用。权衡轻重，尚以最后申述之报表稳定法最合乎一般工商业会计实务之标准，盖此法平时记账既无须特殊之设计与技术，而表正确之经济意义复可借“基准银元”之转换而阐发无遗。唯我国经济统计尚未臻发达，信实可用之指数得之不易，此种困难应如何克服，则非本文所欲论列者矣。

（编者注：本文所涉计算取整并非遵从“四舍五入”原则，因此部分计算结果存在取整差异。本文发表于《公信会计月刊》，1948年第十二卷第3期和第4期）

试论“复式记账法”的理论基础
——兼论“资金收付记账法”

在社会主义的经济实践中，反映并监督企业经营资金的运动，是通过复式记账来进行的。“复式记账法”在科学的社会主义会计方法体系中占有重要地位，它贯穿于日常核算过程的始终；而全部会计资料，通过它进行分类、加工、整理，使之系统化、条理化，为期末会计报表的编制奠定了基础。正是奠基于“复式记账法”，社会主义会计的基本方法相互贯通，结成一个有机联系的整体。以马列主义、毛泽东思想为指导，以社会主义的经济实践为基础，对“复式记账法”的原理及其应用作进一步的探讨，不仅有一定的理论意义，而且有较大的实践意义。

本文试图以马克思主义唯物辩证法为指导，来论述“复式记账法”的理论基础，并以此为依据，着重探讨“资金收付记账法”的若干问题。不妥之处，敬请批评、指正！

一、经营资金的矛盾运动与复式记账法

大家知道，我国国营工业企业是全民所有制的企业。它是在党和国家的集中领导、统一计划下，相对独立地进行生产经营活动。国家对企业实行经济核算制的管理，“每一工厂单位应有相当独立的资金（流动的和固

定的），使它可以自己周转，而不致经常因资金困难，妨碍生产”[①]。国家把社会主义财产的一部分，按照企业承担的生产任务，交给企业相对独立地长期使用，形成企业的经营资金（流动的和固定的），这是企业实行经济核算制的重要标志。

企业的经营资金是一个复杂的矛盾统一体，其本身包含着许多对矛盾。首先，国家把社会主义总资金的一部分，通过一定的渠道，核拨给企业，转化为企业在再生产过程中经常掌握、使用的经营资金，即表现为资金占用与资金来源的对立统一，也就是一定量的社会总资金进入企业，一方面要采取一定的形式将其系留在一定的占用项目上，另一方面有其相应的来源。占用与来源，是相互依存、相互制约，又互为条件的，有了这一方，必然会出现另一方；失去了另一方，这一方也不存在，因而构成一对矛盾。特别要看到，在社会主义经济中，资金来源是具体考核各项资金有没有按照规定用途使用、有没有违反国家关于资金管理政策界限的基本依据，因而有重要的经济意义。

资金进入企业以后，随着企业再生产活动的不断更新，它也不断地运动着。企业经营资金的运动过程，既表现为资金的耗费与收回，也表现为资金的循环周转。这些都是矛盾着的现象。先看资金的耗费与收回，它们既相互联系，又相互转化。显然，没有资金的耗费，也不会有资金的收回。因为没有生产耗费的积累，完成一个新的使用价值，就谈不上通过销售，实现销售收入。由于生产过程同时是再生产过程，这一个生产周期所耗费的资金，通过产品的销售而收回，实际上又是为下一个生产周期的生产耗费创造条件。从这个意义上说，没有资金的收回，也就无法实现进一步的耗费。所以，在企业再生产过程中，是耗费转化为收回，收回又进一步转化为耗费，如此循环往复，使再生产活动得以连续不断地进行下去。资金的循环周转，属于资金形态的变化，它表现为货币资金、储备资金、生产资金和产品资金各种形态在企业再生产过程中不断依次转化，有

① 毛泽东：《经济问题与财政问题》，沈阳：东北书店，1949年，第84页。

如“后浪推前浪”，形成周而复始的运动。所以，资金的循环周转，是资金在企业再生产过程的各个阶段上，时而采取又时而抛弃一种形态的对立统一。采取一种形态（从一定的阶段投入周转），正是为了抛弃这种形态（完成本阶段的周转，向次一周转阶段过渡）；而抛弃了这种形态，才能进一步又采取这种形态，使循环周而复始地进行下去。而且，资金的耗费收回与循环周转之间又存在着密切的内在联系。一方面，资金耗费与收回的不断交替，是资金能够周而复始地进行循环周转的前提条件。如果在企业的再生产过程中，资金是被简单地耗费掉了，一经耗费，就一去不复返了，那么，所谓资金的循环周转就无从谈起。当然，从另一方面看，资金的耗费与收回也是依存于循环周转的。因为在企业再生产过程中，各周转阶段耗费的资金要经过一定的周转历程，才能从周转的最终阶段收回。在周转的任何一个环节，如果发生了停滞或混乱，所耗费的资金不能通过正常的周转历程顺利地实现为货币形态，也就意味着所耗费的资金在某些环节被呆滞、积压起来了，无法按时收回，这就必然要导致企业在再生产过程中发生资金困难。在这里，又从另一个角度，看到了资金耗费、收回和周转之间存在着辩证统一关系。

在实际工作中，资金占用与其来源的对立统一，相互平衡，通称为资金运动的静态表现，而资金的投入退出、耗费收回、循环周转则称为资金运动的动态表现。恩格斯说过：“平衡是和运动分不开的。……运动分化为运动和平衡的交替。”[①]可见动态和静态，同样是对立的统一。虽然，从动态、从过程看，资金运动的长河是割不断的，但这并不妨碍我们在某一瞬间，截取运动过程的一个截面来进行考察和分析。在现实经济生活中，生产的进行，总是以一定时日当时存在的物质生产资料为其出发点，而当时的物质生产条件，又总是过去一段时间生产活动的结果。因此，对于反映生产经营活动的资金运动，我们固然要追踪运动的进程进行动态反映；同时也有必要并可能经过一定的间隔期（月、季、年），截取资金运

① 弗里德里希·恩格斯：《自然辩证法》，北京：人民出版社，1972年，第224页。

动的一个截面，从静态上对它进行分析研究，进行阶段性的总结。资金运动的静态表现，作为一瞬间的现象，在资金运动的长河中，既是终点，又是起点。对于这一瞬间以前的运动来说，它是终点；而对于这一瞬间以后的运动来说，它又是起点。它们有如一系列“联接点”，把川流不息的资金运动既分割开来，又联接起来。所以，资金运动的动态与静态的关系，实际上是连续性与阶段性的关系；从会计指标上看，是依次继起与同时并存的关系，是发生额与余额的关系。其中依次继起是用发生额反映的，而同时并存则表现为余额。它们相互依存，相互转化，前后继承，相互影响，构成一个有机联系的整体。

马克思说过：“簿记的方法当然改变不了账簿所记事物的实际联系。”[①]会计方法要科学地反映会计对象，完成会计任务，就必须从实际出发，按照客观事物的本来面貌去认识和处理问题，也就是必须把“……一切过程的‘自己运动’……当作对立面的统一来认识”，[②]使会计方法奠基于唯物辩证法的核心——对立统一规律的基础上。因此，深刻认识会计对象——企业经营资金的内在矛盾及其运动变化的客观规律性，是研究会计方法的基础和前提。只有这样，我们才能深刻认识会计方法的辩证实质，使它建立在真正科学的基础上。

“复式记账法”是社会主义会计方法体系的中心环节，它同“单式记账法”有很大的不同。“单式记账法”是从会计对象的个别项目出发，分别地、平行地反映它们各自的增减变动，核算的结果，只能得到一些比较零散的、各自独立存在的资料，不能据此对会计对象的矛盾运动获得全面的、完整的认识。而“复式记账法”则是从资金运动的总体出发，客观地分析矛盾，并如实地把会计对象（资金运动）不同方面、不同过程的一切对立统一、相互联系、相互转化的因素，即其错综复杂的矛盾运动，统一

① 卡尔·马克思：《资本论》第二卷，北京：人民出版社，1964年，第128页。

② 中共中央马克思恩格斯列宁斯大林著作编译局：《谈辩证法问题》，《列宁全集》第三十八卷，北京：人民出版社，1963年，第408页。

以货币形式在账上（即观念上）再现出来，从而使我们不仅可以掌握资金运动每一次变化的来踪去迹，还能据此完整地掌握资金总体矛盾发展变化的全貌。这是“复式记账法”优越性的集中表现。

二、“复式记账法”的四个主要环节

在实际工作中，正确地运用“复式记账法”，从自始至终的矛盾运动中掌握会计对象，必须着重研究以下几个问题。

（一）账户设置

从本质上看，资金只能理解为运动，而不能看作静止的东西。列宁指出：“如果不把不间断的东西割断，不使活生生的东西简单化、粗糙化，不加以割碎，不使之僵化，那么我们就不能想象、表达、测量、描述运动。”[①]会计工作的实践正是利用“账户”，把资金运动的长河分割成一个一个的“片段”，借以描述和计量运动。前面说过，社会主义企业是全民所有制的企业，它是在国家的集中领导、统一计划下，相对独立地开展生产经营活动。社会主义企业作为相对独立的生产经营单位，它设置和运用账户固然要从企业的角度看问题，但又不能脱离整个国民经济，孤立起来记账。社会主义企业的这个特点，决定了它既要从企业的角度记账，又要兼顾整个国民经济综合核算的要求，以如实反映局部与整体的矛盾统一。为此，企业要设置资金来源和资金占用两大类账户，前者用于反映企业经营资金的“源”，后者用于反映企业经营资金的“流”，它们是相互联系，又相互对立的两个方面。其中来源类，主要是按国家规定的资金渠道分设账户，用于反映各有关机构（财政、银行等）将国家资金交付企业使用的情况，而占用类则基本上是按企业再生产过程的各个阶段分设账户，以反映资金在这些环节的流转和系留情况。此外，还可补充地设立一

① 列宁：《黑格尔〈逻辑学〉一书摘要》，北京：人民出版社，1965年。

些过渡性账户和调整账户，为加强业务管理提供必要的资料，并据以加强会计的日常监督。

为使账户便于描述和计量资金的矛盾运动，它的基本结构应区分为两个相对的方面，可称之为“入口”和“出口”，用于分别记录资金运动的来龙去脉——资金从哪里来、到哪里去。但资金来源和资金占用两类账户，其“入口”和“出口”所反映的指标，具有不同的意义。来源类账户可以看作沟通全局（国民经济）与局部（企业）的“闸门”。其“入口”反映资金从哪里来，是指资金从有关渠道进入企业；其“出口”反映资金到哪里去，是指资金从企业“退还”国家的有关机构。所以，来源类账户的实际作用，是充当有关资金渠道的“流量计”，其本身并不反映资金实体的运动。其“流入量”与“流出量” 相抵销后的差额，反映资金从有关渠道进入企业的实有额是多少。占用类账户情况有所不同。它好像存在于企业内部的一个个的“蓄水池”，用于反映资金在企业再生产过程中依次继起又同时并存的运动。其“出口”反映资金从哪里来，是指资金从有关“蓄水池”流出；其“入口”反映资金到哪里去，是指资金流入有关“蓄水池”。其“流入量”与“流出量”相抵销后的差额所反映的是各环节占用企业的资金有多少。这两类账户有机结合，就把资金从国民经济进入企业和它在企业内部运动变化的情况及其所体现的经济关系，反映得一清二楚，从而可为企业不断地改善生产经营管理提供丰富资料。

（二）记账符号

既然账户的基本结构表现为两个相互对立的方面，那么，为便于记账，也要用一对矛盾的概念来分别称呼它们。为账户的两个对立方面所规定的特定标记，通称为“记账符号”。记账符号的运用，贯穿于复式记账过程的始终。也就是从入账前在记账凭证上对原始凭证进行加工，到记账后对账簿记录进行整理，据以编制会计报表，都不能脱离一定的记账符号。正确地选择记账符号，要遵循下列原则。

（1）应从会计对象矛盾运动的总体出发，选用一对矛盾的概念（反映矛盾运动正反方向的概念），作为记账符号。这一对矛盾的概念应对所有账户具有统一的适用性——不能这一些账户运用这一对矛盾的概念作为记账符号，而另一些账户又用另外一对矛盾的概念作为记账符号——以免在账务处理上引起混乱。[①]

（2）所选用的这一对矛盾性的概念，应尽可能符合客观对象矛盾运动的实际内容，力求形式与内容相适应。

（3）在保证能自始至终地反映会计对象矛盾运动的前提下，力求做到通俗易懂，为领导和群众看账、查账提供有利条件。这是关系到财会工作为无产阶级政治服务，为增产节约服务，为广大群众服务的重大原则问题，应引起足够的重视。

（三）记账规则

“复式记账法”运用一定的记账符号在账上进行实际记账，还要确立一定的记账规则。所以，记账规则也是“复式记账法”的一个有机组成部分。

所谓记账规则，实际上就是运用记账符号必须遵循的规则。根据“复式记账法”的基本要求，记账符号的运用，必须有规律的按一正一反的对立方式，在两个（或两个以上）相关账户的不同方向，作“相互联系而又相互对立”的反映。科学的记账规则，只有把记账符号严格地、自始至终地按照一对矛盾的概念来使用，采取“相互联系而又相互对立”的形式作会计分录，才能把会计对象的矛盾运动，即其相互联系、相互转化的情况，通过账户对应关系如实地、明显地反映出来。这样，在账户体系中，就会自然而然地呈现一个严密的环环相扣的“资金运动网”，使我们对资金总体的矛盾运动获得全面而完整的认识。

① 我们这样说，并不排斥对于某些明细账户可以相应地选用某些较适合其对象特点的符号作为其账页的标记。但这种情况，只适用于明细账，不适用于总账。

（四）平衡关系

广泛地建立平衡关系，也是“复式记账法”的基本特征之一。其形成的客观基础在于会计对象——资金运动本身。会计如实地计量资金运动每一种形式的变化，就会形成一系列数量上的恒等关系，通称“平衡关系”。从理论上说，各方面的平衡关系，是严格按照复式记账原理进行记账的必然结果。因为如果正确选用一对矛盾性的观念作为记账符号，并确立科学的记账规则，统一地按照一正一反的对立方式有规律地进行记账，那么，每笔业务，每天或一定期间累积的发生额以至最终的账户余额，都必然会出现其正反方向永远保持着数量上的恒等关系的情况。从实践上看，平衡关系也是会计工作者经常应用的一件“法宝”。因为借助于平衡关系的检查，可以及时发现账上的不平衡现象，有助于保持记账内容不错、不漏，从而对记账、算账、对账、查账，都有一定的帮助。由此可见，从严格的意义上说，账上的平衡关系，是指异方向的平衡，而且首先是就发生额说的。因为发生额的平衡是原始的、经常性的平衡，对日常的记账工作有更大的现实意义，而最终余额的平衡只是以一定的累积发生额为基础进行计算的结果。如果脱离原始的、经常性的发生额的平衡，而孤立地谈论账户最终余额的平衡，是同“复式记账法”的实质相背离的。

总之，账户设置、记账符号、记账规则和平衡关系，构成科学的“复式记账法”的四个主要环节，它们之间存在着有机的内在联系。正确运用这四个环节，就能使账户结构、记账符号、账户对应关系、一定期间内账户的发生额以及期末的账户余额相互衔接起来，形成一个贯彻始终的平衡体系。这是以唯物辩证法为指导，正确运用“复式记账法” 如实反映经营资金矛盾运动的结果。如果其中的某些环节还或多或少地存在着一些缺陷，那么，这四者之间的统一性就可能部分地受到破坏。“复式记账法”从自始至终的矛盾运动中掌握会计对象，正是其科学性的具体体现。

三、“资金收付记账法”可以较完满地体现“复式记账法”的基本要求，它是“现金收付记账法”合乎逻辑的发展

（一）“资金收付记账法”的基本特点

“资金收付记账法”设置资金来源和资金占用两大账户，用“收”“付”这一对矛盾的概念作为记账符号，把账户的基本结构分为两个相互对立的方面——“收方”和“付方”，并遵循“有收必有付、有付必有收”的记账规则，在有关账户上作“相互联系又相互对立”的反映，从而在账户的发生额及其余额之间建立广泛的平衡关系，形成贯彻始终的平衡体系。[①]下面再分别作具体的阐述。

大家知道，“收”和“付”是我国会计工作中传统使用的带有民族特点的记账符号，具有悠久的历史。但在“资金收付记账法”中，收、付这一对矛盾概念的使用，并不是直接以任何个别项目作为收、付的对象，把它放在“定于一尊”的地位，而是以存在于一切项目中的“一定量的价值”作为收、付的对象。“收”反映资金从哪里来，也就是反映一定量的价值从哪里来（可以是从企业外部的有关单位进入企业；也可以是从企业内部有关的资金占用项目上“动员”出来），“付”反映资金到哪里去，也就是反映一定量的价值到哪里去（可以是从企业“退还”给企业外部的有关单位；也可以是“投放”于或者说“系留”于一定的资金占用项目上）。这里所说的资金的收和付，是从整个企业的角度看问题，它意味着以企业为主体，全面地进行资金的安排和调度——一定量的价值从哪方面调来，用到哪方面去。也许有人认为，我们通常所说的某一特定对象的收付（如现金的收付或材料的收付），是好理解的，是同人们日常生活上的收付习惯相符合的。如果把收付的概念引申为“一定量价值”的收付，那就太抽象了，变得不好理解了。其实，人们的认识总是要经历一个由具体

① 陈坚：《谈谈从资金来源和资金运用观念出发的收付记账法》，《会计》1965年第1期。同我们这里所说的“资金收付记账法”具有基本相同的内容，但我们在这里，较全面地作了理论上的分析与论证。

到抽象、从个别到一般、从现象到本质的过程。而科学的任务，就要突破形象直观的局限，下一番“由此及彼、由表及里”的改造和制作功夫，以实现由感性认识跃进到理性认识，从不深刻的认识发展到更深刻的认识。而这种改造过的认识，正如毛主席所说，不是“更空虚了更不可靠了的认识”，而“是更深刻、更正确、更完全地反映客观事物的东西”。[①]所以“资金收付记账法”对比“现金收付记账法”，由于它突破了以现金为主体、把现金“定于一尊”的历史局限，在认识上是向前推进了一大步的。

在“资金收付记账法”中，“有收必有付，有付必有收”的记账规则，是把收和付严格地按照一对矛盾的观念来使用的。因为资金从哪里来（收）、到哪里去（付），既然是资金运动过程最原始的对立统一，那么，遵循“有收必有付，有付必有收”的记账规则，把它反映到账上来，就是从实际出发，如实地反映了客观事物的本来面貌。

“资金收付记账法”正确运用“有收必有付，有付必有收”的记账规则，如实反映经营资金的矛盾运动，其结果将自然而然地在账上形成下列平衡关系：

（1）所有账户在一定期间内收方发生额的总和等于付方发生额的总和。

（2）期末有余额的账户，其收方余额的总和等于付方余额的总和。

因为我们是用“收”反映资金从哪里来（一定量的价值从哪里来），“付”反映资金到哪里去（一定量的价值到哪里去）。因此，资金来源类账户必然要出现收方余额，它反映从有关资金渠道流入企业的资金（收方发生额）与流出企业的资金（付方发生额）相抵销后的净额，用以说明通过这个渠道进入企业到目前为止仍运用于企业再生产过程中的资金有多少；而资金占用类账户则必然要出现付方余额，它反映生产经营的有关环节（“蓄水池”）资金的流入量（付方发生额）与流出量（收方发生

① 毛泽东：《实践论》，《毛主席的五篇哲学著作》，北京：人民出版社，1970年，第19页。

额）相抵销后的净额，用以说明企业目前还有多少资金“系留”在这个环节上。因此，不同类别的账户，其余额都有明确的经济意义。但在“资金收付记账法”中，账户被区分为“来源”与“占用”两大类，是从它的基本方面说的，并不要求所有账户一定要进行固定分类。在实际工作中，有些账户根据它们所反映的业务内容，可能有时表现为资金来源，有时又表现为资金占用，如供应单位往来、购买单位往来、其他往来、待处理财产盈亏、待摊和预提费用等账户就属于这种情况。对于这些账户，“资金收付记账法”很自然地可以按其余额的方向判定其所属的类别（出现收方余额，属于来源类；出现付方余额，属于占用类），完全没有必要人为地事先把它们固定归属于某一类。在这里，也体现了主观与客观的一致，符合会计应如实反映客观情况的原则。

（二）“资金收付记账法”是“现金收付记账法”合乎逻辑的发展

“现金收付记账法”是“资金收付记账法”的前驱，“资金收付记账法”可以看作是“现金收付记账法”合乎逻辑的发展。大家知道，“现金收付记账法”在我国的应用有悠久的历史，并且目前仍在一定范围应用着。它是将现金作为记账的主体，将现金收付（包括现金的真收真付和虚收虚付）的方向作为现金以外各账户收付的方向，把现金放在“定于一尊”的地位。因此，采用“现金收付记账法”[①]，现金以外的各个账户实际上都具有明细账户的性质，都是从属于“现金”账户的。它们的收方发生额可以看作是现金账户收方发生额的分析说明，而其付方发生额，可以看作是现金账户付方发生额的分析说明。因此，采用“现金收付记账法”记账，就必然会形成如下的平衡关系：

① 指严格意义上把资金“定于一尊”的“现金收付记账法”的原始形式，不包括它在实践中的各种“变形”。

（1）以一定期间内的发生额看[1]。

现金账户的收方发生额=现金账户以外各账户收方发生额的总和

现金账户的付方发生额=现金账户以外各账户付方发生额的总和

（2）从账户的期末余额看[2]。

现金以外的账户又可分为两大类：一类账户表现为收方发生额大于付方发生额，其余额在收方，属于资金来源账户；另一类账户情况恰好相反，表现为付方发生额大于收方发生额，其余额在付方，属于资金占用账户。

由于：

现金账户的期末余额=现金账户的收方发生额−现金账户的付方发生额……①

现金账户的收方发生额 − 现金账户的付方发生额 = 现金账户以外各账户收方发生额的总和

− 现金账户以外各账户付方发生额的总和 = （资金来源账户的收方发生额

\+ 资金占用类账户的收方发生额） = （资金来源类账户的付方发生额

\+ 资金占用类账户的付方发生额） = （资金来源类账户的收方发生额

− 资金来源类账户的付方发生额） − （资金占用类账户的付方发生额

① 现金账户的收、付方发生额，包括虚收、虚付的发生额在内。

② 为便于集中地说明基本关系，暂不考虑期初余额的影响，即假定所有账户的期初余额都等于零。

$$
\begin{aligned}
&- \left. \begin{array}{l}\text{资金占用类账户}\\ \text{的收方发生额}\end{array} \right) = \begin{array}{l}\text{资金来源类账户}\\ \text{的期末收方余额}\end{array}\\
&- \begin{array}{l}\text{资金占用类账户}\\ \text{的期末付方余额}\end{array} \cdots\cdots\cdots\cdots\cdots\cdots\text{②}
\end{aligned}
$$

以②式代入①式，可以看到所有账户的期末余额，又形成如下的平衡关系：

现金账户的期末余额=资金来源类账户的期末收方余额−资金占用类账户的期末付方余额

即：资金来源类账户的期末收方余额=资金占用类账户的期末付方余额+现金账户的期末余额……………………………………………………③

其实第③式就是采用“现金收付记账法”时，反映账户余额之间平衡关系的一般公式，它所反映的各账户余额之间的平衡关系，并不受各账户的期初余额是否等于零这一因素的影响。

“现金收付记账法”由于认识到现金（即货币）作为一般等价物，同各种财产物资客观上存在着广泛的相互联系、相互转化的关系，乃以此为依据，确立它的理论基础，并在长期的实践中形成了比较完整的记账规则和账簿组织，正确地运用它们，完全可以把账记清楚，而且对于某些以现金收付为主要业务的单位，这一记账方法的运用，也有通俗、简便的特点。这是“现金收付记账法”的长处。

“现金收付记账法”的主要问题在于：

（1）对于非现金收付业务，要虚拟为现金收付，以现金的假定收入，收有关账户；以现金的假定付出，付有关账户。它是借助于现金绕一个弯子来观察问题，而不是根据具体记账对象本身的运动来记账。这样做，不仅与事实不符，而且有些业务采用“虚收虚付”进行解释，也很牵强，不容易说清楚。特别是进行物质产品生产的工业企业，除了在供、销两个环节要借助于现金（包括银行存款）对外进行结算，其主要经济活动是在生产领域内发生的。要把生产领域内发生的各项经济业务都虚拟为现金收付业务，用“虚收虚付”的理论进行解释，势必碰到更多难以克服的困难。

（2）采用“现金收付记账法”进行记账的结果，现金账户所提供的指标同现金以外各账户所提供的指标缺乏统一性。如前所说，从现金以外的各账户看，出现收方余额的账户属于资金来源账户；出现对方余额的账户属于资金占用账户。而现金作为重要的被“定于一尊”的资金占用项目，却只能出现收方余额。资金占用类账户的付方余额要同现金账户的收方余额相加（异方向的余额相加），才能同资金来源类收方余额取得平衡。这也是“现金收付记账法”在理论上无法解决的矛盾。

上述两个方面存在的问题，归根到底，又都是把现金“定于一尊”这个前提条件的必然产物。“现金收付记账法”把现金活动围绕着“现金”转，是同现代化生产企业的经济现实相背离的。马克思说：“资本作为它的循环中的统一体，作为处在过程中的价值，无论是在生产领域还是在流通领域的两个阶段，首先只是以计算货币的形态，观念地存在于商品生产者或资本主义商品生产者的头脑中。这种运动是由包含商品的定价或计划（估价）在内的簿记来确定和控制的。这样，生产的运动，特别是价值增值的运动——在这里，商品只是价值的承担者，只是这样一种物品的名字，这种物品的观念的价值存在固定为计算货币——获得了反映在观念中的象征形象。”[①]显然，马克思这里所说的计算货币，并不是“现金收付记账法”中作为流通手段使用的现实的货币（现金、银行存款），而是对一切财产物质从观念上进行“价值抽象”的工具，是一种观念上的货币，它所反映的是财产物资内含的“一定量的价值”。计算货币所反映的“一定量的价值”同财产物资各种具体存在形态的关系，是“一般”同“个别”的关系，它抛弃了任何个别项目（包括现金、银行存款），但又从价

① 中共中央马克思恩格斯列宁斯大林著作编译局：《马克思恩格斯全集》第二十四卷，北京：人民出版社，1972年，第151页。

值的角度反映了一切项目的共同本质。这样从现象深入到本质，从“个别”上升到“一般”，是认识上的一个飞跃。因此，“资金收付记账法”以“一般”（“一定量的价值”）代替“个别”（现金、银行存款）作为收付的对象，就把“现金收付记账法”（把现金“定于一尊”）所带来的缺陷，自然而然地消除了。基于这一点，“资金收付记账法”可以看作是对“现金收付记账法”进行“扬弃”的结果。辩证法的“扬弃”是包含着肯定的否定，是既克服又保留。“资金收付记账法”正是以马克思主义唯物辩证法为指导，对“现金收付记账法”进行科学改造，肯定并发展其中的正确部分，否定其中的缺点和错误所取得的成果。从而使记账方法从理论上提高了一步。

（三）答两点责难

有人认为：采用“现金收付记账法”，固定资产、材料等资金占用项目表现为付方余额，恰好同这些具体对象本身的收、付方向相反，这是一个缺陷。[①]而“资金收付记账法”同样会出现这种情况，可见这一缺陷并没有被弥补。问题在于：究竟应该怎样观察账户余额？是从整个企业出发看问题，从资金运动的总体出发来考察账户余额？还是从个别账户所反映的具体对象出发来观察账户余额？列宁说过：“一个事实，如果是从整体中，从其相互联系中抽取出来的，则它不仅是‘凿确的’而且无条件是真实的东西。一个事实，如果不是从整体中，不是从其相互联系中抽取出来的，则它们无非只是一种儿戏或者甚至连儿戏也不如。”[②]由此可见，只有采取前一种观点才是正确的，后一种观点是错误的。从整个企业出发，从资金运动相互联系、相互转化的观点全面地看问题，资金的“来源”与“去向”原是互为条件、相辅相成的。既然我们设置资金来源类账户反

---

① 在实际工作中，曾经有人认为应实行所谓“反方向”过账，来弥补这一缺陷。

② 中共中央马克思恩格斯列宁斯大林著作编译局：《统计学与社会学》，《列宁全集》第二十三卷，北京：人民出版社，1958年，第279页。

映资金（“一定量的价值”）从哪里来，设置资金占用类账户反映资金（“一定量的价值”）到哪里去，那么，后者表现为付方余额（表明资金的“去向”），正是反映了客观事物的本来面貌，没有什么可以非议的。恰恰相反，如果一定要从个别账户所反映的具体对象出发来判定收付方向，使整体服从局部，其结果就必然无法如实反映资金总体的矛盾运动，这同科学的“复式记账法”的基本要求相违背。

还有人认为，所谓“资金收付记账法”仅仅是把“借贷”两个字换成“付收”，只不过是“借贷记账法”的“翻板”，没有什么可称道的。情况是不是这样？需要作一些进一步的分析。如果这里所说的“翻板”，是指“资金收付记账法”仍然保存了“借贷记账法”的合理内核——“复式记账原理”，那当然是对的。因为要成为一种科学的记账方法，复式记账这个合理的内核是不能加以否定的。但从形式与内容的关系值看，用收付代替借贷，不仅是用传统的民族形式取代了外来形式，因而更加通俗易懂，更重要的是，采用“借贷记账法”，形式（借和贷）同内容（经营资金的矛盾运动）是脱离的。实际记账时，借和贷只能作为一种抽象的概念，按照既定的记账规则去生搬硬套，因而令人费解。“资金收付记账法”情况有所不同。在这里，收和付这一对矛盾概念同客观对象（经营资金）的矛盾运动是相适应的。因为将整个企业作为主体，以“收”反映一定量的资金从哪里来，以“付”反映一定量的资金用到哪里去（可简称之为“收来”“用去”），能够确切地、直截了当地说明问题，决不会像“借贷记账法”那样晦涩难懂。列宁说过：“内容和形式以及形式和内容的斗争中，应抛弃形式，改造内容。”[①]用“资金收付记账法”取代“借贷记账法”，正是抛弃不相适应的借贷形式，突出经营资金矛盾运动的结果，因而能较好地实现形式与内容的统一，从而使记账方法的实践性和科学性都得到进一步的提高。

① 列宁：《黑格尔〈逻辑学〉一书摘要》，北京：人民出版社，1965年。

（四）实践是检验真理的标准

毛主席说："真理只有一个，而究竟谁发现了真理，不依靠主观的夸张，而依靠客观的实践。"[①]检验"理论的东西之是否符合于客观真理性这个问题，……只有理论的认识再回到社会实践中去，应用理论于实践，看它是否能够达到预期的目的。"[②]记账方法也是这样。那么，我们应该怎样来考察"资金收付记账法"的实践效果呢？虽然"资金收付记账法"目前还没有有计划地、全面地推行，因而还缺乏系统的实践经验总结。但是它也在一定时期、一定范围内实践过，已被初步验证了具有既通俗简便又科学严密的效果。例如，抗日战争时期某些革命根据地的政府机关，解放初期中央财政部制定的单位预算会计制度和总预算会计制度以及20世纪60年代的供销合作社系统，实际上都曾采用过这一记账方法（尽管没有统一地使用"资金收付记账法"这个名称），并在实践中得到领导和群众的肯定和赞扬。只是限于当时的历史条件，这一记账方法是在不同的领域分散地、自发地被采用的，既没有形成较完备的理论，也缺乏统一的倡导，因而没有及时地得到全面的推广。还有更重要的一点是，我们不能脱离"资金收付记账法"的前驱——"现金收付记账法"来谈它的实践性。大家知道，"现金收付记账法"在我国的应用已有上千年的历史，它在长期的实践中，经历了一个逐步完善的过程，成为我们伟大祖国历史遗产的一个组成部分。毛主席教导说"我们必须尊重自己的历史，决不能割断历史。但这种尊重，是给历史以一定的科学的地位，是尊重历史的辩证法的发展"。[③]遵照毛主席的教导，我们对待"现金收付记账法"也同对待其

① 毛泽东：《新民主主义论》，《毛泽东选集》（一卷本），北京：人民出版社，1967年，第623页。

② 毛泽东：《实践论》，《毛主席的五篇哲学著作》，北京：人民出版社，1970年，第22页。

③ 毛泽东：《新民主主义论》，《毛泽东选集》（一卷本），北京：人民出版社，1967年，第668页。

他历史遗产一样，要用“马克思主义的方法给予批判的总结”[①]，取其精华，弃其糟粕，推陈出新，使之更好地为当前伟大的社会主义革命和建设事业服务。这是我们对待历史遗产的唯一正确的科学的态度。在本文中，我们正是这样做的。本文着重从理论上进行阐述的“资金收付记账法”，正是对我国具有悠久历史传统的“现金收付记账法”进行批判继承、推陈出新的结果，它比“现金收付记账法”具有更广泛的适用性，能在实践中发挥更大的效果，这是肯定的、毋庸置疑的。所以，我们不能离开这个前提，来考察“资金收付记账法”的实践性。否则，就难以获得较全面的认识。

除此以外，还可以从另一个角度来考察“资金收付记账法”的实践性。大家知道，在社会主义企业中，计划和核算是一个有机联系的整体。在计划工作中，月度财务收支计划的编制，从来是把资金来源项目的增加列作财务收入，把其减少列作财务支出；与此相对应，把资金占用项目的增加列作财务支出，把其减少列作财务收入，从而建立完整的、具有内在联系的财务计划指标体系。这是从理论上深刻认识资金来源与占用之间辩证关系（相互联系、相互转化关系）的结果。既然在计划工作中，认为资金来源项目的增加列在收入方，其减少列在支出方；而资金占用项目的增加列在支出方，其减少列在收入方是正常的、合理的，那么，在核算上，资金来源账户在收方反映其增加，在付方反映其减少，期末表现为收方余额；资金占用账户在付方反映其增加，在收方反映其减少，期末表现为付方余额，又有什么可以非议的？所以我们认为，这不仅不能看作是“资金收付记账法”的缺点，而且恰好是它的长处。正由于“资金收付记账法”可以如实反映客观事物（资金运动）的本来面貌，因而通过它，可以消除在计划和核算工作中的矛盾和脱节现象，保证它们之间的协调与统一。在这里，又从另一个角度体现了“资金收付记账法”具有牢固的实践基础，

① 毛泽东：《中国共产党在民族战争中的地位》，《毛泽东选集》（一卷本），北京：人民出版社，1967年，第499页。

同时也是它优于其他记账法的地方。

四、评“借贷”“增减”和“财产收付”记账法

毛主席教导我们：“有比较才能鉴别。有鉴别，有斗争，才能发展。”[①]记账方法也是这样。前面我们以企业经营资金的矛盾运动为基础，较全面地论述了“复式记账法”的基本原理及其在“资金收付记账法”中的具体表现。以下拟以上述原理为依据，再对我国经济实践中曾经或正在采用的几种记账方法作一些比较研究，明确它们各自体现的中心思想和异同之处，这对于进一步加深认识，扩大已有的成果，将有一定的帮助。

（一）关于“借贷记账法”

“借贷记账法”起源于欧洲资本主义萌芽时期，它是随着高利贷资本的发展而产生的，后来成为世界各国普遍采用的一种记账方法。从有关史料看，约13世纪，在意大利的一些城市，出现了专门从事借贷活动进行中间剥削的高利贷者。他们向商人或官僚吸收多余的资金，转手又借给手工业劳动者和贫民。高利贷者作为借贷双方的中介，从他的立场看，就有必要将他经手的资金，既记在借主的名下，又记在贷主的名下，作成转账性的双重记录。在当时的账簿中，对于每一客户，已经区分借贷，对于各客户间的往来，采用从某一客户的贷方转入另一客户借方的转账方法。在这里，“借”“贷”并不是单纯的记账符号，而是现实的债权、债务的具体反映。由此可见，“借贷记账法”原是适应高利贷资本的需要，为高利贷剥削服务而产生的。此后，随着资本主义的发展，资本主义企业的经济活动和经济关系也更加复杂。大规模的资本主义工商企业绝大多数是采取股份公司的形式，当资本主义从竞争发展到垄断，各种各样的所谓“联合

① 毛泽东：《在中国共产党全国宣传工作会议上的讲话》，《毛主席的五篇哲学著作》，北京：人民出版社，1970年，第219页。

制”又纷纷出现。在这种情况下，会计不仅要反映多种多样的财产物资的增减变动，而且要反映资本的筹集经营的过程和盈亏、利润的分配以及各种债权、债务关系，等等，会计的对象大大地复杂化了。但是，资本主义企业的账簿记录还是沿用历史上遗留下来的“借贷记账法”。他们为了调和旧的借贷形式同新的记账内容之间的矛盾，借贷这两个字仅仅作为抽象的记账符号来使用，逐渐失去了其原来的含义（高利贷者手中的含义），并适应资本主义生产经营的需要，建立其特定的记账规则，并以资产阶级庸俗经济学为指导，给予种种理论上的解释，形成各种各样的所谓“借贷学说”。对于资产阶级记账理论中一切错误的东西，我们必须坚决地进行批判，但这并不妨碍我们批判地吸收这种方法中合乎科学的方面，为我所用。所以，中华人民共和国成立以来，“借贷记账法”也曾经是我国国营企业和其他经济单位广泛使用的一种记账法，目前有一部分工业企业还在继续使用。但不能由此把我国社会主义经济中应用的“借贷记账法”同资本主义的“借贷记账法”简单地混为一谈，因为我们批判吸收的仅仅是这个方法中合乎科学的复式记账原理，并力图以马列主义、毛泽东思想为指导，对它进行理论说明，使之同我国社会主义经济的特点相适应，因而也能为社会主义经济服务。实践证明，“借贷记账法”的各个环节是比较严谨的，特别是采用这种方法，无论从会计分录或是从账户的发生额和余额看，都能实现“自行平衡”，形成贯彻始终的平衡体系，以此为依据，进行账簿记录的试算平衡，是既简单便捷而又严密的。这是“借贷记账法”的一个重要特点。但由于它是以“借”“贷”为记账符号，形式与内容是脱离的，对于不同类型的账户，借与贷具有不同的意义，比较难学难懂，因而使它的应用受到一定的限制。

（二）关于“增减记账法”

“增减记账法”是我国财会工作者依据复式记账原理而创立的一种新的记账方法。它在十几年的实践中不断被改进，目前已在我国的工商业及其他方面广泛地应用。

“增减记账法”的主要特点，是用增减这一对矛盾的概念来直接反映记账对象的增减变化，对比将借贷作为记账符号，有以下显著的不同：

首先，增减不是从某一特定的具体对象抽象出来的概念，而是从一切事物的量的方面抽象出来的最概括、最一般的概念，因而它普遍适用于一切对象，而不会引起概念上的牵强附会。

其次，它是直接反映量的增减的概念。由于它去掉了借贷的“神秘”外衣，恢复了增减本来的面貌，[①]能直接反映各个账户核算内容增减变化的实际情况，概念明确、直接、具体，不人为地绕弯子，因而易学易懂，受到广大财会干部的欢迎。

但在“增减记账法”中，所谓“增”和“减”，是从个别对象出发，而不是从资金运动的总体出发，因而也就不能严格地把它们当作一对矛盾的概念来使用，从而把经营资金自始至终的矛盾运动在账上如实地再现出来，其结果，就使“增减记账法”的记账规则、账户对应关系、一定期间内账户的发生额以及期末的账户余额无法首尾一贯地保持着对立。这是“增减记账法”理论上的一个缺陷。

（三）关于“财产收付记账法”

“财产收付记账法”也是针对改革“借贷记账法”的缺点而提出的一种新的记账方法。它出现在“增减记账法”之前。这对人们解放思想，在记账方法上勇于探索，有一定的启发作用。就这一点说，“财产收付记账法”的提出是有功绩的。

如果说“增减记账法”是从“借贷记账法”脱胎而来，那么，“财产收付记账法” 则同我国传统的“现金收付记账法”有着密切的联系。它同“现金收付记账法”的不同在于：

---

① “借贷记账法”规定：资金占用类账户增加记借方，减少记贷方；资金来源类账户增加记贷方，减少记借方，去掉其借贷的外衣，就可得到“增减记账法”特有的“同增、同减、有增有减”的记账规则，可见它仍是从“借贷记账法”脱胎而来的。

（1）它扩大了基础，不是把“现金”放在“定于一尊”的地位，而是以可以动用的财产作为记账的主体。

（2）确立“财务收入–财务支出＝财产”的平衡公式，并由此引申出“同收、同付、有收、有付”的记账规则。

在这里，所谓收和付，是就个别对象本身说的，并不是从资金运动的总体出发看问题。它之所以要进行“同收、同付”的账务处理，目的就是要使收、付这一对记账符号的运用，同各个财务项目本身的收、付相一致，以避免“现金收付记账法”在这一方面所产生的矛盾。[①]可是这样做的结果，对比“现金收付记账法”究竟是前进了，还是倒退了呢？这倒是需要着重加以研究的。前面说过，人们的认识总是要经历一个由具体到抽象、从个别到一般、从现象到本质的过程，以实现由感性认识跃进到理性认识。但不能认为把“现金收付记账法”改成“财产收付记账法”符合上述认识论原理，因为记账主体从现金扩大到可以动用的财产，只不过是单纯的量的扩大，并非质的飞跃；也就是并没有从个别上升到一般。而且必须指出，“财产收付记账法”不仅把现金，而且把一切可以动用的财产都以其本身的收付来判定收付的方向，使整体服从局部，并不是正确地解决了矛盾，而是进一步扩大了矛盾。因为如果严格地从复式记账的原理来衡量，所有这些账户的发生额和余额都要反其方向才能同其他账户取得平衡。可见它距离科学的复式记账原理不是更近了，而是更远了，这正是问题的关键所在。

与此相联系，不能认为“财产收付记账法”为引申出“同收、同付、有收、有付”的记账规则所确立的：

财务收入–财务支出＝财产

① 如前所说，采用“现金收付记账法”，是以付方反映财产物资的收进，以收方反映其付出，而现金账户的发生额和余额则要反其方向，才能同其他账户取得平衡。

的“平衡公式”实事求是地反映了客观事物的本来面貌。因为从它所反映的内容看，把所有账户划分为这样的三大类，往往带有主观成分，在许多地方缺乏充分的经济根据。而且即使单纯从数学的角度看，上述“平衡公式”也是有缺陷的。因为上述算式如果在数学上可以成立，那么，移项后把它改成：

财务收入＝财务支出＋财产

总是可以的吧！可是按照上述记账规则进行记账，收入类账户和财产类账户都必然表现为收方余额，而支出类账户则表现为付方余额。这样一来，财产类账户的收方余额同支出类账户的付方余额不是必须相减，而是必须相加，才能同收入类账户的收方余额取得平衡，它同“现金收付记账法”中现金账户必须反其方向才能同其他账户取得平衡如出一辙，只不过是以扩大了的财产账户来取代单一的现金账户罢了！在运算中异方向的数字相加不能被认为是严格地符合数学原理的。

毛主席教导我们：“艺术和科学中的是非问题，应当通过艺术界科学界的自由讨论去解决，通过艺术和科学的实践去解决，而不应当采取简单的方法去解决。”①正是遵照毛主席的上述教导，本文中，笔者坦率地提出自己的一些粗浅看法，作为引玉之砖，以就教于广大的会计理论工作者和实际工作者，并希望能进一步开展更加广泛而深入的讨论，借以提高认识，扩大成果，更好地为伟大祖国的社会主义革命和建设服务。

1975年8月初稿

1978年9月修改

（编者注：本文发表于《厦门大学学报》，1978年第2期和第3期）

① 毛泽东：《关于正确处理人民内部矛盾的问题》，《毛主席的五篇哲学著作》，北京：人民出版社，1970年，第164页。

要从发展的观点，看会计学的科学属性

怎样认识会计学的科学属性，是以怎样认识会计的性质为基本前提的。

当前会计学界较流行的一种有代表性的意见认为，会计（包括财务）是人们进行经济管理的一种活动，它既为管理提供资料，又直接履行管理的职能，而管理是有双重性的。特别是会计的监督职能，基本上属于处理人与人之间的关系，要适应不同阶级的利益和要求。进行会计监督的是非标准，有着强烈的阶级性。因此，会计的职能除了合理地组织生产力，还要不断地完善生产关系。它不但有技术性，而且有阶级性。会计学是一门管理科学，是经营管理学的一个分支，是一种既研究生产关系，也研究生产力的双重性科学。[①]对此，笔者有些不同的看法，特提出商榷，不妥之处，敬请批评、指正！

大家知道，随着科学的不断发展，一方面科学的门类越分越细，越趋向于专门化；另一方面多种学科相互渗透、相互影响，在一定的衔接点上相互融合。会计科学也是如此，它的发展也表现为分化与融合的辩证统一。从严格的意义上说，笔者认为，财务应从会计中分化出来，成为独立的学科，而一般所说的会计监督，实质上属于财务监督。科学地确定会计的内涵，对正确认识它的性质，有着重要的意义。那么，什么是会计

---

① 杨纪琬、阎达五：《开展会计理论研究的几点意见——兼论会计学的科学属性》，《财务与会计》1980年第5期。

呢？根据当前的现实及其今后的发展，应把会计看作一个信息系统，它主要是通过客观而科学的信息，为管理提供咨询服务。会计部门是企业中的一个服务部门，会计人员在企业中居于参谋或顾问的地位，他们为企业管理部门正确地进行最优管理决策和有效经营提供所需的数据，但他们并不对企业的生产经营活动直接进行管理或决策。所以，会计只具有咨询或参谋的职能，并不如某些同志所说，直接履行管理的职能。会计作为一个信息系统，实质上是一种特定的语言，一种特定的方法，而语言或方法，是无所谓阶级性的。一种语言或方法，不同阶级可以用来为其不同的阶级利益服务，但不能把语言或方法的运用，同语言或方法本身混为一谈。由此可见，所谓"双重性论"，不能认为它已经正确揭示了客观事物的本来面貌。

会计的形成和发展，有其客观的需要和条件。随着生产经营的日趋复杂，企业规模的不断扩大，为了提高管理水平，争取实现最大的经济效益，企业管理日益朝着定量化的方向发展。正确运用精密而完备的数据来科学地管理复杂的生产经济活动，是现代化管理的一个重要方面。会计掌握着大量的各种经济活动的数据，成为一个相对独立的会计信息系统，可以在现代化管理工作中发挥重要作用。这是因为，会计人员配合科学的管理方法，把企业生产经营各个方面所产生的经济信息（经济活动的数量表现）都集中到会计系统中来，进行综合性处理，通过对信息的汇集、加工、分析和比较，对企业的经济活动和经营效果从数量上进行测定和评价，不断为管理部门提供大量有用的经济信息流，就能为他们正确地进行管理决策、选择最优方案和有效地改善生产经营提供客观依据。会计为解决现代化管理所面临的许多复杂问题，需要运用许多现代的数学方法和工具，以便尽可能把复杂的经济活动用数学模式正确地表述出来，并据以对它们进行科学的加工、处理，这将有助于更深入地揭示有关对象之间的内在联系和最优数量关系，从而使会计的咨询或参谋作用得以更充分地发挥。近几十年来，资本主义国家迅速发展起来的"管理会计"，在这一方面表现得更为明显。对于现代管理会计，已经不能从传统的原始意义上的

"会计"去理解它了，它具有很大的综合性，表现为多种学科的互相渗透和结合，许多现代数学方法和电子计算技术等都已在管理会计中成功地应用，在企业管理工作中发挥越来越大的作用。可见，管理会计的创立和日趋成熟，大大地丰富了会计科学的内容，标志着会计科学已经进入一个崭新的发展阶段。

明确了会计的基本性质，对于会计学究竟是一门什么样的科学，也就易于理解了。

笔者认为，会计学是一个专门的知识领域，它是以马克思主义哲学的基本原理为指导，着重研究如何科学地组织和完善会计信息系统，使之更好地发挥其管理咨询作用的一门方法论的科学。会计学并不是直接以生产力或生产关系为研究对象，而是围绕会计诸范畴，着重研究如何对会计信息科学地进行汇集、加工、分析、比较和反馈，以适应现代化管理的需要。当然，客观上存在着的一切事物，都是质和量的统一体。但我们仍然可以采用一定的方法对其数量按照一定的方式进行相对独立的研究。这些方法是人们在长期实践中逐步形成和发展起来的，可以被看作人类社会的共同财富，其基本方面可以为不同的阶级所利用。因此，会计学作为一门方法论的科学，基本上属于无阶级性的中间科学，在不同的社会制度下，也有可以相通之处。正确认识会计学的科学属性，对于促进会计科学的繁荣，推动会计科学按照其本来面目大踏步地向前发展，有着十分重要的意义。因为，在会计领域中，要不要批判地继承有关的历史遗产，要不要认真地学习、有分析地借鉴国外会计科学的经验和成就，怎样对中华人民共和国成立以来会计工作的实践经验进行系统的研究和总结，以及如何正确地确定今后会计科学研究的重点和方向，等等，都同怎样认识会计学的科学属性有着直接而密切的联系。本文中，笔者坦率地提出自己的一些粗浅的看法，只是作为引玉之砖，以就教于广大的会计理论工作者和实际工作者，并希望能进一步开展更加广泛而深入的讨论，以促进会计科学的发展，使之更好地为我国社会主义现代化建设的伟大事业服务。

（编者注：本文发表于《中国经济问题》，1980年第5期）

当代会计科学发展的大趋势

基于当代科学发展大趋势的历史（时代）背景，即当代高科技的蓬勃发展，促进生产的组织与管理发生革命性的变革；当代科学发展的总特征，表现为分化与融合的辩证统一；随着后工业社会向信息社会转变，信息资源的开发及其有效利用在促进社会经济发展中的地位、作用越来越重要；世界范围经济、贸易上的交往、联系日益密切，国际经济一体化的趋势正在不断从广度和深度上发展，笔者认为，当代会计科学发展的大趋势，可大致概括为以下四个方面。

一、在当代高科技蓬勃发展的新形势下，会计面临的新的挑战和取得的新的进展①

近一二十年来，在高科技蓬勃发展的新形势下，美、日等许多国家的厂商在全球性竞争日趋激烈的强大压力下，纷纷将高科技发展所取得的新成果广泛应用到生产中去，使生产管理显示出许多革命性的变革，使会计

① Bill Steeves, "Trends in Management Accounting", CMA Magazine, March, 1990.

Al Bhimani and M Bromwich, "Accounting for Just-in-time Manufacturing Systems", CMA Magazine, February, 1991.

Paul Sharman, "A Practical Look at Activity-based Costing", CMA Magazine, February, 1990.

面临新的前所未有的挑战，并相应地取得了一系列新的进展，这成为当代会计科学发展的大趋势之一，值得我们给予高度的重视。

近一二十年新出现的建立在高科技基础上的生产，其基本特征是电脑化和自动化的程度有了显著的提高，主要表现在电脑数控机床和机器人（Computer numerical control machines and robotics）、电脑辅助设计（Computer-Aided Design，CAD）、电脑辅助制造（Computer-Aided Manufacturing，CAM）和弹性制造系统（Flexible Manufacturing System，FMS）的广泛应用，借以取得降低成本、提高质量和生产率以及增加生产弹性的效果，以期在全球性激烈的市场竞争中能提高竞争能力，增强竞争的优势。其中增加生产的弹性，具有特别重要的意义。因为，在新形势下，顾客的需求已呈现出量少、质高、多样化和快速多变等特点。为此，企业的生产系统必须在电脑化、自动化的基础上提高灵活反应能力（较易于从生产一种或几种产品很快地转变为生产另一种或几种质高、量少满足特定要求的产品），才能及时适应顾客的这种需要。显然，在新的历史条件下，做到这一点，对保持和提高企业的市场占有率及其生存、发展能力，影响极大。

生产技术上的重大变革，必然带来生产管理上的重大变革。适时生产系统（Just-in-time production system，JIT）、全面质量管理（Total Quality Control，TQC）就是在新技术基础上形成的管理上的新观念、新理论和新方法。而会计作为管理的重要工具，也必须同管理上的这些新观念、新理论和新方法相适应，在原有基础上作新的变革，取得同步性的新进展。否则，生产技术和生产管理上的新成就可能形成的新的效益也将难以完全顺利地实现，这些正是它们（技术—管理—会计）之间相辅相成之处。“适时制下的非积累性成本法”（JIT non-cumulative costing）和“作业成本法”（Activity-based costing）就是近年来在新的生产技术和新的生产管理的基础上形成的会计上的新事物和取得的新进展，它们使传统会计的面貌发生了显著的变化。这些问题，以下将简要地进行论述。

（一）适时生产系统

适时生产系统是在近一二十年高科技广泛应用于生产，生产的电脑化、自动化程度显著提高的基础上形成的新的生产管理系统。其目标是：要求在企业供、产、销的各个环节尽可能实现“零存货”（Zero inventory），也就是要求原材料、外购零部件的供应能“适时”（Just-in-time）到达生产现场，直接交付使用，而毋需建立原材料、外购件的库存储备；生产的各个环节紧密地协调配合，生产的前阶段按生产后阶段进一步加工的要求，保质、保量地生产在产品、产成品，并“适时”地将其送达后一加工阶段，直接投入生产，而毋需建立在产品、产成品的库存储备；在销售环节，生产出来的产品能保质、保量地满足顾客的需要，并按照顾客的要求，“适时”送到顾客手中，而毋需建立产成品的库存储备。由此可见，适时生产系统要求整个企业生产经营的各个环节能像钟表一样相互协调、准确无误地进行运转，使之达到很高的效率和很好的效果。

适时生产系统的理论基础，是把企业中所有的作业（Activities）分为两大类：一类是能为最终产品增加价值的作业（Value-added activities），如产品生产中正常消耗的物化劳动（原材料、厂房与生产设备等）价值的转移和活劳动消耗的补偿价值等；另一类是不能为最终产品增加价值的作业（Non-value-added activities），这类作业的总的特点是，没有它们并不会对最终产品的质量造成任何损害。因而从满足社会需求看，它们的存在可视为生产经营中的一种“浪费”，如和各种形式的存货有关的作业（存货的存储、维护、分类、整理等），因质量不符合要求而进行的加工、改制，原材料、在产品、半成品、产成品上的质量损失，供、产、销各个环节各种形式的等待和延误造成的损失等。适时生产系统的建立，就是力求把不能为最终产品增加价值的作业尽可能缩减到最低限度，借以把用在这方面的资源转而有效地应用到能为最终产品增加价值的作业上去，从而使企业所掌握的有限资源能最有效地为社会提供最大效益。而要尽量地消除不能为最终产品增加价值的作业，把“全面质量管理”（Total Quality Control）贯穿于生产经营的各个环节，是一个重要条件。因为在原材料、外购件的供应，在产品、半成品、产成品的生产过程中，如果不在每一个环节把好质量关，使之尽量做到“零缺陷”（Zero defects），在适时生产系统所要求的“零存货”的条件下，废次品的出现，将会引起生产秩序的混乱，在各有关方面产生连锁性的不良后果，所造成的损失、浪费将是难以估量的。正是由于这样，适时生产系统的实施必须和“全面质量管理”同步进行，才能相得益彰，全面提高生产经营的综合经济效益。

（二）适时制下的非积累性成本法

适时制的形成，是以生产的电脑化、自动化为基础。而生产技术上的变革，必然引起生产组织上的变革。与适时制相适应的生产组织和传统生产组织的不同，在于整个生产系统是由若干个“制造单元”负责一种产品或一组同类产品的生产，配备一群机器设备从事不同的生产作业，产品生产所需的全部加工程序都在一个“制造单元”内完成，而不必转到其他“制造单元”继续加工。被分配到“制造单元”中工作的工人，则经过较全面的技术培训，不限于操作某一部机器，而能操作“单元”中的所有机器；同时还能根据工作的需要，进行“单元”内设备的检查、维修和调整准备工作以及其他各种支援服务，使直接人工与间接人工的明显界限趋于消失。这种新的生产组织形式给成本的可归属性（Traceability）带来重大变化。由于一种或一组同类产品的全部生产工序都在一个“制造单元”内完成，该“单元”内直接发生的成本，对该“单元”所生产的产品来说，都是直接成本，可直接归属于所生产的产品。这样，一些原先在传统生产组织形式中被视为间接成本的项目，在新的生产组织形式中就转变为直接成本的项目了。成本可归属性的提高——产品成本中按“制造单元”直接归属于有关产品的成本比重增加，按照人为的标准间接地分配于有关产品的成本比重下降——对提高成本计算的正确性，有很大帮助。

在适时制下，在供、产、销各个环节要实现“无存货”，这意味着按照上述方法所确定的“产品成本”（Product cost），也是这一期间所发生的“期间成本”（Period cost），产品成本和期间成本趋于一致，这是成本观念上的一个重大转变。众所周知，在非适时制下，供、产、销各个环节都经常保持着一定量的存货，因而本期产品成本的计算，是以本期发生的成本（期间成本）为基础，加、减期初、期末存货的成本而得，使本期的产品成本水平受到上期结转的存货成本的影响，因而是一种积累性的成本计算（Cumulative costing），使据以确定的本期产品成本水平不能如实地反映本期生产经营的工作质量和效果。而在适时制下，本期的产品成本同本期的期间成本趋于一致，不会受到上期存货成本结转的影响，因而是一种非积累性的成本计算。以此为基础，进行产品成本分析，对评价本期生产经营工作的质量和效果，并针对存在的问题据以采取相应的改进措施，将有很大的帮助。

（三）作业成本法

作业成本法是以生产的电脑化、自动化为基础，同适时制（JIT）与全面质量管理（TQC）紧密配合而形成的一种成本计算法。但它又不是一种单纯的成本计算法，而是成本计算与成本管理的结合，从成本计算的角度看，它首先是以成本作业（Cost activities）为核算对象，而不是以产品为核算对象。通过成本作业的核算，追踪成本的形成和积累过程，由此得出最终产品成本。其特点是：成本计算的过程大大明细化了，与此相联系，成本计算的结果也大大精确化了。它能提供比传统的成本计算更为精确的成本信息，对管理上据以正确进行经营决策具有重要意义。从成本管理的角度看，加强成本管理，目的在于实现对成本的控制，以促进成本的降低。但人们不能对最终产品成本进行控制，而只能对最终产品成本形成过程中发生的作业成本进行控制。作业成本法通过对作业成本的确认、计量，为尽可能消除“不能为最终产品增加价值的作业”提供有用信息，从而促使这一类作业尽可能减少到最低限度，这是深挖降低成本的潜力，实现成本降低的基本源泉。

作业成本法对直接材料、直接人工的核算和传统的成本计算并无不同，其特点主要体现在制造费用的核算上。在生产电脑化、自动化的条件下，一方面，制造费用在产品成本中所占的比重大大提高了；另一方面，它的构成内容也大大复杂化了。在这种情况下，无论从提高产品成本计算的正确性看，还是从提高成本控制的有效性看，都要求把工作重点放在制造费用上，对制造费用的核算作革命性变革。众所周知，在传统的成本计算过程中，产品成本中除直接材料、直接人工外，其余的都归入制造费用，然后，采用单一的分配标准，按各产品所用的直接人工小时或机器工作小时的比例进行分配，形成各种产品应负担的制造费用成本。这样做，往往会使生产量大、技术上不太复杂（不是很精密）的产品成本偏高；生产量较小、技术上比较复杂（比较精密）的产品成本偏低，造成不同产品之间成本的严重歪曲，使得出的成本指标不能如实反映不同产品生产耗费的基本面貌。而以作业成本法取代传统的成本计算法，就是为了能较好地解决这一方面存在的问题。其解决问题的基本途径是：缩小制造费用的分配范围——由全厂统一分配改为由若干个“成本库”（Cost pools）分别进行分配；增加分配标准——由单标准（直接人工小时或机器小时）分配改为多标准分配，即按引起制造费用发生的多种“成本动因”（Cost drivers）进行分配。一个成本库由同质的成本动因组成，它对库内同质费用的耗费水平负有责任。例如，材料采购部门发生的和“材料的计划与订购”有关的费用，同材料的取得来源有着直接的联系，它要和每一个材料供应商打交道，进行函电联系、合同签订和货款结算等，因而其费用的多寡同材料供应商数量的多少有着直接的联系，但和材料供应量的多少没有直接联系。这样，同“材料的计划与订购”有关的费用可以归入一个“成本库”，以材料供应商的数量为其成本动因，以此为标准对该成本库汇集的成本进行分配。同理，质量控制部门可按“外购材料的检验”“在产品的检验”和“产成品的检验”分别设置三个成本库，分别将“材料订购次数”（材料每订购一次，要进行一次质量的抽样检验）、“设备的调整与准备次数”和“销售产品数量”作为它们具有代表性的成本动因进行成本

分配。分别设置多样化的成本库并按多样化的成本动因进行制造费用分配，使成本计算的过程大大明细化了，与此相联系，也使成本控制的有效性和成本计算的准确性大为提高。

二、会计科学的内容趋于综合化（多学科交叉化）

同当代科学发展的总趋势一样，会计科学的发展，也表现为分化与融合的统一。现代管理会计的形成和发展可以较具体地说明这一点。现代管理会计从传统的、单一的会计系统中分离出来，形成一门与财务会计并列的独立的学科，是20世纪50年代以来的事。它的最大特点——和传统会计最大的不同在于：它是一门以现代管理科学为基础、以决策性管理会计为主体的综合性交叉学科。

以现代管理科学为基础，主要表现在：现代管理科学的形成和发展，对现代管理会计的形成和发展，在理论上起着奠基和指导作用，在方法上赋予它现代的管理方法和技术，使它能突破传统会计框架的局限，面貌焕然一新。所谓现代管理科学，主要包括预测与决策科学、运筹学和行为科学等。

以决策性管理会计为主体，是由20世纪50年代以来新的历史条件所决定的。从20世纪50年代起，资本主义世界进入所谓“战后期”。“战后期”的资本主义经济形成的新的环境和条件，对企业管理相应地提出了新的要求，即迫切地要求实现企业管理现代化。它一方面强烈要求企业的内部管理更加合理化、科学化；另一方面，要求企业对外部环境具有灵活反应和高度适应的能力，否则，就会在激烈的竞争中被淘汰。“管理的重心在经营，经营的重心在决策”，是适应新的情况和条件而提出来的企业管理的新的指导方针。在这种环境和条件下，泰罗的科学管理学说为现代管理科学所取代，就成为历史的必然。

现代管理科学不同于泰罗的科学管理学说，在于它把决策提高到突出的地位，认为决策是现代管理的首要职能。因为，在新的历史条件下，大

量的实践证明：企业的盛衰、成败、生存、发展，首先取决于企业采取的方案、决策是不是正确，所定的经营目标是不是同外界的客观经济情况相适应。如果方针、决策不对，经营目标定错了，企业管理工作做得再好，也无济于事，还会在激烈的竞争中被淘汰。因此，现代管理科学认为，决策的科学性，在决策中决策人员的主观判断同客观外界情况的适应程度，关系到企业的盛衰、成败。因而要求现代管理会计利用所掌握的丰富的信息资源，对为实现决策目标可供选择的多种方案进行科学的、深入的可行性分析，从中权衡利害、比较得失，帮助企业的决策者客观地掌握情况，据以作出正确的判断和选择，以促进企业实现决策的最优化。这是全面提高企业生产经营经济效益的关键所在。而经济效益的高低，则关系到企业的盛衰、成败。这就决定了“决策性管理会计”在现代管理会计中的主体地位。现代管理会计的另一个组成部分——执行会计（以责任会计体系为核心），当然也很重要，但同“决策性管理会计”相比，其只居于从属的地位。

多种相关学科成果的吸收、引进和应用，则使它表现为一门综合性交叉学科。这里所说的多种相关学科，除上面所说的基础性的预测与决策科学、运筹学和行为科学外，还包括微观经济学、宏观经济学、技术经济学、管理经济学、投资经济学和信息经济学等。

所以，总的来说，现代管理会计，是以现代管理科学为基础，以决策性管理会计为主体，着重研究如何为全面提高企业生产经营经济效益服务的一门综合性交叉学科。它的创立和发展，可视为会计科学发展的一个新阶段。

三、微观会计与宏观会计趋于一体化

（一）宏观会计与微观会计的关系问题

微观会计是从微观的角度看问题，主要指通常所说的“企业会计”（Enterprise Accounting）；非营利事业单位（如医院、学校等）会计，自

然也属于“微观会计”的范畴。

微观会计可进一步分为“微观投资决策会计”和“微观经营会计”两个组成部分，从微观上研究如何为提高经济资源的配置效益和使用效益（经济资源的配置效益体现在项目的投资效益上，经济资源的使用效益体现在项目建成投产后的经营效益上）提供有用信息。在现行学科体系中，“微观投资决策会计”是指投资项目的企业经济评价（可称财务评价），现行管理会计对其有较详细的论述，而“微观经营会计”则分别体现在现行“财务会计”与“管理会计”的有关内容中。

宏观会计是从国民经济层面看问题，在更高层次上，建立为宏观经济管理服务的经济信息系统。它也可进一步区分为“宏观投资决策会计”和“宏观经济会计”两个组成部分，从宏观上研究如何在整个国民经济范围内，为提高经济资源的配置效益和使用效益（前者体现在从国民经济层面看投资效益上，后者体现在项目建成投产后从国民经济层面看经营效益上）提供有用信息。

在现行学科体系中，“宏观投资决策会计”体现在以“社会费用—效益分析”为基础建立的“建设项目的国民经济评价”上。项目的国民经济评价不同于企业评价，在于它是从国民经济的全局角度来考察其效益与费用。从国民经济层面看，所谓效益，是指项目对国民经济所做的贡献，既包括直接效益，也包括间接效益。如建设一个水泥厂，建成后，它的产出物（年产水泥多少万吨）的经济价值表现为直接效益——对国民经济的直接贡献，间接效益也称外部效益，如项目建成后，对上下游工业生产形成的连锁性的效益：从上游看，是指项目建成后为它供应原材料的企业可以相应地扩大生产规模而产生的效益，如这些企业现有的剩余生产能力被充分利用而产生的效益或这些企业因进一步扩大生产可从规模经济中获得的追加效益（如建设水泥厂，而相应地扩大包装水泥所用的纸袋的生产）；从下游看，是指项目建成后，对其产出物作进一步加工的企业可相应地扩大生产规模而产生的效益（如新建水泥厂，须相应地扩大水泥制品厂的生产）。

从国民经济层面看，所谓费用，是指国民经济为项目付出的代价，既包括直接费用，也包括间接费用。

项目的直接费用是对项目的投入物（对项目的基建投资和流动资金垫支及其建成投产后的经营费用）的经济价值（所消耗的资源价值）。项目的间接费用，也称外部费用，是指社会已为本项目付出的代价，但项目本身并未支付的那部分费用，实质上是项目对社会造成的“净的负效益”（Net Disbenefits）。例如，化工厂兴建后排放的污水没有处理好，使附近河流的水质变坏，鱼类的繁殖能力降低，因而使该地区渔业的产量减少，焦化厂兴建后，排放的废气没有处理好，使附近果园、菜园产品的产量、质量下降，甚至由此影响人民的健康（如疾病增加，导致保健费用增加），都属于项目对社会造成的负的外部效果，均应列作项目国民经济评价中的间接费用，这类费用虽然发生在项目的外部，但从整个国民经济层面看，其造成国民收入真实的减少，而且很多也可用货币计量，因而应纳入项目的国民经济评价体系中。

总起来说，建设项目的国民经济评价体系的主要特点是：以社会费用—效益分析原理为指导，除考察项目本身的效益与费用外，还同时考察项目外部相关的效益与费用，可为项目的取舍提供综合性的宏观依据，对于在整个国民经济范围内，正确引导投资方向，促进经济资源在全社会的最优配置和合理利用，具有重要意义。

“宏观经济会计”，则体现在“国民经济核算体系”上，它是以整个国民经济为对象，对一定时期的经济活动（通过“流量”来表现）及其在一定时点的结果（通过“存量”来表现）进行全面、系统的反映，借以取得为加强宏观管理所需要的各项指标。

较具体地说，一般所说的“国民经济核算体系”主要包括“国民收入与产值会计”（National Income and Product Accounting）、“投入—产出会计”（Input-output Accounting）、“社会现金流量会计”（Flow of Social Funds Accounting）、“国民资产负债表与国民财富表”（National Balance Sheet and Statement of National Wealth）和“国际收支平衡表”

（Balance of International Payments）。

建立宏观会计体系有什么重要性呢？其重要性在于：为加强宏观经济活动管理、提高社会经济发展规划和调控的科学性，必须建立和完善国民经济信息体系。而宏观会计信息体系是其重要环节。也就是说，通过上述账表体系所取得的有关指标，可以为有关领导科学地制定政策，进行经济预测、决策、编制计划和进行经济分析提供客观依据，可在加强宏观经济体系的计划和调节、促进社会经济的健康发展中发挥重要作用。

在这里，有一个理论认识问题——“国民经济核算体系”的学科属性问题，需要解决。也就是：“国民经济核算体系”究竟属于会计的范畴，统计的范畴，还是会计与统计相结合形成的一门新兴的边缘学科？我国的理论界有不同的认识。

笔者个人认为它属于会计的范畴。先从它的英文名称看，大致上有以下一些称谓：“社会会计”（Social Accounting，这是1984 年诺贝尔经济学奖获得者、美国著名经济学家 Richard Stone的叫法）；“国民账户体系”（System of National Accounts，SNA，是联合国公布的有关文件的叫法，现译成“国民经济核算体系”）；“宏观会计”（Macro Accounting）；“国民会计”（National Accounting）；“总量会计”（Aggregate Accounting）和“国民经济会计”（National Economic Accounting）等[①]。可见，在国外，都明白无误地把它称为“会计”（Accounting）或“账户”（Accounts），我们为什么一定要把它称为很费解的“核算”呢？当然，我们研究问题，不能只停留在名词、术语上。从更深的层次看，之所以把它称为“会计”（Accounting）或“账户”（Accounts），而不称之为“统计”（Statistics），不是偶然的。首先，是有其深刻的方法上的根源的，实际情况是，前面所说的“国民经济核算体系”的各个领域所运用的贯穿始终的基本方法，具体体现了宏观会计方法上的统一性。这是因为，企业会计经过长期的发展，已将借与贷、来源

① 闵庆全：《国民经济核算综论》，北京：经济科学出版社，1989年，第1页。

与运用、存量（余额）与流量（发生额）、实账户与虚账户、资产负债表与损益表巧妙地结合在一起，形成了一个严密的核算体系，双重性方法原理——平衡原理贯穿始终，与此相联系，宏观经济中的许多重要经济指标，如供给与需求、投入与产出、消费与积累、储蓄与投资、借入与贷出等，都是各自对应的范畴，也要采用账户形式，借助于双重性方法原理——平衡原理进行核算，借以取得反映宏观经济活动流量与存量的各项指标。这就从方法上为微观会计与宏观会计的相互贯通奠定了基础。

其次，从资料的利用上看，在我国社会主义经济条件下，宏观经济信息要以微观经济信息为基础，并使它们能够相互贯通起来。我国企业编报的主要会计报表有资产负债表、损益表、财务状况变动表（现金流动表）以及在实际工作中日益显示其重要性的增值表、投入—产出表所提供的资料，经过科学的加工、处理，可以为宏观经济的各个领域提供基本数据。

正是从以上两个方面看，我们说应把宏观经济会计归入会计的范畴，如实地把它看作微观会计的延伸和扩大运用。

（二）微观会计内容上的丰富、发展及其和宏观会计的结合

微观会计与宏观会计之间既有相互联系的一面，又是各自独立存在的。微观会计在内容上的丰富和发展，既有其独特的意义和作用，又在有些方面可同宏观会计相结合，使会计从整体上在促进社会经济发展中发挥更大作用。

1. 增值会计（Value-added Accounting）

这里所说的“增值”，是指产品价值中扣除“转移价值”外新增加的价值，相当于通常所说的“净产值”。所以，“增值”是比“利润”更为广泛的一个概念，“利润”只是“增值”的一部分。

大家知道，长期以来，资产计价（估价）和利润计算（收益决定）曾被认为是微观会计中财务会计的两大基本职能。利润计算——如何按照“权责发生制”的原则正确确定企业的分期损益，为广大会计人员所熟悉，是很自然的事。但是，把利润计算进一步扩展为增值计算，相对说

来，就是比较近期的事。

在西方，最早是美国“会计指导委员会”于1975年在它制定的“公司会计报告”（Corporate report）这个文件中提出，要把“增值表”（Statement of Value-added）作为企业正规会计报表的一个组成部分，像其他会计报表（资产负债表、损益表、财务状况变动表）一样，定期进行编制和公布。

为什么在损益表之外，还要定期编制并公布“增值表”呢？

他们认为，损益表中确定的净收益（利润），是着眼于股东权益，只把股东看作受益者，而增值表确定的增值额，是从另一个观点出发，认为应当重视参与企业活动的各个主体的受益情况，如职工从企业增值中取得工资、贷款者取得利息、政府取得税金，如同投资人（股东）取得股利一样，都是企业增值的受益者。这样，就能从较广阔的视野，来考察企业内外有关方面对企业生产经营的贡献的大小。

增值计算与利润计算的不同在于：

增值＝销售净收入－外购物品和劳务支出－折旧

＝工资+利息支出+税金+（股利+利润中的留存部分）

如产销不平衡，也可以生产总值为计算基础，生产总值与销售价值之差，在于前者包括了产成品、半成品和在产品期初、期末余额之差中所包含的增值部分。

西方学者认为将增值进一步分解为各个贡献因素，可以进一步看出各有关方面贡献的大小：职工付出了劳动，取得了工资（包括福利费），工资可以看作职工所做贡献的标志；贷款人、投资人提供资金，用于购置技术装备和形成经营资金，取得利息、股利，利息、股利可以看作他们所做贡献的标志；政府提供基础设施（道路、码头……）和经营环境（法制保障、治安维护），收取税金，税金可以看作政府所做贡献的标志。从理论上看，这些说法是同资产阶级庸俗经济学一脉相承的，它意味着“增值”不是活的劳动单独创造的，而是各有关方面共同创造的，这是同马克思主义劳动价值学说直接对立的。我们也认为应当重视增值的计算，有必要定期编制“增值表”，但必须坚持马克思主义的劳动价值学说，彻底否定西方学者在这个问题上的资产阶级庸俗经济学的理论基础。

大家知道，我国国务院也曾规定从1984年起，要加强工业净产值的计划、核算工作，以作为衡量、考核经济发展和经济效益的主要指标。因净产值既随着产投的增长而增长，又随着生产中物资消耗的节约而增长，是增长与节约两个方面的综合表现，因而可以作为衡量、考核经济发展和经济效益的重要指标。再从宏观上看，其又可为宏观会计中的“国民收入会计”提供基础资料，实现二者之间的衔接。而在宏观上对国民收入账户进行分析研究，对于如何正确确定积累与消费的比例、消费基金中各类人员（复杂劳动和简单劳动）的分配政策，从而有效地促进社会经济的发展，也有很大价值。

2. 投入—产出会计

微观上说的投入—产出会计，是把列昂节夫（Wassily W. Leontief）创立的、用于研究宏观经济中部门间的联系和平衡关系的投入—产出分析的基本原理和方法，引进并应用到微观会计中来而形成的一个新的专门领域。要探讨“投入—产出会计”有哪些主要特点，自然要追溯（溯本求源）到列昂节夫创立的“投入—产出分析”（Input-output Analysis）有哪些主要特点。

大家知道，列昂节夫教授是当代有重大贡献的经济学家，1973年诺贝尔经济学奖的获得者。其理论体系的奠基性著作，是他于1936年8月在美国《经济统计评论》（*Review of Economic Statistics*）发表的一篇题为《美国经济体系中定量的投入—产出关系》（*Quantitative Input-output Relationships in the Economic System of the United States*）的论文。有人认为，可以把这篇论文看作经济理论发展中的一个重要的里程碑，它标志着在不断发展的经济分析领域中开始了一场不声不响的革命。以此为基础，在此后半个世纪中取得了一系列创造性的学术成就，无论从理论和实践上看，都有重大意义。

列昂节夫创立的“投入—产出分析体系”方法上的最大特点，就是列昂节夫矩阵、列昂节夫逆矩阵和棋盘式投入—产出表的创立，并以此为基础，在理论和实践上开拓了一系列极为广阔的领域，继而发展成为一系列新兴学科，如投入—产出经济学、投入—产出管理学、投入—产出会计学等。可见列昂节夫理论上的贡献，对新兴学科的开拓具有广泛而深远的影响。

以下对投入—产出会计的主要特点作较具体的论述。

以列昂节夫创立的投入—产出分析原理为基础，投入—产出会计方法上的最大特点，主要表现在以下两个方面：

（1）列昂节夫矩阵及列昂节夫逆矩阵的引进、应用。将这种独特的科学方法引进并应用到会计中来，就可能扩展并深化传统会计的职能作用。即使它能正确描述并有效求解企业生产经营各个环节之间错综复杂的投入—产出关系，在决策、计划、控制等各个方面发挥重要作用。

（2）棋盘式投入—产出表同借贷记账法的有机结合。棋盘式投入—产出表，是列昂节夫进行投入—产出分析的重要工具，即可利用它来恰当而科学地描绘国民经济各部门之间错综复杂的投入—产出关系；现在，我们把它引进并应用到微观会计领域中来，用于描述企业生产经营各个环节之间的投入—产出关系，有一个极为方便之处，就是这个表的基本结构同会计的基本方法——借贷记账法刚好是完满结合的。也就是说，用棋盘式投入—产出表表现的内部生产经营各个阶段之间错综复杂的投入—产出关系（以“列”反映投入，以“行”反映产出），正好就是会计账户体系中的借贷关系。这意味着：投入——记入有关账户的借方，产出——记入有关账户的贷方，使二者可以实现有机结合。这同时也可以看作微观会计与宏观会计方法上统一性的一种表现。而微观投入—产出会计的创立及其不断完善，又可为宏观投入—产出会计在资料提供上奠定牢固基础，实现二者之间的有机结合。

3. 现金流动会计

从现行的学科体系看，企业会计的两大分支——财务会计与管理会计的基础是不同的，前者是以“权责发生制”为基础，可称为“权责发生会计”（Accrual accounting），后者是以现金流动为基础，[①]可称为“现金流动会计”（Cash flow accounting）。这两者之间缺乏统一性，既对学科的理论建设造成了不良影响，也为它们的实际应用带来了很大困难。其中最主要的一点是：在企业创建时，投资项目的经济评价指标是以现金流量为计算的基础，它是将投资项目的现金流出量（投资额）及其建成投产后预计各年能实现的现金流入量按“货币时间价值”统一换算为用同一时点的数值来表现，据以确定具体反映投资效益的“内部收益率”“净现值”或其他评价指标，为项目的取舍提供经济根据。这一评价程序被纳入管理会计“长期投资决策的分析、评价”中。但当项目建成投产、转入生产经营后，企业的业绩评价——投资项目经营效益的评价与考核，在财务会计体系中主要是围绕盈利指标来进行，而分期损益的确定，则建立在传统的“权责发生制”的基础上，同项目创建时以现金流动为基础确定的预期的投资效益指标发生了明显的脱节，使人们无法了解项目创建时要求达到的投资收益率在生产经营中是否得到了实现。这种情况的出现，无论从理论上还是实践上看，都是一个无法回避且亟待解决的问题。为消除这二者之间的矛盾，避免脱节，要么将项目投资效益的评价改为以盈利为基础；要么将项目经营效益的评价（企业业绩评价）改为以现金流动为基础，舍此之外，别无他途。关于这一问题，在这一领域进行研究的先驱者之一——美国会计学家Ferrara曾明确指出：“折现的现金流量观念在（投资）决策中的应用是无可置疑的。这样，就只能将业绩评价从权责发生会计转向现金流动会计，别无其他选择。否则，就意味着让经理人员用一种方法进行决策，而对他们的业绩则用另一种方法进行评价，从而使他们陷于进退维谷的境地。[②]”

① 余绪缨：《管理会计》（修订本），北京：中国财政经济出版社，1990年，第12—13页。

② W. L. Ferrara，“Accounting for Performance Evaluation and Decision-Making”，Management Accounting，December，1976.

大家知道，建立在“权责发生制”基础上的财务会计，经历了一个长期发展并不断完善的过程，已经形成了严密的理论与方法体系。要改变它的基础——使它从权责发生制基础转到现金流动基础上来，是一种革命性变革，绝非一蹴而就的。在这一方面，笔者认为，美国著名会计学家Ju JI IJIRI 所作的开拓性研究是卓有成效的。①根据他提出的基本思路，可对此作如下轮廓性的说明。

从现金流动的观点看，企业的经营活动可划分为投资活动与筹资活动两大类。企业通过多种形式（发行股票、债券和其他筹资方式）筹集资金（表现为现金流入）投到有关的投资项目上去（表现为现金流出）。企业作为多种投资项目的集合体，总会不断有新的投资项目投入营运，旧的投资项目因寿命期终结而退出营运。与此相对应，企业资金的筹集也会不断更新。但当企业转入正常的生产经营后，多种投资项目并存与多种筹资方式并存会呈现一种相对稳定状态。对同时并存的多种投资项目综合效益的评价（业绩评价），如从传统的以盈利指标为中心转移到现金流动的基础上来，可借助于“综合回收率”（Corporate Recovery Rate）来进行，其计算公式是：

$$综合回收率=\frac{现金回收}{固定资产总额}$$

上式中：

现金回收=来自业务经营的现金流入+来自长期资产处理的现金流入+流动资产总额的减少数+利息费用②

① Ijiri Y，“Recovery Rate and Cash Flow Accounting”，Financial Executive，March，1980.

Ijiri Y，“Cash-Flow Accounting and Its Structure”（a paper presented at the Financial Accounting Standards Board's public hearing on conceptual framework for financial accounting and reporting held in New York on August1，1977）.

② 将“利息费用”列作加项，因为投资项目经营效益的评价应独立地进行，使之不受筹资方式（是由股东还是由债权人提供资金）的影响。

固定资产总额是“固定资产账面值合计+累计折旧额”的平均占用额

把“综合回收率”作为投资项目经营效益的评价指标，有助于消除项目创建时投资效益评价与其建成投产后经营效益评价之间的脱节现象，使之达到首尾一贯。因而应把它看作现金流动会计研究中取得的一个重要进展。

再从某一时点看，将传统的资产负债表等式：

资产＝产权

转移到现金流动的基础上来，并不存在不可逾越的鸿沟。如前所说，从现金流动的观点看，企业的经营活动可划分为投资活动与筹资活动两大类，可据此建立现金流动会计的基本等式：

投资现金流量=筹资现金流量

投资（现金流出）－回收（现金流入）＝筹资（现金流入）－偿还（现金流出）

上式中，投资的回收包括原投资额的收回和高于原投资额的投资收益；筹资的偿还包括原筹资额的偿还和高于原筹资额的筹资报酬（包括利息、股利等）。

现金流动会计的基本等式和传统的资产负债表等式的不同在于：前者是把着眼点放在现金流动过程的动态表现上；而后者是把着眼点放在现金流动结果所形成的资产与产权存量的静态表现上。从现金流动的观点看，资产被看作“尚未回收的投资”，而产权则被看作“尚未偿还的筹资”，由此而建立了由此及彼的桥梁。

以现金流动会计基本等式为基础编制的具体表式又可为前述“综合回收率”的计算提供有关数据。“综合回收率”与现金流动会计基本等式的有机结合可视为现金流动会计基本框架的初步基础，以此为基础，在理论与实践的结合上使之不断丰富、发展和完善，一个投资决策与业绩评价相结合、投资效益与经营效益相联系、管理会计与财务会计相贯通的统一的现金流动会计的创建也将不是遥遥无期的了！

从微观会计与宏观会计的关系看，管理会计与财务会计相贯通的统一的现金流动会计的建立，又可为宏观会计中“社会现金流量会计”在资料提供上奠定牢固的基础，使它能更好地发挥国民经济运行指示器的作用，从而为更有效地加强宏观控制、优化社会经济资源配置，最大限度地提高宏观经济效益服务。

四、会计的某些理论与实务趋于国际化

会计被认为是经济活动的语言。在当代国际经济趋于一体化的情况下，它在一定意义上还是国际化的语言。随着国际经济一体化的趋向不断向广度和深度上拓展，会计的某些理论和实务趋于国际化也是很自然的事。

从历史上看，会计理论与实务的形成和发展，从一开始就带有明显的国际化倾向。15世纪，在意大利出现的借贷记账法，就是在当时地中海各国之间进行航海通商的历史条件下形成的。此后，又在意大利各个邻国很快得到推广应用，以致成为现在全世界普遍推行的借贷记账法。

从现实意义上看，会计的某些理论与实务的国际化，是近50年来，随着国际经济一体化的发展而发展的。国际资金的形成、国际金融机构、国际金融市场的发展和新型的企业组织形式——跨国公司的大量涌现，扩大和加深了各国之间经济上的相互依存和相互影响。规模庞大的跨国公司，为了维持和提高它们在国际市场上的竞争能力，经常在国际资金市场上出售股票和公司债券，以吸引巨额资金，以纽约、伦敦、东京、巴黎等地的证券交易所为中心的世界资金市场，都经营各跨国公司的股票和债券。为此，各国跨国公司必须按期向有关国际金融市场的证券交易所报送所需的财务报表和大量的财务信息。与此同时，还要求所报送的财务报表和有关资料须经从事国际会计业务的会计师签证审核。为此，就必须建立一套完整的国际审计标准，以使各国会计师进行国际性审计时有所遵循和依据。

这样，随着国际经济一体化的发展，会计的某些理论与实务的国际化

也将不断向广度和深度上拓展，使之能更好地为促进国际间的经济往来和合作服务。

适应当代国际经济一体化的总趋势，我国的社会主义现代化建设不能关起门来搞，而必须坚定不移地执行改革开放的总方针，进一步拓展改革开放的广度和深度。从经济战线看，必须大力发展外向型经济，积极参与国际经济的大循环、大竞争，并鼓励参照国际通用惯例，对企业进行科学管理。同这一战略要求相适应，为了争取在参加国际经济的大循环、大竞争中取得更大的成就，在会计领域，系统地学习和掌握世界各国通用的国际惯例，也是有重要意义的。正如我国的运动员参加国际奥运会比赛，要取得好的成绩，就必须熟悉奥运会比赛的通用规则一样。例如，在长期的历史发展中形成的、至今仍为各国普遍采用的借贷记账法、加速折旧法、稳健性原则、通货膨胀会计的原理和方法、货币时间价值、资金成本、投资项目的企业经济评价与国民经济评价的原理和方法等，都可视为会计领域的国际惯例，以马克思主义、毛泽东思想为指导，批判吸收、借鉴其合理的内核，并结合我国的社会经济条件，在实践中使之得到进一步的丰富、发展和完善，对于提高我国会计的理论和实际工作的水平，使之能更好地为贯彻我国改革开放的总方针服务，是一件刻不容缓的事。

（编者注：本文发表于《厦门大学学报》（哲学社会科学版），1992年第1期）

帕乔利对复式簿记的历史性贡献为此后会计科学的发展奠定了坚实基础

一

今年，是全世界会计界人士值得庆贺的一年！人们怀着崇敬的心情，纪念被誉为“现代会计之父”的卢卡·帕乔利的划时代著作《计算与记录的详论——簿记论》发表500周年！

卢卡·帕乔利“生活在‘意大利文艺复兴的黄金年代’即所谓‘开拓人生真谛’的巅峰时代”[①]。他在数学和簿记学领域所做的重大贡献，“使他成为意大利文艺复兴时期的杰出人物之一”[②]。他于1494年在威尼斯出版的《算术、几何、比与比例概要》一书，“是作者30年心血的结晶”[③]，它“主要分为五个部分：一、算术与代数；二、算术与代数在贸易和计算中的应用；三、簿记；四、货币与兑换；五、理论几何学与应用

---

① R.G.布朗，K.S.约翰期顿：《巴其阿勒会计论》，林志军等译，上海：立信会计图书用品社，1988年，第37页。（“巴其阿勒”是本文所说“帕乔利”的另一译名）

② R.G.布朗，K.S.约翰期顿：《巴其阿勒会计论》，林志军等译，上海：立信会计图书用品社，1988年，第33页。（“巴其阿勒”是本文所说“帕乔利”的另一译名）

③ 海渥：《会计史》，文硕等译，北京：中国商业出版社，1991年，第55页。

几何学”[①]。其中的第三篇《计算与记录的详论——簿记论》，是世界上第一本系统论述复式簿记原理与方法的经典著作，它对当时在威尼斯流行的复式簿记——借贷复式簿记从理论上进行综合、概括，形成了一个科学的体系，开创了人类认识复式簿记科学奥秘的新纪元，从而把它推向一个崭新的发展阶段。因而会计史学界把这一伟大著作的出版誉为会计发展史上的第一个里程碑，“它标志着会计以实务为基础开始向理论研究的方向发展，从此会计开始成为一门科学”[②]。而卢卡·帕乔利在复式簿记领域之所以能做出如此巨大的历史性贡献，是和他所处的伟大历史时代——意大利文艺复兴时代分不开的。众所周知，意大利文艺复兴时代，是一个思想大解放，科学、艺术处于大变革、大发展、大创造的时代；也是科学、艺术上英才辈出、群星灿烂的时代！卢卡·帕乔利在其著作中闪耀的思想光辉，可以看作这一伟大时代精神的反映！也许正是从这个意义上看，著名的经济史专家认为：“创造复式簿记的精神，也就是创造伽利略和牛顿系统的精神。[③]”而德国大诗人、哲学家歌德认为复式簿记是“人类智慧的绝妙创造之一，每一个精明的商人从事经营活动都必须利用它”[④]的科学论断，也体现了他非凡的理论洞察力。

二

会计的发展同社会经济条件有着密切的联系。复式簿记产生的客观经济条件，是资本主义性质的商品货币经济的萌芽和初步发展。从世界范围看，12—13世纪意大利的几个北方城市（威尼斯、佛罗伦萨等），由于海

① R.G.布朗，K.S.约翰期顿：《巴其阿勒会计论》，林志军等译，上海：立信会计图书用品社，1988年，第27页。（“巴其阿勒”是本文所说“帕乔利”的另一译名）

② 余绪缨：《纵论现代会计的形成与发展》，《财会月刊》1993年第6期。

③ 井旯雄士：《三式记账法的结构和原理》，娄尔行译，上海：立信会计图书用品社，1989年，第1页。（转引自《三式簿记和收益动量》）

④ Rollin Niswonger，Fess，“Accounting Principles”，12th Edition，1997，P.2.

外贸易、商业和金融业的发展，迫切要求较先进的核算方法和形式为其服务，以满足商品经济、商品货币关系迅速发展对较完善的会计信息系统的要求。“这样，原有的单式簿记为借贷复式簿记所取代，就成为历史的必然。从有关史料可以看到，借贷复式簿记从它的萌芽形态发展到较为完备的形式，大致经历了300年的时间，而这一演进过程是在当时的以威尼斯为中心的意大利北方几个城市进行的。”[①]卢卡·帕乔利的伟大历史功绩在于：他把当时以威尼斯为中心广泛流行的丰富的簿记实践经验，经过去粗存精、去伪存真，从理论的高度总结出贯穿其中的规律性的东西，使人们对复式簿记的认识提高到科学的水平，赋予它新的生命，进而促使簿记实践发生深刻的变革，使之能更好地适应商品货币经济迅速发展对会计信息系统越来越高的要求。

较具体地说，卢卡·帕乔利的不朽著作《计算和记录的详论——簿记论》又可分为两大部分：“第一部分介绍财产盘存；第二部分论述账务处理。在这两个部分中，帕乔利详细介绍了我们今天所知道的簿记方法。例如：盘存企业的资产；根据盘存结果在账簿上登记原始分录；记录交易；过入分类账；填写过账摘要；编制试算表以查核记账过程的正确性；结清虚账户（过渡性账户），并通过损益账户转入资本账户；等等。”[②]帕乔利特别强调“‘资本’账户反映你商号的全部价值，它概括了你已转入分类账簿A中去的所有账户以及结转于‘损益’账户后进入‘资本’账户的全部借方余额和贷方余额的净差额”[③]。这就意味着帕乔利建立的科学的复式簿记系统，是以账户体系为基本的分类模型，“它正确运用账户设置、记账符号、记账规则和账户对应关系，将借与贷、来源与运用、存量（余额）与流量（发生额）、实账户与虚账户……巧妙地结合在一起，形

① 杨宗昌：《简明西方会计发展史》，沈阳：辽宁人民出版社，1992年，第19页。

② R.G.布朗，K.S.约翰期顿：《巴其阿勒会计论》，林志军等译，上海：立信会计图书用品社，1988年，第28页。（“巴其阿勒”是本文所说“帕乔利”的另一译名）

③ R.G.布朗，K.S.约翰期顿：《巴其阿勒会计论》，林志军等译，上海：立信会计图书用品社，1988年，第105页。（“巴其阿勒”是本文所说“帕乔利”的另一译名）

成一个严密的核算体系，双重性方法原理（平衡原理）贯穿始终”[①]。这是借贷复式簿记根本不同于原有单式簿记的精髓所在。

在这里，特别重要的一点是，不能只从表面上把帕氏复式簿记形成的贯彻始终的平衡体系看作一个数据勾稽关系严密、易于进行差错查找的系统，而应从更深的层次上着重看到它所蕴含的“经管责任”（accountability）和经济关系，进而把簿记信息看作促进企业经营机制得以正常运行的基本要素，即借助于簿记信息来实现对经济过程的有效管理。为此，帕乔利在《簿记论》中，结合复式簿记系统的运用，较全面、系统地论述了如何通过相互依存的账户对应关系落实“经管责任”，正确处理企业同外部复杂的人欠、欠人关系和企业内部合伙之间的经济利益关系，从而促进企业经营活动得以“有序”并有效地进行。可见，帕乔利本人并没有把他所建立的复式簿记看作一种单纯的记账方法，而是把它看作服务于提高经济效能的信息系统，它必须适应社会经济的发展作相应的变革并密切联系所处的经济环境和条件来分析和处理有关问题。这种认识上的飞跃，对此后会计科学在实践基础上的长足发展产生了巨大影响。这也正是将各个对象孤立起来单独进行核算，最多只能对它们分别起“计数”作用的单式簿记为科学的复式簿记系统所取代的根本原因所在。

三

对帕乔利建立的复式簿记系统作进一步的理论分析，可以看到，其最可贵之处在于：采用“双重观点”，在“双重分类模型”的基础上，构建起“会计一般框架”，它奠基于价值核算，提供“动态”与“静态”相结合、“分析”与“综合”相结合的经济信息系统，对社会经济的发展可以更好地起到促进作用。

“会计一般框架”奠基于价值核算，是指在商品经济充分发展的条件

---

① 余绪缨：《纵论现代会计的形成与发展》，《财会月刊》1993年第6期。

下，企业生产经营中反复周转使用的各种各样的资财可从价值形态上进行集中、概括，被称为“运动中的价值”，而“资本”就是业主投入企业供周转使用的价值总和。[①]在现实经济生活中，企业生产经营中“运动中的价值”通常可用“资金运动”这一概念来表述，并把它视为簿记核算的对象（客体）。

一个继续经营的企业，“生产的进行，总是以一定时日当时存在的物质生产资料为其出发点，而当时的物质生产条件，又总是过去一段时间生产活动的结果。因此，对于反映生产经营活动的资金运动，我们固然要追踪运动的进程进行动态反映；同时也有必要并可能经过一定的间隔期（月、季、年），截取资金运动的一个截面，从静态上对它进行分析研究，进行阶段性的总结”[②]。可见，资金运动动态与静态的关系，实际上是连续性与间断性的关系，从会计指标上看是流量与存量的关系，在账户上分别用发生额和余额来表现。它们相互依存、相互转化，形成一个有机联系的整体。这是复式簿记系统把握其核算对象在方法论上的一个重要特点。

再从认识论的角度看，复式簿记系统是以账户体系为核算对象的基本分析工具，而以报表体系从不同的角度进行综合。这对于科学认识核算对象具有重要意义。因为正如恩格斯所说：“思维既把相互联系的要素联合为一个统一体，同样也把认识的对象分解为它们的要素。没有分析就没有综合。”[③]复式簿记系统利用账户和报表，在对核算对象进行具体分析的基础上进行不同层次的综合，可使人们获得更深入而全面的认识。

复式簿记系统奠基于价值核算，以“双重分类模型”为基础，依据科学的认识论与方法论形成的“会计一般框架”，既具高度稳定性，又具广阔包容性。也就是说，帕乔利建立的具有上述特征的“会计一般框架”，

① R.G.布朗，K.S.约翰期顿：《巴其阿勒会计论》，林志军等译，上海：立信会计图书用品社，1988年，第105页。（“巴其阿勒”是本文所说“帕乔利”的另一译名）

② 余绪缨：《试论“复式记账法”的理论基础——兼论“资金收付记账法”》，《厦门大学学报》（哲学社会科学版）1978年第2、3期合刊。

③ 弗里德里希·恩格斯：《反杜林论》，北京：人民出版社，1971年，第39页。

虽历时500年了，但作为人类文明精华的组成部分，经得起长期历史和实践的检验，在今天的会计工作中仍具有普遍的适用性，这是其高度稳定性的表现。而随着社会经济的发展，它所提供的会计信息在广度和深度上也不断地得到丰富、发展，以适应企业内外环境、条件变化对会计信息提出的越来越高的要求，这是其广阔包容性的具体体现。由此可见，帕乔利创建“会计一般框架”的伟大历史功绩就在于：它为会计科学的长远发展奠定了牢固的基础。此后，随着时代的前进，会计科学不断分化出新的领域而呈现蓬勃的生机，有如在这个共同的根基上生长出一棵枝繁叶茂、繁花似锦的大树！正由于多元化的现代会计各领域有着“会计一般框架”这个共同的基础，因而总的来说，还应如实地把它们看作会计科学这个整体的各个有机组成部分。以下拟对现代会计的各主要领域（财务会计、成本会计、管理会计、宏观会计）在“会计一般框架”基础上的形成、发展，作简要的、轮廓性的论述。

由帕乔利奠基的会计系统一开始就具有财务会计的性质。但它当时所涉及的主要是企业在采取合伙经营这种组织形式下基于商业活动所形成的财务关系。财务会计理论与实践的发展，首先同股份有限公司这种企业组织形式有着直接的联系。股份有限公司这种企业组织形式对比采用合伙经营的组织形式，企业内外的经济关系大大地复杂化了。在这种情况下，为维护企业内外有经济利益关系集团和社会公众的利益，客观上要求各个企业遵循符合国家法令和社会公益要求的规范化的会计程序和规则，改变他们在记账、算账和报表编制中各行其是、带有较大随意性的情况，因而要求政府有关机构同具有较大权威性的会计专业团体相结合，就企业会计的基本方面，制订、发布一系列“公认会计原则”，以规范企业的会计行为，提高会计信息的质量和可信度，把财务会计提高到一个新的发展水平。但“公认会计原则”的制订与实施，只是对会计的程序和规则提出越来越高的要求，并未改变帕氏确立的“会计一般框架”本身。再从会计的职能看，财务会计的职能也经历了一个长期发展过程，主要表现为：从较简单的企业内部财产经管责任关系的考察，发展到较复杂的企业内外经

《半个世纪以来管理会计形成与发展的历史回顾及其新世纪发展的展望》

世纪之交，余绪缨先生写下《半个世纪以来管理会计形成与发展的历史回顾及其新世纪发展的展望》，在回顾半个世纪以来管理会计的形成与发展的基础上，展望21世纪管理会计的可能发展领域和方向。难能可贵的是，余绪缨先生在本文修正自己过去的观点，指出数学方法只是表述管理会计思想的手段，并不是管理会计思想本身，应该尽量避免滥用数学方法的倾向。也许，正因为余绪缨先生修正了自己过去的观点，才开启了其管理会计人文观的开创性研究。

《现代管理会计研究的新思维》

在“物本管理”转向“人本管理”的过程中，余绪缨先生认为系统观（Systemic View）将取代机械观（Mechanistic View），并以此为基础思考管理会计研究的思维。有鉴于此，余绪缨先生写下了《现代管理会计研究的新思维》一文。为什么说“会计问题绝不是单纯的会计问题”？为什么高等数学方法在管理会计中的作用“不能过高地估计”？管理会计的研究视野该如何从“二维结构”向“三维结构”扩展？为什么管理会计的研究不能局限于其技术层面而必须与社会文化相结合？何谓会计演化的“树形理论”？余绪缨先生在本文为这些问题提供了自己的独特见解。余绪缨先生那充满哲理和人文精神的论述，体现了其大家风范。

《管理与管理会计理论的几点新认识》

余绪缨先生晚年深感管理会计是融管理和会计于一体的专门领域，而管理与管理会计之间存在内在交融性。正是基于这种考虑，余绪缨先生撰写《管理与管理会计理论的几点新认识》，提出管理将从“物本管理”向“人（智）本管理”发展，由此管理的方式将从“硬管理”趋向“软管理”，管理的特性将从“科学”趋向“艺术”。管理特性的变化将显著影响管理会计师（人员）专业性服务的价值。余绪缨先生始终不忘初心，强调具有中国特色的管理会计学科建设，应立足中国、放眼世界，以“东方智慧”的回归为主轴，向综合性的“软科学”方向发展，充分吸收古今中外的优秀文明成果，使之走向崭新的健康发展道路。

《简论<孙子兵法>在“战略管理会计”中的应用》

余绪缨先生以其深厚的国学和古文经典功底，撰写《简论<孙子兵法>在“战略管理会计”中的应用》，分析20世纪80年代以来传统管理会计的三个缺陷（真实性、相关性和独立性的缺失）及其弥补之道。本文的亮点在于阐释《孙子兵法》的思想对战略管理会计的四点启示。本文展现了余绪缨先生融会古今智慧，对管理会计问题的深邃思考和对管理会计未来发展的高度洞察。

《柔性管理的发展及其思想文化渊源》

余绪缨先生晚年一直思考文化尤其是中国文化如何影响管理。余绪缨先生在《柔性管理的发展及其思想文化渊源》一文中提出柔性管理本质上就是一种“以人为中心”的管理，也称为“人性化的管理”。在此基础上，本文全面、深入地探究柔性管理产生与发展的客观境、柔性管理的具体表现和思想文化渊源。在工业经济社会向知识经济社会转变过程中，文深邃的管理思想对企业管理模式的转型具有重要的启迪作用。

《简论工业经济向知识经济转变及其对现代管理会计的冲击》

余绪缨先生敏锐地察觉到工业经济向知识经济转变可能对现代管理会计产生的冲击，以动的心情撰写了《简论工业经济向知识经济转变及其对现代管理会计的冲击》一文，分析业经济向知识经济的转变特征，思考生产从单要素、三要素到多要素的转化，尤其重点探知识要素对经济发展的影响，并基于这种影响分析知识经济对现代管理会计的冲击。知识济时代的管理会计要特别重视无形资产、全方位效益评价和增值表。余绪缨先生的这些观，不仅具有前瞻性，也具有现实性。

《论管理会计的技术观与社会文化观》

余绪缨先生晚年特别注重对人文的思考，《论管理会计的技术观与社会文化观》一文就是种思考的展现。本文论述管理会计的研究既要重视技术层面，更要注重社会文化层面，管理会技术方法的应用必须以正确的社会文化观为指导。本文吹响了管理会计“人文化”研究的“号”。很多会计实务问题并非技术方法问题，而是人的价值观和道德问题。如今的教学比较重视知识的传授”，注重“育才”，但忽视“育人”，忽视了学生的“价值观塑造”和“人格养”。无论会计研究、会计实践还是会计教育，余绪缨先生的观点都富有启迪作用。

《论知识经济的社会文化观与现代管理会计》

知识经济社会扑面而来，引发余绪缨先生的思考，写就《论知识经济的社会文化观与现管理会计》一文，明确指出如果知识经济只涉及非人性化的技术层面，那就只能称之为技经济，而不是知识经济。因此，发展知识经济要做到“以人文本，技术为用”，而不是以术为本，人受奴役。知识的创造不是单纯的自然科学技术问题，首先是社会文化问题。联到现代管理会计这个决策支持系统，本文“恰逢其时”地指出决策支持系统从为金字塔式决策系统服务转变为同时为倒金字塔式和金字塔式的“决策系统”服务。如今，余绪缨先的这些前瞻性观点已经得到验证。

《管理特性的转变历程与知识经济条件下管理会计的人文化趋向》

余绪缨先生不断思考管理特性的转变历程并联系管理会计的发展趋势，写下《管理特性转变历程与知识经济条件下管理会计的人文化倾向》，指出管理已经从物本管理向人本管、智本管理发展，从硬管理向软管理发展。管理的特性从科学趋于艺术。由此，需要重新识管理会计特性。未来的管理会计必然向人文化方向发展。本文还较为深入地阐释管理会人文化的组织基础、思想基础和文化基础，详细分析了数据、信息、知识、智力和智慧的

《试论现代管理会计中行为科学的引进与应用问题》

中国改革开放之后，人民的生活水平逐步提高，初步告别了“别无选择”的困境，行为问题日趋重要。余绪缨先生敏锐地意识到行为科学对管理会计的积极影响，强调管理会计的职能本质上是一种行为性职能。有鉴于此，余绪缨先生撰写《试论现代管理会计中行为科学的引进与应用问题》，在总体论证行为科学与管理会计之间的关系基础上，具体地论证行为科学在管理会计应用的几个具体领域（如预算管理、业绩计量、评价与控制、成本控制），并提出许多富有创见性的观点。本文也由此开启了余绪缨先生后续研究管理会计的人文观之“序幕”。

《以ABM为核心的新管理体系的基本框架》

面对高新技术的蓬勃发展及其广泛运用于经济领域对会计产生的影响，余绪缨先生心潮澎湃，满腔热情地确立“以高科技为基础，同作业管理紧密结合的新会计体系研究”的课题并得到国家自然科学基金立项。作为课题组主持人，余绪缨先生特别撰写《以ABM为核心的新管理体系的基本框架》，创造性地提出了以“作业管理”（Activity-based Management，ABM）为基础、以“作业成本法”（Activity-based Costing，ABC）为中介，以现金流动贯穿始终，财务会计与管理会计融为一体的新会计体系的学术思想。本文涉及的研究领域属于专业内亟待开拓的新领域。本文奠定了中国会计学界在这个领域后续研究的基础，在会计学界产生了重要影响。

《简论当代管理会计的新发展——以高科技为基础、同“作业管理”紧密结合的“作业成本计算”》

作为国家自然科学基金项目主持人，余绪缨先生撰写《简论当代管理会计的新发展——以高科技为基础、同“作业管理”紧密结合的“作业成本计算”》，进一步深化《以ABM为核心的新管理体系的基本框架》一文所确立的学术思想，立足于“企业是为了最终满足顾客需要而设计的‘一系列作业’的集合体，形成一个由此及彼、由内到外的作业链”的“新的企业观”，充分论证“技术—组织—管理—会计”之间“共生互动”“相辅相成”的辩证关系。本文的观点具有深远的影响。

《企业战略管理与战略管理会计基本理论问题》

20世纪90年代号称是“战略管理”时代。余绪缨先生“老当益壮”奋笔疾书，写下《企业战略管理与战略管理会计基本理论问题》，提出战略管理会计是基础性内向型管理会计的丰富与发展。与过去强调财务会计与管理会计“同源分流”不同，余绪缨先生在本文强调，战略管理会计的兴起标志着战略管理会计将与现行财务会计分道扬镳。通过余绪缨先生对财务会计与管理会计的关系认识——从“同源分流”到“分道扬镳”，可以看出余绪缨先生晚年的观点变化。

区别和联系，提出了管理会计三个“重于”和三个“并重”的新方法论。如今，中国会计界充满焦虑和彷徨，仔细品读本文，似乎可以找到答案。

《从“商业语言”的特性看管理会计的人文性》

会计是一种商业语言。但商业语言不是自然语言，而是人造语言。从其本性看，语言既是思维的外壳，又是文化的载体。人造语言包括人文语言和科学语言。科学语言的基本特征是精确的定量，而人文语言的基本特征是思辨的定性。有鉴于此，余绪缨先生专门撰写《从“商业语言”的特性看管理会计的人文性》，立足“商业语言”的特性讨论管理会计的人文性，并断言“管理上的人文化趋向体现了当代的历史潮流，也体现了管理会计的发展方向”。

如今，机器人已经扑面而来，人机如何共生？本文提供了明确答案。

《论人文主义思潮与管理会计的发展趋势》

余绪缨先生晚年看到高新技术蓬勃发展并广泛运用于生产领域，感到非常欣喜，但也看到精神世界的失落，感到非常悲伤。触景生情，余绪缨先生撰写了《论人文主义思潮与管理会计的发展趋势》，立足于人文主义思潮的兴起，认为自然科学研究的对象是“物的世界”，人文科学研究的对象是“人文世界”。本文最后指出，人文主义思潮促使管理与管理会计趋向人文化。基于中国情境的管理会计理论研究与本土化管理会计实践，本文的观点具有重要的引领作用和现实意义。

《智力资产与智力资本会计的几个理论问题》

在21世纪经济发展过程中，知识、智力资产与智力资本越来越重要。如何衡量和反映智力资产和智力资本对现代会计提出了重大挑战。有鉴于此，余绪缨先生撰写《智力资产与智力资本会计的几个理论问题》，纠正了长期以来对“Human Resources”的不正确翻译和认识，提出“Human Resources”翻译成“人资源”更为确切，进而从经济学的视角研究智力资产与智力资本。“三句不离本行”。本文最后提出计量智力资产与智力资本会计的新方法论。就新兴的智力资本会计理论研究而言，本文的观点富有前瞻性。

《论体验经济与管理及管理会计创新》

余绪缨先生晚年敏锐地察觉到“体验经济”（Experience Economy）这个前沿主题，并思考管理与管理会计创新问题。由此，余绪缨先生撰写《论体验经济与管理及管理会计创新》，在分析体验经济的基本特征、体验经济形成与发展的社会经济背景的基础上，深入探讨与体验经济相适应的管理和管理创新问题，并提出了许多新颖的观点。如今，体验消费已经成为经济发展的主要驱动力。本文的学术思想具有前瞻性。

《论知识经济与创造性人才的培养》

作为一位教育家，余绪缨先生非常关注基于知识经济时代的创造性人才培养问题，撰写

1

30

《余绪缨经典文集》

论文导读

《币值变动会计之理论及其方法》

20世纪40年代，青年助教余绪缨先生目睹国民党统治区物价飞涨，通货急剧膨胀，遂借鉴西方会计理论，在中国最早致力于币值变动会计的研究，发表了《币值变动会计之理论及其方法》一文，全面论述基于持续通货膨胀条件，如何以“资本维持学说”为中心，变革传统的会计理论与方法。本文不仅在当时产生了广泛的影响，现在也依然闪烁着思想的光芒，具有重要的理论与现实意义。因此，本文成为中国通货膨胀会计研究领域的先导性文献。

《试论“复式记账法”的理论基础——兼论“资金收付记账法”》

如今，“借贷记账法”已经“一统江湖”。然而，20世纪60—70年代，中国曾经对记账方法展开一场“波澜壮阔”的激烈争论。身在其中的余绪缨先生积极参与争论，发表《试论“复式记账法”的理论基础——兼论“资金收付记账法”》，以马克思主义唯物辩证法为指导，立足资金运动规律，深入、系统地讨论“复式记账法”的理论基础，并评述当时流行的“资金收付记账法”与“现金收付记账法”，强调“复式记账法”的科学性，为1993年中国会计制度改革并统一采用“借贷记账法”提供了理论支持。本文虽带有淡淡的时代烙印但温故而知新。

《要从发展的观点，看会计学的科学属性》

20世纪80年代的中国处于“百家争鸣，百花齐放”的年代。中国会计学界曾经热烈讨论会计学的科学属性。余绪缨先生看到不同观点，一时兴起作了《要从发展的观点，看会计学的科学属性》一文。“文短事大”，本文只有两个版面，短小精悍，言简意赅，直击主题，第一次在中国突破会计阶级性的思维桎梏，提出“会计是一个信息系统”的观点。本文原本只是想作为“引玉之砖”，不曾想其观点后来发展成为中国会计学界有关会计本质的主流观点，余绪缨先生也因此而成为中国会计学界“信息系统论”学派的主要代表性人物。

《当代会计科学发展的大趋势》

20世纪90年代，高新技术蓬勃发展并广泛运用于生产领域，会计面临许多新挑战，也取得许多新进展。基于这个宏大的时代背景，余绪缨先生心潮澎湃，纵论当代会计科学发展的大趋势，写下了《当代会计科学发展的大趋势》这篇雄文，提出广义管理会计概念，试图将微观管理会计、宏观管理会计和国际管理会计这三者有机结合起来，建立一个投资效益与经营效益相衔接、宏观效益与微观效益相统一的广义管理会计体系。无论在国内还是国际学术界，本文的观点都属首创。遗憾的是，余绪缨先生在生前并没有完成其广义管理会计理论体系的建设，为后学留下了广阔的研究空间。

《帕乔利对复式簿记的历史性贡献为此后会计科学的发展奠定了坚实基础》

1994年，被誉为“现代会计之父”的卢卡·帕乔利的划时代著作《簿记论》发表500周年。为了纪念这件盛事，应《财会通讯》编辑部之邀，余绪缨先生专门撰写《帕乔利对复式簿记的历史性贡献为此后会计科学的发展奠定了坚实基础》，在总结、提炼并高度评价帕乔利对复式簿记的历史性贡献基础上，阐述现代会计各主要领域（财务会计、成本会计、管理会计和宏观会计）在帕乔利《簿记论》所构建的“会计一般框架”基础上的形成与发展。本文穿梭于历史与现实，鉴往知来，从中可以洞察会计发展的脉络。本文在复式簿记发源地（意大利）纪念卢卡·帕乔利《簿记论》发表500周年的全球盛会上展出。

《现代管理会计是一门有助于提高经济效益的学科》

作为中国管理会计的开拓者和奠基人，余绪缨先生认为“一门学科的学习和引进，教材是一种重要的媒介”。有鉴于此，余绪缨先生首先致力于《管理会计》教材建设。在完成全国统编教材《管理会计》的编写工作之后，余绪缨先生开始撰写管理会计研究系列论文。《现代管理会计是一门有助于提高经济效益的学科》一文是余绪缨先生20世纪80年代初期的三篇管理会计理论研究的经典文献之一。本文提出管理会计包括决策性管理会计与执行性管理会计，并据此构建了管理会计的基本框架，论证现代管理会计是一门有助于提高经济效益的学科，确立了“以我为主，博采众长，融合提炼，自成一家”这个学习和引进管理会计的基本原则，总结出“解析过去、控制现在和筹划未来”这个管理会计的基本职能作用。本文的观点如今已经成为常识，但在20世纪80年代却为中国引进管理会计奠定了坚实的基础。

《现代管理会计中几个基本理论问题的探索》

这篇题为《现代管理会计中几个基本理论问题的探索》的论文是余绪缨先生20世纪80年代初期的三篇管理会计理论研究的经典文献之一。本文深入研究了现代管理会计教材的结构体系、现代管理会计的对象和现代管理会计的方法。本文首次研究了现代管理会计的对象与方法，所提出的现代管理会计的对象（即现金流动）与方法（即差别分析）的观点成为该研究主题的主流观点，而本文所创建的“以管理会计的对象即现金流动为经，以管理会计的职能为纬”的管理会计结构体系已经成为中国《管理会计》教材编写的蓝本。本文对中国管理会计学科的基本理论体系建设具有奠基性的意义，成为管理会计基本理论研究的先导性文献。

《试论中西管理会计的共性及具有中国特色的管理会计的主要特点》

余绪缨先生到美国讲学期间，写就《试论中西管理会计的共性及具有中国特色的管理会计的主要特点》一文。本文是余绪缨先生20世纪80年代初期的三篇管理会计理论研究的经典文献之一。本文在深入研究西方管理会计并总结中西方管理会计理论与方法体系的共性基础上，概括了具有中国特色的管理会计特点。其中，最为“闪耀”的“亮点”是本文指出具有中国特色的管理会计是一个以提高经济效益为主线的财务会计与管理会计相结合的信息系统。通常所说的财务会计，从企业的角度看，实质上也是一种管理会计，而且财务会计与管理会计在工作上虽然可以有所分工，但它们构成了统一的会计信息系统，实际上可总称为管理会计。本文的许多独立见解极具前瞻性。

《论知识经济与创造性人才的培养》，强调应该广义地理解知识经济中的“知识”，不能将“知识”局限于自然科学知识，应该树立“大科学”概念，充分发挥包括哲学、人文和社会科学在内的科学的整体功能，克服长期形成的“重理轻文”的错误倾向。没有创造性人才，知识经济将无从谈起。培养创造性人才有赖于外部环境，创造性人才本身也需要自我修炼。余绪缨先生这些精辟深邃的思想不仅具有前瞻性，而且具有重要的现实意义。

《论现代管理会计方向博士生培养、教育中的几个理论认识问题》

余绪缨先生是中国管理会计的开拓者和奠基人，也是中国首位管理会计研究方向的博士研究生导师。余绪缨先生把总结和思考管理会计研究方向博士生的培养、教育经验写成《论现代管理会计方向博士生培养、教育中的几个理论认识问题》，阐述管理会计研究方向博士培养目标，强调“综合性通才型”、高素质的“管理顾问”，在素质上要“学贯古今，兼融中外”，强调提高博士生“人文素质”的重要性。抚读本文，对现在年轻的博士生导师和博士生仍具有重要启发和现实指导意义。

《对高层次人才评价中几个基本理论问题的新认识》

余绪缨先生一直在实践和思考高层次人才的培养教育问题（培养博士和硕士）。作为余绪缨先生长期实践和思考的结晶，《对高层次人才评价中几个基本理论问题的新认识》立足“两个宇宙，两个世界”这个大框架，阐述“文理兼通”和“德才兼备”的新观点，提出高层次人才评价的“三个基本关系”的新认识。基于“破五唯”的语境，如何评价高层次人才是一个“难题”。也许，余绪缨先生的独到见解有助于破解该“难题”。

《人文社会科学的品位与功能》

余绪缨先生晚年特别注重思考人文社会科学的作用，《人文社会科学的品位与功能》一文的很多观点都是余绪缨先生整个学术人生的深刻感悟，也是余绪缨先生在这方面思考的集中呈现。本文深入系统地论述了人文社会科学的基本特性、人文社会科学为“治国安邦”提供高层次的理论指导、建设“和谐社会”是一种“以人为本”的总体性价值追求、人文社会科学的振兴和繁荣之道。余绪缨先生的独到见解意味深长，值得回味。

《对高层次人才培养中几个基本理论问题的新认识》

撰写完《对高层次人才评价中几个基本理论问题的新认识》一文，余绪缨先生感到“意犹未尽”，一鼓作气，写就《对高层次人才培养中几个基本理论问题的新认识》一文。本文基于知识经济条件下高层次人才的特点，阐述创造性思维的特点和创新能力的培育问题，分析各种思维方式的区别与联系，并指出创造性高层次人才培养的根本途径。联系到管理会计，基于新的技术环境，管理会计师的自立、自强之路在于努力提高自己的综合素质，特别要提高人文底蕴、哲学修养和艺术修养，增强自己的艺术思维和哲学思维能力。

济利益关系的协调，进而发展到高级形式的为优化社会经济资源的配置服务，[1]在社会经济发展中发挥着越来越大的作用。

成本会计是随着工业化的发展而形成的一个新领域，在其初始阶段，是于账外进行产品成本计算。市场经济的发展要求以成本为产品定价的基础，实现成本计算与利润计算之间的直接联系；进而要求成本会计从账外计算纳入复式簿记的框架，实现成本会计记录和财务会计记录的有机结合，即一方面财务会计进行资产计价和收益确定要依据成本会计提供的有关资料，另一方面成本的形成、积累与结转，也被纳入以复式簿记为基础的“会计一般框架”中。成本会计向深度发展，从单纯的成本计算发展到成本计算与成本控制管理相结合，使之深入生产过程，为控制成本服务。具体表现为从原始的实际成本计算向标准成本系统发展。标准成本系统创造性地把严密的事先计算引进到会计体系中来，实行事先计算与事后分析相结合，为会计直接服务于企业管理开创了一条新路，且这种事先计算与事后分析也是在“会计一般框架”内进行的，从而使它的内容得到进一步丰富、发展。

管理会计是适应管理现代化的要求，为企业内部经理人员提供管理信息的会计系统。20世纪初，以泰罗的科学管理学说为基础形成的标准成本系统，是管理会计的雏形，但它还不是现代意义上的管理会计。20世纪50年代以来，它以标准成本系统为基础，进一步丰富、发展成现代管理会计，意味着其着重点从服务于管理的控制职能向服务于决策职能转变；着眼点从服务于实现成本的最低化向服务于利润的最大化转变。现代管理会计的创立，标志着管理会计已进入一个崭新的发展阶段，并开辟了极为广阔的发展前景。但它仍然是在“会计一般框架”内展开的，是为了更好地发挥会计信息的管理职能，以现代管理科学为指导，对以“会计一般框架”为基础形成的会计信息系统作进一步的扩展和深化。具体表现为：

---

① 余绪缨、林勇峰：《略论财务会计的社会职能及其历史发展》，《财务与会计》1993年第7期。

企业只有一个基本的会计信息系统，就是依照“会计一般框架”建立的财务会计信息系统，管理会计为内部经理人员提供管理信息，也尽可能运用财务会计系统所提供的资料，同时以财务会计资料为基础，对其中的某些方面进行加工、改制和延伸，使它们能更有效地服务于企业的内部管理。除此以外，为适应现代化管理的要求，管理会计也创立了自己独特的理论、方法和技术，提供面向未来为决策最优化服务的各种相关信息。由此可见，现代企业会计的两大领域“财务会计与管理会计是同源、分流的”①。

宏观会计是将会计应用的范围从企业扩展到整个国民经济领域，在更高层次上，建立为宏观经济管理服务的经济信息系统。它通过全面、系统地计量一定期间的经济活动（以流量表现）以及经济活动在一定期间之末的结果（以存量表现），为国家领导机构进行科学的宏观调控，以促进整个国民经济稳定、协调、高效益地发展，提供有用信息。这是“会计一般框架”在国民经济领域的延伸和扩大运用。这是因为“宏观经济中的许多重要经济指标，如供给与需求、投入与产出、消费与积累、储蓄与投资、借入与贷出等，都是各自对应的范畴，也要采用账户形式，借助于双重性方法原理——平衡原理进行核算，借以取得反映客观经济活动的流量与存量的各项指标。这就从方法上为微观会计与宏观会计的相互贯通奠定了基础”②。

★ ★ ★ ★ ★

随着时代的前进，社会经济和科学、文化的迅速发展，现代意义上的会计科学同当年帕乔利撰写的《簿记论》是不可同日而语了！但今天是昨

① 余绪缨：《管理会计》（修订本），北京：中国财政经济出版社，1990年，第16页。

② 余绪缨：《当代会计科学发展的大趋势》，《厦门大学学报》（哲学社会科学版）1992年第1期。

天发展而来的，任何人都不能割断历史。人们以现代经济和科学、文化等各个领域取得的巨大成就为基础，已经建筑起与现代经济和科学、文化发展水平相适应的现代会计科学的大厦，但溯本求源，人们不会忘记伟大的学者帕乔利为此奠定的第一块基石！可以毫不夸张地说：正是帕乔利划时代著作《簿记论》中闪耀的思想光辉照亮着全世界500年来会计科学发展的光辉历程。这正是我们今天所以要隆重纪念其伟大历史功绩的根本原因所在。

（编者注：本文发表于《财会通讯》，1994年增刊）

余绪缨先生中年时期　摄于1963年

第二辑

管理会计基本理论

现代管理会计是一门有助于提高经济效益的学科

会计是管理经济的重要工具。在当前开创经济管理工作新局面的进程中，怎样认识会计同经济效益的关系，就成为会计理论工作者和实践工作者共同关心的一个重要问题。本文力图论证现代管理会计是一门有助于提高经济效益的学科，其日趋完备的理论和方法体系是现代化企业全面提高生产经营经济效益的锐利武器。以下着重从两个方面作简要的论证。

一、从现代管理会计的形成和发展进行论证

现代管理会计的形成和发展，可以大致地分为两个大的阶段。

（一）执行性管理会计阶段（20世纪初到50年代）

执行性管理会计是以泰罗的科学管理学说为基础形成的会计信息系统。大家知道，泰罗科学管理学说的核心，是提高生产和工作效率，通过他所倡导的有名的时间研究、动作研究等，来制订在一定客观条件下认为可以实现的同时又是最有效率的标准，以实现生产各个方面的高度标准化。在标准制订以后，要求严格按标准执行，不允许一切可避免的浪费存在。

列宁曾对泰罗制作过全面分析。他说："资本主义在这方面的最新发

明——泰罗制——也同资本主义其他一切进步的东西一样，有两个方面，一方面是资产阶级剥削的最巧妙的残酷的手段，另一方面是一系列最丰富的科学成就，即按科学来分析人在劳动中的机械动作，省去多余的笨拙的动作，制定最精确的工作方法，实行最完善的计算和监督制度等等。[①]”列宁在这里所说的“最完善的计算和监督制度”当时在会计上的具体体现，主要包括标准成本、预算控制和差异分析三个方面。

所谓标准成本，是指于产品投产前，严格按照科学的方法制订其工、料消耗标准，以此为基础，形成产品标准成本中的材料标准成本和人工标准成本。预算控制当时主要用在费用方面，即事先按期间编制制造费用预算，并算出制造费用的标准分配率，再据此确定产品标准成本中的制造费用标准成本。产品标准成本的这几个组成部分，是产品投产前对其生产中料、工、费的消耗水平提出的具体目标和要求。所以，标准成本也是目标成本的一种形式。而差异分析，则指于一定期间终了，对工、料消耗脱离标准、费用开支脱离预算所形成的偏差进行具体分析，查明差异形成的原因和责任，借以对有关方面的工作成果进行全面的评价和考核，并促使他们采取有效措施，对存在的问题进行改进。这是会计为配合泰罗制的广泛实施，在计算和监督方面所取得的重大进展。特别是它把严密的事先计算引进到会计体系中来，实行事先计算与事后分析的结合，这可以看作会计发展史上的一个重要里程碑，为会计服务于企业管理开创了一条新路。

然而，以标准成本、预算控制和差异分析为主要内容的管理会计，仍有较大的局限性，其基本点，只是在企业的战略、方向等重大问题已经确定的前提下，协助解决在执行中如何提高生产效率和生产经济效果的问题。大家知道，生产效率和生产经济效果的高低，通常可借助于投入与产出（消耗与成果）的对比关系体系来表现。把标准成本和差异分析纳入会计体系中，通过严密的事先计算与事后分析，促进企业用较少的材料生产

① 中共中央马克思恩格斯列宁斯大林著作编译局：《列宁选集》第三卷，北京：人民出版社，1972年，第511页。

出较多的产品，表现为材料利用率的提高；用较少的工时生产出较多的产品，表现为劳动生产率的提高；用一定的生产设备生产出较多的产品，表现为设备利用率的提高。材料利用率、劳动生产率、设备利用率提高了，其综合表现就是生产成本的降低；而成本的降低，即意味着生产经济效果的提高。可见以泰罗的科学管理学说为基础形成的管理会计，对促进企业提高生产效率和生产经济效果是有帮助的。其主要缺陷在于：同企业管理的全局、企业与外界关系有关的问题没有在会计体系中得到应有的反映。因而总的来说，其还只是一种局部性、执行性的管理会计，仍处于管理会计发展历程中的初级阶段。

（二）决策性管理会计（20世纪50年代以后）

从20世纪50年代起，资本主义世界进入所谓“战后期”。“战后期”的资本主义经济有许多新的特点，主要表现在：一方面现代科学技术突飞猛进和大规模应用于生产，使生产力获得十分迅速的发展；另一方面，资本主义企业进一步集中，企业的规模越来越大，生产经营日趋复杂，企业外部的市场情况瞬息万变，竞争更加激烈。这些新的条件和环境，对企业管理相应地提出了新的要求，即迫切要求实现管理现代化。它一方面强烈要求企业的内部管理更加合理化、科学化；另一方面，还要求企业具有灵活反应和高度适应的能力，否则，就会在激烈的竞争中被淘汰。面临着战后资本主义经济发展的新情况，在企业管理的理论和实践上，以现代管理科学取代风靡一时的泰罗的科学管理学说就成为历史的必然。这主要是由于泰罗的科学管理学说有一个根本性的缺陷——重局部、轻整体。它着眼于对生产过程进行科学管理，把重点放在通过对生产过程个别环节、个别方面的高度标准化，为尽可能提高生产和工作效率创造条件。但它对企业管理的全局、企业同外界的关系，则很少考虑。这种理论显然同新的客观经济情况很不适应。因为，在新的情况下，大量实践证明：企业的盛衰、成败、生存、发展，首先取决于企业采取的方针、决策是否正确，所定的目标是不是同外界的客观经济情况相适应。如果方针、决策不对，经

控制现在是指控制企业的经济活动，使之严格按照决策预定的轨道卓有成效地进行。其基本过程包括：对通过决策程序确定的最优方案进行加工、汇总，形成企业生产经营的全面预算，进而具体化为各个责任中心的责任预算，作为它们开展日常经营活动的准绳，在预算执行过程中进行系统的记录和计量，把实际完成情况与预定目标进行对比，评价和考核各个责任中心及其有关人员的工作成果，并通过信息反馈，及时对企业生产经营的各个方面进行制约和促进，以保证决策所定目标的完满实现。

（二）方法上的精密化

所谓方法上的精密化，主要是指从方法上看，现代管理会计越来越多地应用现代数学方法来进行分析研究，从而朝着精密化的方向发展。这是保证现代管理会计能卓有成效地为企业全面提高生产经营的经济效益服务的一个必要条件。否则，在预测、决策、计划、控制等各个环节所作数量分析的广度和深度必将受到很大的限制，从而使它难于具体掌握现代化企业极其复杂、多变的生产经营情况。

较具体地说，现代管理会计中数学方法的应用，是以广泛地应用经济数学模型为其重要标志。简括地说，所谓经济数学模型，是用数学形式（语言）反映经济数量关系的公式或公式体系，它是对客观事物主要方面的一种定量的描象。经济数学模型有一个很重要的特点，就是把各个分散的因素统一到一个公式或公式体系中来，使它能集中地、严密地反映有关因素之间的内在联系和依存关系。这样，运用一定的数学方法对它进行加工处理，就可使人们具体掌握有关变量在一定条件下的最优数量关系或其联系、变化的客观规律，因而可以在预测、决策、计划、控制等各个方面发挥重要作用，成为企业提高经营管理水平、争取实现最大经济效益的重要工具。

现代管理会计中所用的经济数学模型有多种表现形式，可以根据多种标志对它进行分类，而按其所用的数学工具进行分类又是其他各种分类的基础。以下仅从这一方面作较具体的论述。

现代管理会计中常用的经济数学模型按照所用的数学工具可以具体地分为以下五类。

（1）一般代数模型。 以下用比较简明并在现代管理会计中得到广泛应用的“盈亏临界模型”为例，作较具体的说明。

设M代表利润，P代表产品的单位售价，V代表产品的单位变动成本，F代表全厂的固定成本，Q代表产品的销售量，TR代表销售总收入，TC代表销售总成本。则：

$$TR=PQ \quad ①$$

$$TC=F+VQ \quad ②$$

$$M=PQ-(F+VQ)=(P-V)Q-F \quad ③$$

而盈亏临界点的销售量（Q_0），是指当$M=0$时的销售量，即

$$(P-V)Q_0-F=0$$

由此可得到：

$$Q_0=\frac{F}{(P-V)}$$

这是一个比较简单的经济数学模型。但它也是由若干个“子模型”组成的。总收入模型、总成本模型属于子模型。把①②联结起来，得到利润模型， 再根据利润模型，使$M=0$，进而推导出“盈亏临界模型”。显然，这里所说的总收入模型、总成本模型、利润模型和盈亏临界模型，都属于一般代数模型。

（2）数学分析模型。 这属于古典最优化模型，是一种重要的最优化技术。例如，边际成本是经营管理中需着重研究的一个重要的成本概念，从理论上说，它是指成本对产量无限小变化的变动部分。设X代表产量，$TC(X)$代表生产产品X件时的总成本，MC代表边际成本，上述边际成本的理论定义就可用下列数学公式来表现：

$$MC=\lim_{\Delta X\to 0}\frac{TC(X+\Delta X)-TC(X)}{\Delta X}$$

这意味着产量的微量变化所形成的成本函数的精确变化率，就是边际成本。

边际成本是经济量中边际值的一种。对边际值的研究，属于边际分析。除成本外，对其他一些经济指标（如收入、利润等）也都可进行边际分析。在经济管理工作中，边际分析最大的好处，是可以用来作为确定最优化目标的重要工具之一。

企业生产经营中的最优化目标如成本最低、利润最多等，都可用微分学上求极值（最大值、最小值）的方法，来确定最优的边际点（如能使企业成本达到最低的产量是多少，能使企业实现最大利润的销售量是多少，以及材料的最优订货量和设备的最优更新期，等等）。具体掌握这些最优的边际点，对于企业的领导者和管理部门有预见地采取相应措施，最经济而有效地运用企业的人力、物力、财力，实现各有关因素的最优组合，争取最大限度地提高企业生产经营的经济效益，肯定是有帮助的。

（3）数学规划模型。这是一个新兴的数学领域，包括线性规划、非线性规划、动态规划、目标规划等各个分支。总的来说，也是一种最优化模型，用于解决一般数学分析不能解决的新的最优化问题。其中线性规划是数学规划中研究最早、发展最快、应用最广、理论上也最成熟的一个分支。线性规划模型的主要特点，是要求一组变量X_j（j=1，2，…，n），在满足约束条件$\sum_{j=1}^{n}a_{ij}x_j=b_i(i=1,2\cdots m)$的同时，其目标函数$f(x)=\sum_{j=1}^{n}c_jx_j$的最大值或最小值。这一类模型在企业经营决策中具有广泛的用途。例如，当企业按一定的生产和销售条件同时生产多种产品时，它可用来确定各种产品的最优组合比例，使企业的利润最大化；或当企业在生产中基于一定的技术要求同时使用多种不同品种、规格的材料时，它可用来确定各种材料的最优投料比例，使产品的材料成本降到最低。其不足之处在于：只能通过求单个目标的极值（最大值或最小值），来解决所需决策的问题。

目标规划是线性规划的发展，它和线性规划的主要区别在于可以用来解决多目标决策问题。大家知道，企业的经营目标往往不能局限于某一个方面，例如，国家计划对企业的要求，既有产量、品种、质量等方面，又有资金、成本、利润等方面，形成一个多目标的体系。对于经营管理中的多目标决策问题，一般线性规划模型是无法解决的，而目标规划则可弥补其不足。目标规划的主要特点是，在尽可能满足资源约束条件与经营目标约束条件的基础上，通过求多目标的绝对偏差的最小值（也就是使目标值和实际所能达到的值之间的偏差为最小），以得到实现多个经营目标的满意解。所以，目标规划是经营管理中进行多目标决策十分有用的工具，它既考虑到目标的要求，又考虑到实现目标要求的资源条件，可以在经营决策中把必要性与可能性更好地结合起来。由于它突破了一般线性规划的局限，因而具有更加广泛的适用性。

（4）矩阵代数模型。主要是指“投入—产出模型”，因为“投入—产出模型”的组成及其求解都要运用矩阵代数的基本原理。大家知道，“投入—产出模型”原用于宏观经济中分析研究国民经济各部门之间的联系和平衡关系。但由于它体现了具有内在联系的有关因素的变动规律，我们完全可以从一般意义上来理解它，并把它具体应用到微观经济中来。因为在微观经济中，投入—产出之间的联系和平衡关系也是普遍存在的。如投入一定的原材料，产出多少最终产成品、各阶段半成品或各种形式的废品，等等，它们之间存在着错综复杂的联系。我们既可通过改变“投入”来影响“产出”，也可从要求的“产出”来确定相应的“投入”。所以，在经营管理工作中，具体掌握和运用各有关因素之间错综复杂的投入—产出关系，就可在预测、决策、控制和分析等各个方面发挥重要作用，以促进企业经营管理水平和经济效益的不断提高。

（5）概率模型。现代管理会计筹划未来，为进行科学的预测和决策提供有用资料，不可避免地会面临着许多不确定的情况。为此，用概率论、数理统计的方法，建立多种形式的概率模型，借以对所面临的不确定情况进行科学的加工处理，才能使所提供的有关数据更加符合客观实际。确定性模型实际上只能看作现实生活的一种简化形式。所以，在现代管理会计中概率模型的广泛应用，对提高其数量分析的科学性和实用价值，显然也是十分重要的。

中华人民共和国成立以来，我国的会计领域也和其他各个领域一样，在党的领导下，通过会计理论工作者和实际工作者的共同努力，已经取得了许多重大的进展，无论从理论还是实践上看，都达到了较高的水平，为我国的社会主义建设事业做出了有益的贡献。管理会计这个领域同样是这样。自1958年以来，我们借鉴苏联的经验，结合我国的实际，全面推行生产技术财务计划和月度财务收支计划，展开经济活动分析，建立流动资金归口分级管理制度，推行以班组核算为基础的厂内经济核算等，都具有我国的特色，并取得了良好的效果。我们必须十分珍视自己的经验，决不能妄自菲薄。但是，我们也必须看到，我们在这些方面的经验都是以旧的改革前的经济管理体制为基础形成、发展起来的，同原来的经济管理体制有着不解之缘。这就决定了它们具有较大的局限性，基本上属于执行性的管理会计，还有待于进一步向决策性管理会计的方向发展。

因此，今后在对我们自己的经验认真进行总结、提高的同时，批判地学习、借鉴国外这一方面的最新成就（特别是决策性管理会计方面的最新成就），为我所用，对于促进我国的社会主义现代化建设显然是十分有益的。

应怎样批判地学习、借鉴国外的管理经验，才能取得较好的效果？笔者赞成“以我为主，博采众长，融合提炼，自成一家”的提法。也就是，学习外国经验，要从头到尾、原原本本地学，学通了，才能从中吸取有用的东西，至少在专家范围内应该是这样。学得皮毛，满足于一知半解是不行的。只有把外国的东西学透，才会有分辨能力，才能真正消化吸收。所以，要勤奋地学。不把“众长”学透，就不能“博采”；要想自成一家，就得先学透百家。正确地学习外国企业管理的理论和方法（包括现代管理会计），对建立具有中国特色的社会主义的管理科学体系是有借鉴意义的。

（编者注：本文发表于《中国经济问题》，1983年第4期）

现代管理会计中几个基本理论问题的探索

现代管理会计是一门新兴的发展中的学科，具有较大的不成熟性。国外也是如此。近年来，我国的会计理论工作者和实践工作者，为开创会计工作的新局面，使之更好地为我国的社会主义现代化建设服务，在对我国会计战线丰富的实践经验认真进行总结、提高的同时，也曾对西方管理会计这个新兴的学科进行了较为广泛的学习、介绍，成为批判地吸收、借鉴国外现代化管理方法的一个组成部分。但这些年来，书刊上对西方管理会计的介绍，主要偏重于实务和具体方法，对贯穿其中的基本理论的探讨，则显得很不够。具体方法具有直接的可用性，当然是重要的。但是，如果重实务而轻理论，特别是对贯穿其中的某些基本理论问题缺乏较深入的研究，不能掌握有关方法之间内在的规律性的联系，就难于综观全局，进而对其“洋为中用”问题进行客观的、科学的分析，使之更好地为我国的“四化”建设服务。有鉴于此，本文试就现代管理会计中的几个基本理论问题，作初步的探索，以就教于广大的会计理论工作者和实践工作者。

一、现代管理会计教材的结构体系问题

一门新兴学科的学习和引进，教材是一种重要的媒介。在现代管理会计这个领域，国外有关的教材很多，但在结构体系上，并没有统一的规

范，往往是根据各个作者自己的认识和修养，各展其长，形成不同的重点和特点。以下拟选择两本在美国具有一定代表性的教材，对其基本的结构体系作简要的剖析，以便从中得到启发，然后就这个问题谈一些笔者个人的认识和体会。

C. T. Horngren 所著《管理会计导论》（*Introduction to Management Accounting*）（Prentice-Hall，Inc. 1978），在美国是一本比较流行，并具有一定权威性的教材，它包括四篇共二十章，第一篇“集中于决策”包括第一章“展望：记账、指导注意和解决问题”、第二章“成本—数量关系引论”、第三章“制造成本引论”、第四章“相关成本与特定决策（Ⅰ）”、第五章“相关成本与特定决策（Ⅱ）”；第二篇“会计服务于计划与控制”包括第六章“总预算：全面计划”、第七章“弹性预算和为控制服务的标准”、第八章“多种不同的成本性态模式”、第九章“激励与责任会计”、第十章“责任会计与成本分配”、第十一章“利润中心与转移价格”；第三篇“供进一步研究的选题”包括第十二章“资本预算”、第十三章“所得税对管理计划的影响”、第十四章“分批与分步成本计算和制造费用分配”、第十五章“制造费用分配：直接与吸收成本计算”、第十六章“数量方法对管理会计的影响”；第四篇“服务于经理的基本财务会计”包括第十七章“基本会计：概念、方法与惯例”、第十八章“了解公司的年度报告（Ⅰ）”、第十九章“了解公司的年度报告（Ⅱ）”、第二十章“计量净收益的困难”。这本教材的主要特点可归结为以下三个方面：

第一，它基本上是按“职能”分篇，第一篇先讲决策，以决策为先导，计划（预算）、控制是在决策的基础上逐步展开。

第二，设专章论述了数量方法对现代管理会计的影响。

第三，它在论述管理会计的基本内容和特点的同时，还提供了经理人员需基本了解的财务会计方面的基础知识。

显然，在这本教材中，最能体现管理会计的内容与特点的部分，集中在第一、二篇，第三篇可以看作管理会计与财务会计的混合体，其中第十二、十六章属于管理会计的内容，第十四章属于成本会计的内容，也可以当作财务会计的组成部分，第十三、十五章具有两重性，它们既和财务会计有关，也和管理会计有关。第四篇所论述的纯粹是财务会计方面的内容。所以把它们放在这里，不是从管理会计的科学内容着眼来考虑，而是从经理人员的需要着眼来考虑。因为基本的财务会计，特别是其中基本财务报表的内容、结构及其能提供哪些基本财务信息供管理、决策上使用，也是经理人员必须了解和掌握的。所以，就严格意义上的管理会计而言，只能将这一篇看作一个“附录”。

C. L. Moore与R. K. Jaedicke合著的《管理会计》（*Managerial Accounting*）（South-Western Publishing Co. 1976），也是一本在美国具有较大影响的教材，它包括三篇共十八章：第一篇“财务会计与管理会计的汇合处”包括第一章“财务报表”、第二章“公司财务报告面临的问题（Ⅰ）”、第三章“公司财务报告面临的问题（Ⅱ）”、第四章“物价水平问题”、第五章“财务报表分析”、第六章“净运转资本与现金流动的追踪”；第二篇“经营计划与控制”包括第七章“为计划与控制服务的成本”、第八章“成本预算与控制”、第九章“产品或项目成本”、第十章“控制：材料与人工”、第十一章“控制：制造费用”、第十二章“变动成本计算”、第十三章“利润计划”；第三篇“长期计划”包括第十四章“会计数据用于管理决策”、第十五章“资本投资决策”、第十六章“分散经营条件下的管理控制与决策”、第十七章“预算程序”、第十八章“总预算计划”。这本教材的主要特点，也可归结为三个方面。

第一，从财务会计与管理会计的汇合处讲起。它说明综合的财务指标体系是企业在一定期间内经营管理的质量和效果的集中表现，既属财务会计的内容，也是广义的管理会计的重要组成部分。所以，它把财务报表所提供的基本财务信息系统如实地看作财务会计与管理会计的汇合处。

第二，该书的第二、第三篇也基本上是按“职能”划分，第二篇着重于控制，第三篇着重于决策与计划。

第三，于第一篇之末，设专章论述了“净运转资本与现金流动的追踪”，可从中得到启发。笔者认为，它们既是财务会计与管理会计的汇合点，也是分离点。管理会计要以此为基本线索进一步展开（该书未这样做）。

总之，上述两本代表性教材的结构体系虽各具特色，但仍可使我们对现代管理会计的主要内容和基本轮廓获得较全面的认识。

笔者认为，科学地安排现代管理会计的结构体系，应遵循下列基本原则：

第一，应从教材的科学内容着眼，突出“现代管理会计”的固有特点，同其他课程交叉的部分，不宜列入。

第二，整个体系的安排应具体体现各章之间内在的逻辑联系，使之环环相扣、前后贯穿、融为一体，并尽可能符合由浅入深、循序渐进的认识规律。

现代管理会计教材的科学体系，以学科的对象[①]——现金流动为经、职能作用为纬，有层次地逐步展开，是上述原则的具体化。

那么，什么是现代管理会计教材的科学内容？由于这个学科还正在发展中，可以众说并存、各抒己见。笔者的基本看法是：为突出其固有的特点，它主要应包括“总论”“成本性态与变动成本计算”“盈亏临界点与成本—产量—利润依存关系的分析”“经营决策的分析、评价”“资本支出决策的分析、评价”“生产经营的全面预算”“标准成本系统”“存货的计划与控制”“责任会计与企业内部单位工作成果的评价和考核”和“现代管理会计中的数量方法”等章。[②]所谓以它的对象——现金流动为经，就是说，现金流动是贯穿于各章的始终的。具体表现在，从分析成本性态入手，为具体掌握现金流动奠定基础。利用成本性态分析提供的资料，进行变动成本计算、确定盈亏临界点，进而以“边际贡献”为基础，进行成本—产量—利润依存关系的分析，也是通过对现金流动的掌握，来说明有关问题。因为以变动成本计算为基础确定的“边际贡献”，是能体现企业生产经营一定期间内现金流动的动态的，而以完全成本计算为基础所确定的“最终利润”则否，这是二者之间的重大差别。经营决策的分析、评价尽管有多种表现形式，但总括说来，是围绕差别收入与差别成本的对比来进行的，它着眼于短期的现金流动，分析评价有关经营方案的经

① 关于现代管理会计的对象问题，详见下文。

② 余绪缨：《管理会计》，北京：中国财政经济出版社，1983年。

济性。资本支出决策的分析、评价，是以货币时间价值为基础，通过对有关项目（投资方案）在较长期间内形成的现金流出与流入的分析对比，对有关方案进行经济评价。生产经营的全面预算，是对短、长期决策所形成的现金流动，按照一定的形式和要求进行加工、汇总，使人们可从所形成的现金流动情况具体掌握企业的生产经营在一定期间内预计可实现的成本的耗费、资金的占用和综合的盈利能力能达到怎样的水平和现金余缺的有关指标，预算体系的终结部分——预计财务状况变动表，则集中反映了企业在一定期间内预期的现金流动的全貌。至于标准成本、存货以至责任会计所涉及的成本中心、利润中心与投资中心的有关指标，都可以看作现金流动在一定条件下的具体表现形式。所谓以学科的对象——现金流动为经，就是这个意思。

那么，为什么又说上述基本体系是以职能作用为纬呢？

这是因为，现代管理会计是以“决策与计划会计”和“执行会计”为主体，采用灵活而多样化的方法和形式，协助管理人员对未来的经营活动进行科学的筹划；并通过信息的积累、加工和反馈，对日常的生产经营活动进行控制，使之朝着决策预定的目标卓有成效地进行。因而其基本职能包括决策、计划和控制三个方面。在上述体系中，“成本性态与变动成本计算”是一个出发点，是为以后各章有关的决策、计划和控制奠定基础。“盈亏临界点和成本—产量—利润依存关系的分析”是“成本性态与变动成本计算”合乎逻辑的发展，它本身既是对生产经营活动进行决策、计划和控制的重要工具，其方法原理又将在以后更复杂的分析中广泛应用。“经营决策的分析、评价”是集中讲短期决策有关的问题。“资本支出决策的分析、评价”是集中讲长期决策有关的问题。“生产经营的全面预算”具有承先启后的作用，它是经营决策所定目标的综合表现，是“计划”的具体形式。通过决策程序所选定的经营目标，要通过预算在生产经营的各个方面加以落实，而将全面预算具体化为各个责任中心的责任预算，又是具体评价各有关方面工作成果的基本尺度，这就为对企业生产经营的各个方面进行全面的控制奠定了基础。“标准成本系统”“存货的计划与控制”是计划、控制职能按主要对象进一步具体化。也就是，对如何结合成本、流动资金的特点进行具体的计划与控制，作专题性的论述和展开。“责任会计”是计划、控制职能按部门（内部单位）进一步具体化。主要是结合企业内部不同单位生产经营的具体特点，对其所能控制的有关指标如何进行计划与控制作专题性的论述。“现代管理会计中的数量方法”是对以上各章中在预测、决策、计划、控制等各个环节所用数量方法的补充和具体化，使读者对现代管理会计中可广泛应用的各种数量分析方法有一个较完整的认识。

综上所述，在我们所拟定的现代管理会计教材的基本体系中，学科的对象与职能作用从纵、横两个方面较完满地结合了起来，使它相比于国外的同类教材而显现出一定的特色。

二、现代管理会计的对象问题

（一）什么是现代管理会计的对象

一门科学或学科，应有其特定的对象。什么是现代管理会计的对象？一般文献还没有涉及这个问题。这是因为，国外有关管理会计的著作一般不研究对象问题，我国会计学界长期以来虽然曾一般地探讨过会计的对象问题，并取得了丰硕的理论成果，但也还没有具体涉及现代管理会计的对象问题。因而这是一个值得认真研究的新问题。

笔者个人认为，一门科学或学科的对象，是其特定领域有关内容的集中和概括，是贯穿于该科学或学科的始终的。从这个认识出发，应如实地把现金流动（cash flow）看作现代管理会计的对象。因为，正如前面所论证的，从内容上看，现金流动是贯穿于现代管理会计各章的始终的。

（二）从近代资本主义国家企业会计重心的转移进行论证

必须看到，现金流动之所以会成为现代管理会计的特定对象，并不是偶然的。对近代资本主义国家企业会计重心的转移作一个简短的历史考察，就可以看到，它是由会计科学发展的总趋势所决定的。

概括地说，近代资本主义国家企业会计重心的转移，大致上经历了以下三个主要阶段。

1. 传统会计阶段（19 世纪中叶以前）

这个阶段的企业会计，是以独资、合伙会计为主要形式。它着重于资产、负债、人欠、欠人的计算，并把资产负债表看作最重要的会计报表。这是因为，独资或合伙创办的企业，一般是由投资人自己经营，所有权和管理权结合在一起，企业内外的经济关系比较简单，经营活动也不复杂。这种企业组织形式对会计提出的要求不高，通过期初资产、期末资产、负债差额的对比，就能确定一定期间的盈亏，并简易地进行盈利分配。因而在传统会计阶段，企业会计把重点放在资产、负债的平衡计算上。

2. 近代会计阶段（19 世纪中叶到 20 世纪中叶）

这个阶段的企业会计，是以公司会计为主要形式。它把“收益决定”放在首位，并把损益表看作最重要的会计报表。即着重于如何通过收入与成本的配合，来正确地确定定期的经营成果，并以此为基础，合理地进行盈利分配。这是因为，股份公司的经营管理和上述独资、合伙企业有一个很大的不同，其所有权和管理权是分离的。一般是由公司聘请管理专家任经理，负责企业的经营管理，而为数众多的买股票的股东（投资人），则远离企业的实体，并不直接参与企业的经营活动。他们自然很关心他们所投资的公司经营的好坏，特别是盈利的能力和盈利的分配情况。因为这是其切身利益所在。同时，由于公司组织集资能力强，可以创办大规模的企业，从事复杂的生产经营活动。这样，公司的经济活动及其同各方面的经济关系就越来越复杂化了，对会计也提出了越来越高的要求，要求它把正确地确定经营成果放在首位，以适应企业内外各方面的需要。在企业生产经营比较复杂的条件下，为把一定期间内实现的收入和相应的成本有经济根据地进行配合，正确地确定各期的经营成果，就须对一些专门性的会计理论问题进行研究，如收入实现理论、折旧理论、权责发生理论、跨期收支摊配理论等。以这一系列理论为指导建立的核算体系，是以“收益决定”为中心，着重于企业经营过程的核算。

3. 现代会计阶段（20 世纪 50 年代以后）

这个阶段的企业会计还是以公司会计为主要形式，但在新的历史条件下，必须赋予它新的内容，使之更好地适应现代化管理的需要。因而企业会计的内部职能大大地扩展了，它进一步把重点转向现金流动的分析，并把全面反映企业现金流动的报表——财务状况变动表看作最重要的会计报表。这种以现金流动为中心的核算，具有更大的综合性，标志着它已开始进入一个新的发展阶段。这是因为，现金的流入与流出有数量上的差别和时间上的差别两个方面，通过现金流动的动态，可将企业生产经营中的资金、成本、盈利三个方面总括起来进行统一评价，为企业改善生产经营、提高经济效益提供重要的、综合性的信息。首先，企业生产经营中现金流出与流入数量上的差别，制约着企业的盈利水平。大家知道，盈利是通过收入与成本的对比来衡量的。生产经营成本的高低，是由现金流出来体现的，而相应的经营收入则表现为现金流入。从生产经营的各个期间看，虽然由于某些跨期因素的存在，我们不能直接通过当期现金流入与流出之差来确定盈利[①]，但企业的盈利水平，归根到底，是由企业生产经营中现金流入与流出的数量所制约。现金流出与流入时间上的差别，则制约着企业资金占用的水平。一项支出表现为现金流出，它流出后能很快地回收（从流出到流入间隔的时间短），经营过程中资金的占用量就少。从流出到收回，间隔的时间越长，经营过程中资金的占用量越大。例如，企业购进一批材料，表现为现金流出，这批材料从验收入库，经过投入生产，转化为在产品、半成品，到产品完工入库，再通过产品销售转化为货币（形成现金流入），中间间隔的时间越长，这个项目在其再生产过程中占用的资金就越多，中间间隔的时间越短，占用的资金就越少。建设支出也是如此。一个投资项目从开始建设到建成投产，形成固定资产；占用于固定资产上

① 如暂不考虑企业的长、短期投资项目期初、期末余额的变动这一因素，仅考察其基本经营活动，并假定原材料、在产品、产成品等项目的递延余额基本稳定，则一定期间内现金流入与流出之差，可以近似地反映该期的“贡献毛益”，从中扣减应由该期内补偿的固定成本后的余额，即为该期实现的盈利。

的资金，再通过折旧形式逐年收回，中间间隔的时间越长，总的资金占用量就越大。可见尽可能缩短建设周期并提高固定资产的利用率，对节约国家资金有十分重大的意义。而且，现金流出与流入以上两个方面的差别还可综合起来进行考察。也就是，时间上的差别可通过“货币的时间价值”进行换算，转化为在同一时点上看问题，使时间上的差别也通过数量上的差别来表现。这样，就可对企业生产经营中成本的耗费水平、资金的占用水平和经营的盈利水平进行综合表现和统一评价了，从而使我们对企业生产经营经济效果的分析评价建立在更加综合和可比的基础上，以更好地适应现代化管理的需要。由此可见，同现代化管理的要求相适应，现代管理会计以现金流动为对象，反映了现代会计科学最新的发展水平。

（三）有关问题的探讨

1. 现金流动是现代管理会计特有的对象抑或管理会计与财务会计共同的对象?

如前所说，现金流动原是一个财务指标，它具有最大的综合性。那么，能不能由此而认为，它不是管理会计特有的对象，而是管理会计与财务会计的共同对象呢?

笔者认为，财务会计虽然也涉及现金流动问题，但现金流动并不能首尾一贯、贯穿于财务会计的基本职能、基本结构和基本程序中，因而它不能成为财务会计的对象。大家知道，资产计价和收益决定是财务会计的基本职能，它们都是以完全成本为基础。也就是在资产负债表中，有关资产项目（如产成品、在产品等）是按完全成本计价；在损益表中，也是将销售收入与完全成本进行对比，以确定各期的盈亏。因此，财务会计从凭证、账簿到基本的财务报表——资产负债表与损益表，贯穿其中的是完全成本计算，而不是变动成本计算。但如前所说，完全成本计算和企业生产经营中的现金流动是脱节的，以变动成本为基础所作的有关计算才能和现金流动趋于一致。因此，在财务会计的视野中，并不能直接掌握企业生产经营中形成的现金流动，这是它与现代管理会计的重大差别。

2. 明确现金流动是现代管理会计的对象，有什么实际意义？

由于现金流动具有最大的综合性，同时它也像晴雨表一样，具有很强的敏感性，通过现金流动的动态，可以把企业生产经营的主要方面和主要过程全面、系统而及时地反映出来。这样，现金流动的有关数据就自然而然地成为企业生产经营活动的神经中枢，能更好地发挥信息反馈的作用。例如，全面地分析不同的经营方案对现金流动的影响，能有效地帮助有关人员作出合理的判断和选择，进行科学的预测和决策；在日常控制中，还可依据现金流动所提供的信息，灵活地进行反应，针对出现的情况和问题，及时采取相应的措施，调节有关的活动，有效地改善生产经营，努力提高经济效益。因而掌握它，就等于牵住了企业生产经营的"牛鼻子"，可以在预测、决策、计划、控制等各个环节，更好地发挥积极能动作用。

三、现代管理会计的方法问题

（一）现代管理会计基本方法的主要特点

一门科学或学科，不仅有其特定的对象，而且有其专门方法。那么，什么是现代管理会计的专门方法？一般文献还没有涉及这个问题，这也是值得认真研究的一个新问题。对于这个问题，笔者总的看法是这样：

财务会计所用的方法，属于描述性的方法，重点放在如何全面、系统地反映企业的生产经营活动。财务会计的专门方法，如货币计价、账户设置、复式记账、成本计算、报表编制，都是用来系统地反映企业经济活动的专门方法，使所提供的信息越来越趋于综合，最终形成综合性的财务、成本指标体系。财务会计的这些专门方法有一个总的特点：一般只涉及常数，所作的计算通常没有超出"常数的数学——初等数学"的范畴。

现代管理会计所用的方法，属于分析性的方法，借以从动态上来掌握它的对象——企业生产经营中形成的现金流动。它同财务会计所用的描述性方法有一个很大的不同， 它不仅涉及常数，还涉及变数。正如恩格斯所说："有了变数，运动进入了数学。"①现代管理会计所用的分析性方法尽管在不同条件下具有多种不同的具体表现形式，但是我们如果对它们进行集中和概括，可以看到，"差量分析"是作为一种基本的分析方法贯穿始终的。例如，现代管理会计中一项基础性的内容——成本性态分析，是将成本表述为产量的函数，然后分析它们之间的依存关系：产量增加了，成本增加不增加？如增加，增加到什么程度？产量减少了，成本减少不减少？如减少，减少到什么程度？这就是联系成本与产量的增减动态，进行差量分析。盈亏临界点和成本—产量—利润依存关系的分析是把这方面的变动所形成的差量相互联系起来进行分析，也属于差量分析。其他如短期经营决策的分析评价，尽管表面上看来，形式多种多样，但其中有一个共同性的东西，就是通过差别收入与差别成本的对比来判别有关方案的经济性， 以决定取舍，这种对比属于差量分析。长期投资决策的分析、评价以货币时间价值为基础，将有关投资方案的现金流出（投资额）和建成投产后各年能实现的现金流入统一换算为现值，然后进行对比，以判别有关方案的经济性，这种对比也属于差量分析。所以，差量分析作为现代管理会计的基本分析方法，是贯穿始终的。

现代管理会计如果要深入地进行差量分析，真正从动态上来把握企业生产经营的主要方面和主要过程，在预测、决策、计划、控制等各个环节发挥积极作用，常数的数学——初等数学就完全不够用了，其中有些计算要运用到高等数学或其他现代数学方法，才能较好地说明问题。例如，为了对成本—产量关系进行较深入的研究，只有研究自变法，才能较好地说明问题。例如，为了对成本—产量关系进行较深入的研究，研究自变量（产量）的微量变化对成本的影响，进而掌握其最优的边际点——能使企业成本达到最低的产量是多少；对成本—产量—利润之间的关系进行较深入的研究，研究自变量（产量）的微量变化对收入与成本的影响，进而掌握其最优的边际点——能使企业利润达到最大的产量（假定产销一致）是

① 弗里德里希·恩格斯：《自然辩证法》，北京：人民出版社，1972年，第3、236页。

多少，都要用到高等数学，而不是单纯用初等数学所能解决的。这是现代管理会计基本方法的一个重要特点。

（二）现代管理会计方法上的精密化，标志着它从描述性科学向精密科学发展

现代管理会计适应现代化管理的需要，用高等数学和其他现代数学方法来“武装”自己，使之朝着精密化的方向发展，这是保证它能卓有成效地为企业全面提高生产经营经济效益服务的一个必要条件。否则，其所作数量分析的广度和深度必将受到很大的限制，使它难于具体掌握现代化企业极其复杂、多变的生产经营情况。

现代管理会计所用的数量分析方法日趋精密化，是它已进入一个新的发展阶段的重要标志，标志着它从描述性科学向精密科学转变。而这种转变，实质上是现代科学发展的一个共同趋势。

大家知道，在科学史上，曾经把以定量分析为主要研究方法的科学称为“精密科学”，而把那些主要用文字描述来阐明客观对象并形成概念的科学称为“描述性科学”。长期以来，许多人心目中就形成了一个传统的观念，认为自然科学，如物理学、化学、现代生物学、技术科学等，都应理所当然地被称为“精密科学”，而把社会科学，如文学、社会学、历史学、经济学、管理学等称为“描述性科学”。这样从方法上把自然科学与社会科学划分为两种截然不同的类型，好像它们之间存在着不可逾越的鸿沟，显然是不科学的，经不起实践的检验的。半个多世纪以来，科学发展的实践雄辩地说明：随着信息论、系统论、控制论这些横断科学（或称方法论科学）的兴起，精密的数量分析方法已广泛深入社会科学的各个领域，为这些领域增添了新的内容，使它们获得了新的生命，得到了新的发展。现代管理科学的形成和发展，最明显地说明了这一点。过去对于手工式或半手工式的小生产，主要是由管理人员深入现场，按经验、直觉进行管理，在这种情况下，不依靠客观而系统的信息，不进行严密的数量分析，也许还过得去。对现代化的大生产进行科学管理，情况就大大不同

了。现代化管理面临的是十分错综复杂而又多变的情况，千头万绪，管理人员将无法直接进行现场指挥，不依靠客观而系统的信息，不对大量的信息进行严密的、科学的数量分析，从中找出规律性的东西，将寸步难行。半个多世纪以来，现代管理科学就是以新兴的“三论”（信息论、系统论、控制论）为指导，以运筹学这个新兴的数学领域为重要基础之一而形成、发展起来的。正是由于这些新兴科学的渗透，才使现代管理科学在理论上有新的突破，在实践上取得了显著的效果，使它的面貌焕然一新。现代管理会计作为现代管理科学的一个组成部分，自然也不例外。但是，从我国当前的实际情况看，在会计领域以至整个经济工作中，现代数学方法的应用还是一个薄弱环节。为什么会出现这种情况呢？从认识上看，同我国学术界的许多同志长期以来对数量分析方法在社会科学、在经济领域中的应用抱着怀疑、抵触以至排斥的态度，有很大的关系。曾经有一种比较流行的说法，认为应用数量分析方法来研究社会经济现象，是资产阶级学者的共同特征，在社会经济领域中过多地应用数量分析方法会陷入“机械论”和“数学形式主义”。因而所得的结论是不可信的。对于这个问题，应该怎样认识呢？笔者认为，随意地给一种科学方法贴上阶级的标签，显然是不对的。数学作为一种严密的分析工具，它本身并没有阶级性。把数学方法和辩证法对立起来，更是理论上的错误。恩格斯曾经明确指出：“数学：辩证的辅助工具和表现方式。”[①]“……变数的数学——其中最重要的部分是微积分——本质上不外是辩证法在数学方面的应用。”[②]所以，那种认为数学方法的应用必然会导致“机械论”和“数学形式主义”的观点，在理论上是错误的，在实践上也是有害的。全部科学史表明：定量描述比单纯的定性描述，能更精确、更深刻地掌握客观对象的状态和发展规律，使人们的认识更加深化，以促进科学的发展。所以，管理科学以至社会科学的各个领域，也只有由单纯的定性分析发展到定性分析与定量

① 弗里德里希·恩格斯：《自然辩证法》，北京：人民出版社，1972年，第3、236页。
② 弗里德里希·恩格斯：《反杜林论》，北京：人民出版社，1971年，第132页。

分析相结合，实现从描述性科学向精密科学转变，才能在理论和实践上大大提高一步。

现代管理会计实现上述转变，朝着精密化的方向发展，就要求运用一定的数学方法对被研究的对象进行比较精确的定量描述，即根据所研究问题的具体特点，对有关资料进行加工、改制，找出存在于有关变量之间的相互依存、相互制约的关系，建立相应的经济数学模型。这是因为：

（1）借助于模型，用数学的形式（语言）对所研究的对象进行定量描述，可显示出其特有的精确性和严密性，使人们的认识更加精确化，避免文字描述的含混不清或模棱两可。

（2）借助于模型，掌握了有关变量之间的相关性，就可据以了解其运动变化的趋势，预测在一定条件下可能出现的情况和问题，使人们提高预见性，减少盲目性。

（3）模型和最优化方法（技术）①相结合，进而确定有关变量在一

① 企业经营决策中常用的最优化方法，可以大致地分为古典最优化方法和新兴最优化方法两类，古典最优化方法是指把数学分析中求极值（最大值或最小值）的方法应用到经营决策中来，作为确定最优化目标的重要工具。例如，根据生产经营中边际成本与平均成本之间的关系，确定成本的最低点；根据边际成本与边际收入之间的关系，确定利润的最高点，以及材料的最优订货量、成批生产条件下产品投产的最优批量、设备的最优更新期的确定等，都属于古典最优化方法的具体应用。也就是，根据企业生产经营的一定条件，可以应用古典最优化方法事先进行科学的计算，促使人们有预见地采取相应的措施，最经济有效地利用人力、物力、财力，实现各有关因素的最优组合，争取最大限度地提高企业生产经营的经济效益。新兴的最优化方法主要是指由“数学规划”这个新兴的数学领域提供的最优化方法，其主要特点是通过数学规划求最优解的方法，来确定一定条件下的最优数量关系，它可用于解决古典最优化方法不能解决的最优化问题。数学规划包括线性规划、非线性规划、动态规划、目标规划等各个分支，每个分支都构成一个专门的研究领域。其中线性规划是数学规划中研究最早、发展最快、应用最广的一个分支，其基本结构是：要求确定一组非负变量，在满足用线性方程组表现的约束条件的同时，用线性方程表现目标函数的最大值或最小值是多少。例如，当企业按一定的生产和销售条件，同时生产多种产品时，如何确定各种产品的最优组合比例，使企业的利润达到最大，或当企业在生产中基于一定的技术要求，同时使用多种不同品种、规格的材料时，如何确定它们最优的投料比例，使产品的材料成本降到最低等，都可用线性规划的方法求解，在企业经营决策中具有广泛的用途。其他各个分支都各有特定的结构和用途，具体说明从略。

定条件下的最优数量关系，可以为企业在生产经营中作出最优决策提供客观的、科学的依据。

● ● ●

现代管理会计的理论建设，涉及的问题很多。本文只就其教材的结构体系与对象、方法这些基础性的问题，谈点个人认识。有关问题仅从一般意义上论述，因而未涉及如何建设具有中国特色的管理会计的理论与方法体系问题。由于看到的现成文献不多，本文所论，仅属初步尝试，不当之处，在所难免。从前面的论述，还可看到现代管理会计发展的某些特点和趋势。这些特点和趋势表明：为适应现代化管理的需要，对会计人员的培养要求是越来越高了，要求他们注意跨学科的综合研究，扩大知识面，形成“金字塔式”的知识结构，并努力掌握当代管理科学发展的最新成就。只有这样，才能在自己的专业领域中不断开拓前进，为祖国的“四化”大业做出应有的贡献！

（编者注：本文发表于《厦门大学学报》（哲学社会科学版），1984年第4期）

试论中西管理会计的共性及具有中国特色的管理会计的主要特点[1]

一、关于中西管理会计的共性问题

从中华人民共和国成立初期开始，受苏联会计专家有关论著的影响，长期以来，我国会计学界在有关论著中总是强调社会主义会计与资本主义会计具有本质的差别，而很少探讨它们之间是否也存在着某些共性的问题，而所谓社会主义会计与资本主义会计的本质差别，又是从社会主义制度同资本主义制度具有本质差别引申而来，即认为社会主义制度同资本主义制度既然在总体上具有本质的差别，那么，在社会主义条件下和在资本主义条件下存在的一切社会经济现象也都存在着本质上的差别，会计自然也不例外。这样的分析和论证未免过于简单化了。笔者认为，存在于不同社会制度下的某些具体事物也可能有一定的共性，存在着某些共同的规律性的东西。本文仅就管理会计的形成和发展，对此作较具体的阐述。

---

① 本文作者厦大余绪缨教授应美国国家科学院“美中学术交流委员”的邀请，作为1984—1985年“美中高级学者交换计划”的一部分，于1985年4—7月赴美讲学，先后访问了明尼苏达大学、伊利诺伊斯大学、纽约州立大学、圣·克劳德州立大学和美国会计师协会明尼苏达州分会，除作学术报告外，还同这些单位的专家、学者较广泛地进行了专题学术讨论和学术交流。本文反映了余教授这次赴美进行学术访问的学术成果的一部分。（所发表期刊编者注）

管理会计的形成和发展，可大致区分为执行性管理会计与决策性管理会计两个大的阶段，以美国为代表的西方发达的资本主义国家是如此，我国的情况，基本上也是如此。这可以看作是它们之间有共性的一个重要方面。

在西方，所谓执行性的管理会计，是以泰罗的科学管理学说为基础形成的会计信息系统，在20世纪初到20世纪50年代占主导地位。大家知道，泰罗科学管理学说的核心，是提高生产和工作效率，要求企业把生产经营中一切可以避免的损失和浪费尽可能缩减到最低限度。为了实现这个目标，它在管理上要求实行“最完善的计算和监督制度”。而“最完善的计算和监督制度”当时在会计上主要是通过科学地制订“标准成本”，严格地进行“预算控制”和“差异分析”来体现，这是会计为配合泰罗制的广泛实施，在计算和监督方面所取得的重大进展。特别是它把严密的事先计算引进到会计体系中来，实行事先计算、事中控制与事后分析相结合，可以看作是会计发展史上的一个重要里程碑，为会计直接服务于企业管理开创了一条新路。其基本点是，在企业经营方针、基本决策等重大问题已经确定的前提下，协助企业在执行中如何提高生产和工作效率的问题，因而可以称之为执行性管理会计。建立在泰罗的科学管理学说基础上的执行性管理会计，其产生的历史背景（社会经济条件）是：从20世纪初到20世纪50年代，中间经过第一次和第二次世界大战，在这一时期，资本主义世界总的来说社会物资缺乏，供不应求，企业的产品生产出来以后不愁没有销路，卖方市场居主导地位。企业之间的竞争并不激烈，企业对客观外界经济环境的分析、研究并不十分重要，因而泰罗的科学管理学说是把重点放在企业内部如何通过实现各项生产和工作的标准化，来提高生产和工作效率，尽可能减少一切可能避免的浪费，来达到提高企业利润的目的。执行性管理会计总的来说，都是围绕这个中心，为实现这个总的目标服务。它在当时企业管理的实践中，的确发挥过重要作用。

在我国，管理会计的形成和发展，也曾经历过执行性管理会计这个阶段。从时间上看，是从中华人民共和国成立直至这次经济管理体制的改

革。大家知道，由于我国的社会生产力水平不高，从中华人民共和国成立起，在以后较长的一段时间，产品的生产也是供不应求；而在管理上，基本上是照搬苏联50年代僵化的经济管理体制，对整个国民经济实行权力高度集中化的管理，企业管理局限于生产领域，是一种典型的执行性管理，并不需要企业研究市场的需求，过问流通领域的问题（因为这一切都已经由国家的各级行政机构包办了）。在这种条件下，企业内部以苏联经验为借鉴，结合我国实际，也采取了许多措施来提高企业生产和工作效率，如编制全面的生产技术财务计划和月度财务收支计划、建立流动资金归口分级管理制、推行以班组核算为基础的厂内经济核算、开展经济活动分析等，都具有我国的特色，虽然当时还没有使用“管理会计”这个名称，它们都可看作是我们自己原有的管理会计，总的来说，也是实行事前计划、事中控制和事后分析相结合，与以泰罗的科学管理学说为基础形成的会计信息系统相比，它们的内容更加全面、丰富，方法上也更加多样化。但基于当时的经济管理体制，它们的工作重点都是围绕怎样使企业较好地为执行上级下达的各项数量和质量指标服务，因而基本上也属于执行性管理会计。这就是我国管理会计形成和发展历程中的执行性管理会计阶段。在西方，决策性管理会计主要是20世纪50年代以后，以现代管理科学为其理论和方法的基础，并从管理经济学、经济学、数量化管理与决策以及行为科学等方面吸收、引进了许多新颖的理论原则和技术方法而逐步形成和发展起来的。其基本点是：把服务于企业正确地进行经营决策放在首位。它充分利用其所掌握的丰富的信息资源，科学地进行定量分析，帮助企业的领导者（管理部门）客观地掌握情况，作出正确的判断和选择，提高经营决策的科学性，从而促进企业全面提高生产经营的经济效益。其形成和发展的历史背景（社会经济条件）是：从20世纪50年代起，资本主义世界进入所谓“战后期”。“战后期”的资本主义经济具有许多新的特点，主要表现在：现代科学技术突飞猛进并大规模应用于生产，使生产力获得十分迅速的发展；另外，资本主义企业进一步集中，企业的规模越来越大，跨国公司大量涌现，生产经营日趋复杂；随着社会生产力的迅速发展，大量产

品在市场上已不是供不应求，而是供过于求；在世界范围内联结成一体的市场情况瞬息万变，企业之间的竞争日趋激烈。这些新的环境和条件，对企业管理相应地提出了新的要求，即迫切要求实现企业管理现代化。它一方面强烈要求企业的内部管理更加合理化、科学化；另一方面，还要求企业重视外界经济环境与客观条件的研究，重视企业与外界经济环境相互关系的研究，为企业正确地进行经营决策提供客观依据，使企业从中获得灵活反应和高度适应的能力，否则，就会在激烈的竞争中被淘汰。这意味着，提高企业内部生产经营各个环节、各个方面的生产、工作效率固然很重要，但更重要的，是要把正确地进行经营决策放在首位。因为，在新的情况下，大量的实践证明，企业的盛衰、成败、生存、发展，首先取决于企业采取的方针、决策是否正确，所定的经营目标是否同外界的客观经济情况相适应。如果所定的方针、决策不对，经营目标定错了，企业内部个别环节的效率再高也无济于事。因为企业所生产的产品如果不能适应市场需要，生产效率越高，生产的产品越多，企业因此而遭受的损失将越大。所谓“管理重心在经营，经营的重心在决策”，正是适应这种新的情况而提出来的企业管理的新的指导方针。这样，20世纪初以来，曾在实践中得到广泛应用的泰罗的科学管理学说就无法同战后大大改变了的客观经济情况相适应了；与此相联系，以泰罗制为基础而形成和发展起来的执行性管理会计的基本框架也必须进一步被突破，进一步得到丰富和发展，才能更好地为促进企业提高经营决策的科学性、有效地改善经营管理、提高经济效益服务。这是进入20世纪50年代以来，实现执行性管理会计向决策性管理会计转变的历史背景和客观经济条件，同时这也是一个合乎逻辑的、不依人们的意志为转移的客观发展过程。

我国的社会主义经济建设，以党的十一届三中全会为重要的历史转折，进入一个新的历史发展阶段。特别是党的十二届三中全会《关于经济体制改革的决定》（以下简称《决定》）的发表，在理论和实践上都具有划时代的意义。《决定》体现了这样一个精神：在我国这样一个经济比较落后的国家，建设社会主义，可以超越资本主义充分发展的阶段，但

不能超越商品经济充分发展的阶段。因为没有商品经济的大发展，就不可能有社会生产力的大发展和物质产品的极大丰富；而没有物质产品的极大丰富，就不可能建成高度发达的社会主义以至最后进入共产主义。这是对马克思、恩格斯关于社会主义制度下将不存在商品经济这一经典性的假说和斯大林关于生产资料“商品外壳论”在理论上的重大突破。与此相适应，《决定》明确指出：我国的社会主义经济是在公有制基础上的有计划的商品经济，充满生机和活力的经济体制必须自觉地依据和运用价值规律。其肯定了社会主义企业是一个相对独立、自负盈亏的商品生产者（经营者），是具有充分活力的经济实体，在生产经营上应拥有充分的自主权，同时加重企业的经济责任，贯彻责、权、利相统一的原则，使企业的生存、发展与职工的经济利益同企业经营成果的好坏建立直接的联系。既然肯定社会主义企业是具有充分活力的经济实体，就必须严格实行政、企分开。国家的经济管理职能主要集中在研究大政方针、制订宏观发展规划和通过经济杠杆和经济立法等手段，从国民经济的全局出发进行统一调节（着重于采用间接形式进行调节）等方面，而企业的供、产、销，人、财、物，则由企业自己去管，由它自行进行微观决策，使企业的生产经营从过去单纯的执行性管理向决策性管理转变，自觉地把正确地进行经营决策放在首位。这样，就能创造出一种使人的创造力得以充分发挥，经济资源（物资、资金等）得以合理流动并得到最优组合、最优利用的环境和条件。与这种新的环境和条件相适应，在管理会计方面也就自然而然地要求原有的执行性管理会计向决策性管理会计转变，使它能更好地为企业全面提高生产经营的经济效益服务。所以笔者认为，以马克思列宁主义、毛泽东思想为指导，遵循“以我为主、博采众长、融合提炼、自成一家”的原则，创建适合中国国情、具有中国特色的以决策性管理会计为主体的中国式的管理会计理论与方法体系，不仅不排除，而且十分有必要批判地吸收、借鉴西方以决策性管理会计为主体的现代管理会计中的某些原理和方法（如成本性态分析，盈亏临界点与成本—产量—利润依存关系的分析和经营决策经济效益的分析、评价，长期投资决策经济效益的分析、评价，

等等）为我所用，使之成为具有中国特色的管理会计的一个组成部分（事实上，这些方法近年来已在我国的许多企业中结合实际较广泛地应用，并已取得一定的效果）。诚然，任何技术方法都是在一定的客观经济条件下产生的，其使用要以一定的经济理论为指导。这些技术方法的产生和应用，是以肯定市场、竞争、货币的时间价值、经济杠杆和经济利益等重要的经济概念为前提的。而肯定这些重要的经济概念，同我国当前的经济现实并不矛盾。因为它们并不是直接来自资本主义私有制，而是社会化大生产和商品经济的必然产物，它们体现了在社会化大生产和商品经济条件下，经济活动的客观规律性。正是在社会化大生产和商品经济这一点上，我们的社会主义经济和西方发达的资本主义国家的经济有某些相同或相似之处。这正是我们能够批判地吸收、借鉴西方管理会计中某些原理和方法为己所用的客观基础和根本原因所在，也是中西管理会计具有某些共性的具体体现。

二、具有中国特色的管理会计的主要特点

认识到中西管理会计之间具有某些共性，这只是问题的一个方面，而且是比较次要的方面；更重要的是，我们必须分析我国的社会主义经济制度同以美国为代表的西方发达的资本主义国家经济制度的不同，并联系我国在这个领域中原有的丰富的实践经验，来论证在当前新的历史条件下，具有中国特色的管理会计的主要特点。这些特点，笔者认为可大致概括为以下九个方面。

（1）具有中国特色的管理会计是一个以提高经济效益为主线的财务会计与管理会计相结合的信息系统。意思是，在我国社会主义条件下，通常所说的管理会计，既直接为企业提高生产经营的经济效益服务，也为整个国民经济提高宏观经济效益服务，二者是统一的，即提高微观经济效益是提高宏观经济效益的基础，而提高微观经济效益，又要以着眼和服从于宏观经济效益的提高为前提。而通常所说的财务会计，在新的情况下，也

不仅仅是通过逐级汇总，为整个国民经济加强计划管理、进行综合平衡提供重要的经济、财务信息；从企业的角度看，它实质上也是一种管理会计，因为它提供的财务状况、经营成果等资料，是正确处理国家、企业和职工个人三方面经济利益关系的重要依据，同企业的生存、发展和职工集体和个人的经济利益有着密切的联系（如根据经营成果的大小，按规定提取多少生产发展基金、集体福利基金和职工奖励基金等），对调动广大职工群众提高生产技术、改善经营管理的积极性有很大的影响。从这个意义上说，它自然也可以归属于广义的管理会计的范畴。所以笔者认为，在我国社会主义条件下，通常所说的财务会计与管理会计在工作上虽然可以有所分工，但它们构成了统一的会计信息系统，实际上可总称为管理会计。

（2）会计人员具有双重身份，既要代表国家加强财务监督，执行财经纪律，维护国民经济的整体利益；又要正确运用价格、资金、成本、利润、税金等经济杠杆，为企业搞活经济、广开财源、正确进行经营决策和有效地改善经营管理、提高生产经营的经济效益服务。

（3）严格遵守国家有关法律和规章、制度，合理安排和调度财务收支，正确核算资金成本和利润，以此为基础，正确处理国家、企业和职工三方面的经济利益关系。而严格遵守国家有关法律和规章、制度，则是实现微观经济效益与宏观经济效益相统一的桥梁和纽带。例如，企业的成本开支、折旧计算等如果不严格按照国家的有关规定执行，各行其是，就可能导致损大公、肥小公，甚至损公肥私。国家就有关问题以法律和规章、制度的形式作出统一的、强制性的规定，就是为了保证企业之间的竞争能在合理的、可比的基础上进行，而绝不容许投机取巧、违法乱纪，否则，就同社会主义经济制度的本质相违背。

（4）建立以目标利润为中心的高度综合的经营目标计划体系。编制全面的生产技术财务计划，在我国原有较长的历史，也积累了丰富的经验。在新的条件下，即企业转变为实行经营型管理以后，在生产经营中十分讲求经济效益，力求用最少的物资消耗、劳动消耗和资金占用，生产出尽可能多的符合社会需要的产品；而在不违背国家有关法律和规章、制度的前提下，其综合表现，一般来说，就是利润的增长。因此，目标利润在企业经营目标中居主导地位。企业的经营决策，必须把确定日标利润放在首位。因而我国许多企业目前也十分重视建立以目标利润为中心的高度综合的经营目标计划体系。

企业一定期间内的目标利润，主要包括目标利润总额和目标资金利润率两个方面。由于实行资金的有偿使用，企业从银行取得流动资金贷款要支付利息，使用国家拨给的固定资金也要上缴资金占用费，因此，企业的资金利润率目标必须确定在一个适当的水平上，使它在偿付资金使用代价和完成一定的财政上缴任务之后，还能参照历史数据和同行业一般水平，为企业提供必要的留存利润，为企业自身的发展和提高职工的物质文化生活水平提供必要的资金，这是进一步提高企业的开发能力、应变能力、竞争能力和盈利能力必须具备的基本条件。所以， 第一步根据已经确定的目标资金利润率计算得到的目标利润额，只能看作是企业必须力争完成的最低界限。然后，根据需要与可能，认真分析研究企业内、外的主、客观条件，充分发挥企业人力、设备、技术以至地理等方面的优势，扬长避短，充分挖掘潜力，确定一个能综合体现最大经济效益的目标利润额。它作为总目标，对企业的整个生产经营活动发挥指导作用。

根据我国目前的实际，建立以目标利润为中心的年度经营目标计划体系，大致程序是：如国家对企业下达了指令性计划，必须优先安排，并据以确定为完成这些指令性计划可能实现的利润是多少；然后面向市场，以外部环境为对象，进行市场调查和预测，收集市场需求和市场竞争情况等各项资料；结合企业内部的生产技术条件和有关资源的供应情况，确定企业可能自产自销的产品有哪些，分别对这些产品的边际贡献率进行分析比较，按其边际贡献率的大小顺序排列。根据企业内外的主、客观条件的情况，尽可能先多生产边际贡献率较大的产品，再生产边际贡献率较小的产品，直至企业所有的潜力用尽为止。根据这种方法确定的企业最终的目标利润，就有可能成为在一定条件下可能达到的最大的目标利润。

当然，企业的生产经营活动是一个整体，目标利润并不能孤立存在，它必须同企业其他有关经济指标相辅相成、相互促进又相互制约。当前我国许多企业实行的高度综合的“生产经营计划”，是以目标利润为中心，把供、产（包括产量、品种、质量等）、销、生产工时、劳动生产率、材料消耗、费用开支、成本水平、资金占用、财务收支以及产品开发、人员培训、职工福利、环境保护等方面的活动全部纳入计划，其范围从生产扩大到流通、分配、消费等各个领域，通过综合平衡后，从各个环节来保证经营目标的实现。

（5）实行责、权、利相结合，建立、健全以班组核算为基础的厂内经济核算体系。我国许多企业从50年代就开始推行以班组核算为基础的厂内经济核算，也取得了一定的效果。过去的做法，最大的局限性在于把它归属于行政管理责任制的范畴，同企业的经营成果脱节，经济利益的分配和职工实际贡献的大小无关，因而难于取得切实而持久的效果。

进入80年代以来，随着经济管理体制的改革和经济责任制的普遍推行，把厂内经济核算纳入经济责任制的范畴，使之成为贯彻落实经济责任制的重要手段，从过去责、权、利脱节发展到责、权、利紧密结合，实现了从过去单纯的行政管理向用经济办法进行管理的重大转变，使它焕发出蓬勃的生命力。

新的做法的基本点是：将整个企业的经营目标（如目标利润、目标成本等）分解，下达到各责任单位以后，赋予它们为完成其分管目标应有的权力，并按其完成目标任务所做贡献的大小进行经济利益的分配，使各责任单位有责、有权，也有利，因而能更好地调动各个责任单位和广大职工群众共同为完成企业总体目标的主动性和积极性。为使各责任单位正确地尽其责、用其权、享其利，许多企业从加强基础工作入手，纷纷建立、健全相应的厂内经济核算体系，使目标的分解、落实，用能正确反映客观实际的指标体系来表现；在目标执行过程中，系统收集、加工和分析有关信息，及时发现和纠正可能形成的偏差，尽可能最经济有效地运用其所掌握的人力、物力、财力，保证各项工作沿着目标预定的轨道，健康地、卓有成效地进行；目标完成情况的考核，则严格凭数据说话，为按完成目标任务所做贡献的大小进行经济利益的分配提供客观依据。可见，在当前情况下，按照新的要求，建立、健全以班组核算为基础的厂内经济核算体系，是进一步完善企业经济责任制，正确处理国家、企业和职工三者的利益关系的一项重要措施。

近年来，有些企业为完善厂内经济核算体系，还通过建立厂内"银行"，发行"厂币"，使企业内部各单位的业务往来根据预定的厂内结算价格，通过"厂币"进行内部结算，借以正确划清各责任单位在共同完成企业总体目标中的经济责任，并便于各单位随时掌握各自的投入、产出和资金占用情况，把厂内各单位的经济责任、经营成果和职工个人"看得见"的经济利益挂钩，较好地发挥了经济杠杆的作用，收到了显著的效果。

（6）技术与经济相结合，开展技术经济分析。这也是我国许多企业多年来在进行经济活动分析时，着重注意的一个问题。特别是鞍山钢铁公司，从20世纪50年代开始，就重视开展产品成本的技术经济分析，收到了良好的效果。在新的条件下，我国许多企业大大扩展了技术经济分析的视野，把它渗透到基建、产品的开发、设计、产品的生产、销售至及使用等各个领域，力求实现技术上的先进性与经济上的合理性的最优结合，为更好地全面提高经济效益服务。而中共中央关于经济体制改革的决定中明确规定，大中型企业要同时配备三师——总工程师、总会计师和总经济师，这又为实现上述目标提供了组织上的保证。

以下以适应市场需求的新产品投产要坚持"价格决定成本"的原则为例，对这个问题作较具体的说明。

大家知道，在今天工业技术迅速发展的情况下，企业根据市场需求，在企业的经营方针和生产技术条件上，把组织新产品的开发放在重要位置，是企业不断开拓市场、扩大市场占有率，并保持强大竞争能力的一个重要条件。市场竞争主要表现为价格竞争，而实质上就是成本水平的竞争，不断降低成本，就能提高产品在市场上的竞争能力，并为企业今后的应变和发展奠定牢固基础。

根据上述要求，我国许多企业目前已认识到，适应市场需求的新产品的开发，必须改变过去以成本为基础决定售价的陈旧做法，而应首先根据国内外同类产品的比价资料确定具有市场竞争能力的最低销售价格，从中扣除企业需确保的目标利润和应上缴的税金，进而确定新产品应达到的目标成本。简括地说，也就是从过去：

售价=计划成本+税金+利润　①

的计算公式，改为：

售价-税金-目标利润=目标成本 ②

的计算公式。

以上两种计算公式，表面上看似乎没有什么不同，实则反映了经济上和管理思想上的重大差别。前者，是过去以生产为中心，不分析市场需求和市场竞争情况下的事后算账，属于消极被动的性质[①]；而后者，则是以市场竞争为条件，为确保目标利润的实现，而进行的事前控制。以此为依据，为实现目标成本而主动地对各有关方面的工作提出要求，特别是首先要对产品设计部门提出具体要求，要求它们设计出来的产品既符合技术要求，又符合经济要求，真正做到物美价廉，实现技术与经济的统一。为此，往往要反复多次要求设计部门调整设计，什么时候全面设计成功，什么时候投产。有时即使技术设计成功了，但目标成本达不到，也不能投产，甚至要被迫放弃整个产品设计方案，另找其他可行的途径（老产品的改型，也可参照这种做法办理）。这样，就把技术经济分析具体贯彻到产品设计中去了，从而为目标成本和目标利润的实现提供了可靠的技术保证。

（7）企业经营成果的考核，要与社会主义的生产目的相一致，重视

① 式中所谓“计划成本”是根据设计、工艺等部门已经确定的现成数据汇总计算而成；而这些部门过去在进行产品设计时，往往只考虑技术要求，而不问经济效果。

价值与使用价值、微观需要与宏观需要的统一，并逐步建立能准确反映、评价微观经济效益与宏观经济效益相统一的科学体系。

（8）使用先进的技术手段，逐步建立以电子计算技术为基础的会计信息系统，并形成全国性的大网络，便于各有关单位经济有效地利用信息资源，为全面提高经济效益服务。

（9）加强理论建设，以马克思列宁主义、毛泽东思想为指导，以现代科学的方法论——系统论、控制论、信息论为武器，以马克思主义的经济效益理论为核心，建立完整的、具有中国特色的管理会计理论体系。一门科学或学科的形成和发展，如果没有正确的理论作指导，就可能误入歧途。在现代科学的研究中，创造性的科学方法论的掌握和创造性的科学思维的运用，越来越居于重要地位，并成为在任何科学研究中突破旧框框，取得创造性成果的一个必不可少的条件。因而我们如果能更加自觉地以马克思列宁主义、毛泽东思想为指导（着重于以其中的唯物辩证法为指导），加强管理会计的理论建设，就有可能尽快地形成严密的、首尾一贯的理论框架，对今后长远的、健康的发展，将发挥不可估量的作用。

（编者注：本文发表于《财会探索》，1985年第6期）

试论现代管理会计中行为科学的引进与应用问题

行为科学（Behavioral Sciences）是20世纪50年代以来发展起来的一门新兴的学科，主要是应用心理学、社会学、社会心理学等方面的研究成果，来研究人的各种行为的规律性，分析人产生各种行为的客观原因和主观动机的一门学科。

将“行为科学”的原理应用到企业管理上来，最重要的一点，是主张企业管理应由原来的以“事”为中心发展到以“人”为中心，这是管理思想上的一个重大转变。“行为科学”的影响势必使企业管理的理论和实践产生重大的变化，因而是一个值得给予高度重视的新领域。

在现代管理会计中，“行为科学”的引进与应用，始于20世纪60年代，在这之后的近30年，其得到十分迅速的发展，已逐步成为一个重要的、具有广阔发展前景的专门领域。以下，拟着重先讲几个有关的基础性问题，再进一步论述它们如何在现代管理会计中进行具体运用。

一、侧重于行为观的组织理论、激励理论与决策模型

（一）组织理论

为便于说明侧重于行为观的组织理论的特点，我们先从传统的或称古典的组织理论说起。什么是企业的古典组织理论？它是以20世纪初泰

罗（Frederick Winslow Taylor）的“科学管理”学说为基础的企业组织理论。以泰罗为代表的管理学家认为，企业整体及其组成人员，都是在一定环境和条件下进行活动的“经济人”。企业的基本目标是利润的最大化。为实现企业利润的最大化，必须加强管理控制，消除生产中一切低效和浪费现象，最经济有效地利用企业的经济资源；为提高管理控制的效能，必须确立管理的权威；同时对企业职工从经济上采取“诱导”措施，以激励他们为实现企业的基本目标而努力。同这一总的指导思想相适应，组织上强调在严密的劳动分工与专业化的基础上，实行集权制的管理，确立明确的权力线和每一指挥中心的控制跨度，保持指挥的集中、统一，并把管理的最终权威归于有效的经济激励机制。

侧重于行为观的组织理论和上述古典组织理论的不同在于：这种组织理论不是把企业的组成人员看作只寻求经济利益的“经济人”，而是把他们看作具有感情、思想、需求、爱好和主动性、能动性的“社会人”。因而，这种理论，是以组织的社会心理观为基础，认为组织是一个社会单位，是一种社会的有机联合体。在这种社会有机联合体中，不存在像“利润最大化”这样一个单一的可以普遍适用的总目标。从长远的观点看，应把企业的长期健康发展看作它的总体目标。为有利于企业长期健康发展，就必须努力消除以“利润最大化 ”为单一目标可能导致企业侧重短期行为的种种消极因素，除利润外，还必须在科技开发、产品开发、产品的市场占有率、人才开发、生产安全、技术装备水平、生活福利设施、社会责任等各个方面同时下功夫，才有可能为企业长期的健康发展创造有利条件、奠定牢固基础。与此相联系，组织的成员作为“社会人”，而不是单纯的“经济人”，他们的个人目标也是多样化的，应包括心理、社会和经济需要等各个方面，并不会以单纯追求经济利益为其唯一目标。因而，对人的激励因素也不能局限于经济因素，而应同时包括心理、社会和经济等各个方面。

从上述基本观点出发，组织的行为观的核心是：创造一种适当的激励环境，来激励人们确立这样的行为准则（规范）——进入组织的成员不能脱离整个组织而有所作为，也不能脱离组织而各行其是，在组织与成员之间形成一种同舟共济、患难与共的关系；每个成员只有为组织整体目标的实现做出最大贡献，成员个人的目标才能从中得到最好的支持，组织上下均以组织目标与组织成员个人目标二者之间的“协调一致性”为一切行为的出发点。

同这一总的指导思想相适应，应以分权制的管理取代集权制的管理，废除那种自上而下单纯靠行政命令进行管理控制的做法，而代之以广泛的“参与制”，实行“职权分散化”（上级对下级和个人放权、放责）、“管理民主化”（侧重“自主管理”“自行控制”），建立良好的人际关系，营造团结、互助、友爱的组织气氛。因为只有这样，才能充分发挥组织中每个成员的积极性和首创精神，不断增强企业内部各级、各单位的活力和凝聚力，为整个企业长期健康发展提供有力的组织保证。

（二）激励理论

激励理论是企业管理学中行为学派关于正确处理人的需要、动机、目标、行为这四者的关系的核心理论。行为科学家认为，人的动机来自需要，由需要确定人们的行为目标。激励作为人的一种内心活动，起着激发、推动、加强人的行为的作用。因而，在企业管理中，正确运用激励机制，充分调动组织内部每个成员的积极性、创造性，对于顺利完成组织的总体目标，具有十分重要的意义。

以下介绍两种在西方影响很大并具有代表性的激励理论。

1. 需求层次理论

需求层次理论是美国学者马斯洛（Abraham H. Maslow）于20世纪50年代初期提出的一种激励理论。马斯洛认为，人的需求可以分为五个等级，依次是：（1）生理的需求：指衣、食、住等人的基本生活的需求；（2）安全的需求：指人的生活及其生命、财产能得到安全保障的需求；（3）友好与归属的需求：指人进入组织后，组织成员之间相互信任、友好相处，成员对所在组织形成归属感的需求；（4）尊重的需求：指人应受到尊重，在组织中形成自重、互敬的良好气氛，进而激发人们对所从事的工作产生自豪感的需求；（5）自我完成（实现）的需求：指人对完成自己矢志献身的创造性事业，可从中得到最大自我满足的需求。这种自我完成（实现），是一种最高的精神境界——为事业而献身的忘我境界！以上五个层次的需求，形成一种金字塔式的结构。关于需求与激励的关系，马斯洛认为，尚未得到满足的需求，具有最大的激励作用；较低层次的需求得到满足后，较高层次的需求的激励作用就会显示出来，按此由下向上推移。

马斯洛创立的需求层次理论的最大贡献在于：它科学地揭示了人的需求的发展的、动态的性质。一般来说，在较低的需求层次上，经济的激励作用是较为主要的；需求的层次越高，经济的影响力相对来说越小，而其他方面的需求对行为的影响力就会越来越大。显然，这一理论对企业管理的具体实践，是具有较大指导意义的。

2. 双因素论

双因素论是美国学者赫茨伯格（F. Herzberg）等人于20世纪50年代末提出的一种激励理论，被称为“激励—保健”理论。这种理论认为，在经济发展到一定水平的条件下，影响人的积极性的因素，大致上可以分为两类。

一类是避免不愉快或不满意的需求。这类需求是同工作环境、条件和人际关系等有关的，如生活条件、工资待遇、人事关系等，近似于需求层次理论中的前三个层次的需求。这类需求得到满足，只能维持组织成员现有的积极性，使之不降低，并不能形成对他们的激励，因而称之为“保健”因素。如果这类因素得不到满足，就会引起人们的不满意或不愉快，人们现有的积极性也会因此而降低。

另一类是激励因素，如对才能的承认、工作中的成就能得到组织上公正而客观的评价、成长与发展的机会、事业上的成就感与荣誉感等，相当于需求层次理论中后两个层次的需求。这类需求得到满足，就会给人以强烈的激励，因而才可被称为真正的激励因素。

综上所述，赫茨伯格的双因素论同马斯洛的需求层次理论并不矛盾，前者可以看作在一定经济发展条件下对后者的发展和具体化。

（三）决策模型

这里所说的决策模型，不是指在现实经济生活中实际应用的决策模型的具体构成要素，而是指在不同的组织理论、激励理论的基础上形成的有关决策模型的基本观点（基本指导原则）。

前面说过，古典组织理论认为，实现利润的最大化是企业的总体目标，企业的组成人员作为“经济人”，也以追求最大的经济利益为其个人目标，并把经济激励作为最基本的激励因素。与此相适应，有关决策模型寻求的目标函数，主要着眼于“经济的最优化”或“价值的最大化”（其中也包括“成本的最低化”），并以此贯穿企业内部的各个环节，因为企业对其内部的各级组织和个人，也是着重于经济成果的评价和考核，并据以给予相应的经济上的奖惩。

由此可见，古典决策模型的主要特点，可归结为以下两个方面：从内容上看，是将亚当·斯密（Adam Smith）古典经济理论中“看不见的手”的学说具体运用于企业经营管理各个方面（从总体到局部）。因为，亚当·斯密认为，经济力虽然好像一只“看不见的手”，但其作用却是无所不在的。从方法上看，以寻求目标函数的最优化为其基本准则。为此，古典决策甚至不惜花很大的力气去提高模型的复杂性，以期能得到所要求的最优解。

行为观的组织理论与激励理论不同于相应的古典理论，在于对人的认识由“经济人”转向“社会人”以后，就必须对原来单一化的经济目标、经济激励作重大的修正，而代之以多样化的决策目标和激励因素。作了这样的修正后，对决策方法上原来奉行的寻求最优化的准则，自然也需要重新认识了。诺贝尔经济学奖获得者赫伯特·西蒙（Herbert A. Simon）提出的决策理论，正可用于解决这一方面的问题。首先，决策模型中的目标函数，以效用函数取代价值函数，可以适应目标多样化的要求。因为扩展意义上的效用可以有多种表现形式，非物质因素（精神因素）也可用“效用”的形式来表现。其次，在决策方法上，以满意性准则取代原来奉行的最优化准则，即企业中各级的决策人，从“主观的理性”出发，在决策中寻求的是他们自己认为“满意的解”，而不是从“客观的理性”出发所要求的“最优解”。把决策人看作“寻求满意的人”，而不是寻求“最优的人”，在决策中会更加符合（接近）客观实践。这是现代决策思想上的重大转变，得到西方学术界的高度评价。与此相联系，在技术方法上，满意解可以用比较简化和近似的方法来求得；它不像最优解，要通过许多复杂计算才能得到。这也有助于提高这种新的决策理论的实践性。

二、从总体上看现代管理会计的行为方面

（一）综述

现代管理会计的基本职能，是为企业正确地进行经营决策、促进决策的有效实施、保证企业目标的顺利实现，提供有用的信息。为使决策的形成和实施都能做到卓有成效，就必须十分重视对人的行为的激励和影响——激励和影响企业经理人员采取最有利于企业整体利益的行为；激励和影响企业职工为保证企业整体目标的实现做出尽可能大的贡献！

较具体地说，现代管理会计在激励和影响人的行为方面可以发挥重大作用，主要表现在它可以为有效地服务于以下几个方面提供有用信息：①激励有关人员正确地设定目标，包括企业的总体目标和企业内部各级、各单位的分目标。②激励有关人员为完成既定目标做出尽可能大的贡献。③正确地进行业绩评价，从中总结经验、教训，及时提出需采取的改正措施，并激励人们为更好地完成下阶段更高的目标而努力。

所以，总起来说，现代管理会计的职能本质上是一种行为职能，它把激励人们的行为贯彻始终。因为，不通过人的行为、人的作用，它提供的任何信息都不足以对企业的生产经营产生实际效果。因此，现代管理会计要在实际工作中发挥应有的作用，就必须十分重视其行为方面。这是当代管理会计发展的一个基本方向。

（二）以古典理论为基础形成的现代管理会计的行为方面

以古典理论为指导形成的现代管理会计的基本框架，包括“决策会计”与“执行会计”两个方面，从总体上看，其是为实现企业利润最大化服务。它可具体化为以下几个主要方面：（1）协助管理人员正确地进行经营决策，科学地制订企业总体的利润最大化目标，以此作为企业经济管理激励的集中表现；并把这一总目标综合反映在以货币形式表现的企业生产经营的全面预算上，以此作为企业在一定期间内行为的总目标。（2）将企业的总目标进一步分解到企业内部的各个单位，并遵循责权一致的原则落实各个单位的经营责任。也就是，将企业生产经营的全面预算进一步分解、落实为各个责任中心的“责任预算”，以此作为企业内部单位行为的准绳。（3）企业管理人员针对预算执行中的偏差，采取有效的控制措施，借以消除各种低效和浪费现象，以此作为对企业内部各单位职工行为的约束。（4）对各单位体现在责任预算中的经营责任的履行情况进行分析、评价，并根据其成果的大小进行经济上的奖励或惩罚，以此作为对企业职工行为的激励。

以上几个方面，总括起来看，以古典理论为基础形成的现行管理会计的行为观的主要特点在于：服务目标的单一化——局限于为企业实现利润的最大化服务；提供信息的单一化——局限于提供用货币形式表现的经济信息；激励因素的单一化——对人的激励局限于经济利益方面。显然，所有这些，都是同上述以行为科学为基础形成的组织理论、激励理论和决策模型阐述的有关原理相背离的。

（三）以行为科学为基础形成的现代管理会计的行为方面

总括地说，以行为科学为基础形成的现代管理会计的基本框架，仍可分为“决策会计”与“执行会计”两个方面。它们不是对以古典理论为基础形成的现代管理会计的根本否定，而是以前者为基础，在有关方面作进一步的丰富、发展和提高。

（1）在决策会计方面：适应决策目标从单一化向多样化转变；决策方法从最优化准则向满意性准则转变。决策会计要认真研究：①如何协助企业总体正确地进行目标多样化的决策，达到切实可行的"满意解"，并做好多目标之间的协调配合；②如何协助企业内部各级、各单位以及组织成员个人（在分权管理体制下，他们在很大程度上都可以是独立自主的决策人）正确地进行目标多样化的决策，得到切实可行的"满意解"，并做好各个层次横向的多目标之间的协调配合；③如何协助做好纵向各个层次的多目标之间的协调配合，以达到企业总体目标与其各级、各单位以及组织成员个人目标之间的协调一致。

（2）在执行会计方面：①管理控制要改变过去靠行政命令强制进行为主的做法，而代之以充分发挥多种激励因素（物质的、精神的）的作用，依据激励—贡献之间的最佳关系，采取最有效的激励措施来激励、引导企业各级、各单位以及组织成员个人为实现企业的总体目标做出最大贡献，并使他们同时感觉到他们各自的需求也可从中得到最好的满足。这对于充分调动企业各级、各单位以及组织中各个成员的积极性极为重要。而要找出激励—贡献之间的最佳关系，就要认真分析各种激励因素"相对作用力量"的大小，它既因人而异，对同一个人也会因时而异。这是一项十分细致的工作。②业绩的计量、评价和控制要采用多样化的指标体系，既包括货币形式的指标，也包括非货币形式的指标；既包括反映物质因素的指标，也包括反映精神因素的指标，借以最有效地调动企业内部各级、各单位以及组织内各个成员的积极性，促使他们遵循局部与整体"目标一致性"的原则，更好地完成预定的目标，并从中总结经验、教训，为在下一阶段提出较高的或恰当的目标奠定基础。

三、行为科学应用于现代管理会计的几个具体领域

（一）预算的行为观

预算的重要性主要表现在：它是现代管理会计中"决策会计"与"执

行会计”的“中介”。预算既是决策目标的具体化、协调化，又是在决策目标的执行中落实责任、指导人们行为的重要工具。行为观的预算与传统预算的不同，不在技术方法方面，而在体制与指导思想方面。从技术方法上看，传统的预算体系已经得到充分的发展和趋于定型化了，今后仍可有效地加以利用。

以古典理论为基础形成的预算体系，具有如下几个主要特点：（1）以集权制为基础，制定以“利润最大化”为中心目标的预算体系。（2）依靠金字塔式的权力结构，建立“强加性”的分预算体系，自上而下下达、落实到各级、各单位以及组织中的成员个人。（3）倾向于采用从严要求的硬性预算指标。

而行为观的预算体系，则具有同以上所述明显对立的主要特点：（1）以分权制为基础，建立具有多样化目标的预算体系。从行为科学的观点来看，分权制是一种能有效运用激励机制，充分调动企业各级、各单位和组织中成员的积极性、创造性的管理体制。（2）总预算指标的分解、落实，采用能充分尊重下级预算执行者独立自主精神的“参与性预算”。“参与性预算”与“强加性预算”最大的不同，在于下级预算执行者亲自参与有关预算制定的决策，会使他们增强被信任感和主人翁责任感，从而把所制定的有关分预算的执行，看作自己义不容辞的职责，而不会把它们看作上级强加给他们的任务。如果将其看作强加任务，预算执行者在预算执行中就容易产生抵触和消极、被动的情绪，不利于充分调动他们完成预定目标的主动性与积极性。（3）倾向于采用合理的、经过努力有可能达到并具有一定灵活性的预算指标。因为所定预算指标要求太高，经过努力也无法达到，会使预算执行者丧失信心，甚至因此而放弃应做的力所能及的努力；要求太低，会使预算执行者精神上经常处于松弛状态（不是经常处于一种朝气蓬勃、精神饱满的状态），也不利于充分发挥预算执行者的潜力。

（二）业绩计量、评价与控制的行为观

预算的制定，只是预算管理的开始。在预算执行过程中，加强业绩的计量、评价与控制，对于促进预算目标的顺利实现，具有十分重要的意义。

根据行为科学原理，建立多样化的预算目标体系，其中有些指标，如科技开发、产品开发、人才开发和社会责任等，具有难于量化的特点。对于这些难于量化的目标的执行，如何进行业绩计量，自然也会连带地产生问题。这是一个需要进行专门研究的问题，在这里存而不论。以下只对易于量化的预算目标在执行中如何进行预算管理，讲几个基本问题。

（1）在集权制基础上形成的传统的预算管理的主要特点：①同总预算指标的分解、落实是采用自上而下下达指令性指标的方式相适应，下级分预算指标的执行情况是采用自下向上的方式进行逐级上报，主要由上级进行预算执行结果的评价与考核，并由上级据以下达指示，要求下级针对其薄弱环节，采取相应的改进措施。②通过预算执行结果与原定预算指标的对比，对预算执行的好坏和执行者的是非功过进行考评，并将经济奖惩作为激励预算执行者更好地完成预算目标的主要手段。

（2）在分权制基础上形成的行为观的预算管理的主要特点：①在分权制基础上形成的分预算体系，由于各执行单位均有较大的独立性与自主权，在预算执行过程中，不仅要注意正确处理上、下级单位之间的纵向关系，还要注意正确处理分工、协作的同级单位之间的横向关系，力求“目标一致性”的原则在上下、左右之间都能得到正确的贯彻和执行。②对多目标体系执行情况进行评价与考核，要注意它们之间的相互协调，避免顾此失彼。例如，短期的盈利性指标同科技开发、产品开发、人才开发的关系处理不好，就可能出现矛盾。过分强调短期的盈利性，就有可能导致有意缩减一定期间内在科技开发、产品开发、人才开发上应有的开支，以致对企业长期的健康发展造成不利影响。③在“参与制”基础上形成的分预算体系，其执行情况的评价、考核和及时采取相应的改正措施，主要依靠执行者本身（而不是他们的上级）自主地进行。为此，就要建立一种经常

性的能及时揭示预算执行差异的信息网络，为预算执行者及时提供与执行情况有关的明细化的信息，使预算执行者能据以及时调节自己的行为，从而形成一种“自行调节”“自行控制”的机制（通过“自行调节”，达到“自行控制”），借以在预算执行过程中，充分发挥预算执行者发展有利差异、避免不利差异的主动性与积极性。④依据激励—贡献之间的最佳关系，综合而有效地运用各种激励因素，以促进预算中各项预定目标的顺利实现。

（三）成本控制的行为观

和上述预算相类似，行为观的成本控制和传统的成本控制的不同，不在技术方法方面，而在如何看待实现控制机制的力量源泉方面。从技术方法上看，进行成本控制的主要工具——标准成本系统，经过几十年的实践，已经充分发展并趋于定型化了。有关的技术方法今后还可以有效地利用，这是不言而喻的。

（1）以泰罗制为基础形成的传统的成本控制的主要特点。大家知道，泰罗制是古典经济理论中把人看作单纯的“经济人”和工程师寻求在生产中最经济有效地利用物质资源和劳动资源的观点相结合的产物。以泰罗制为基础形成的、以标准成本系统为主要控制工具的传统的成本控制，具有以下主要特点：①根据严密的科学计算，制定产品生产中的工、料消耗标准和费用分配率标准。标准的制定要求能体现在一定生产条件下可能达到的最高的生产和工作效率。②要求自上而下进行严格的科学管理，尽可能避免一切脱离标准的不利差异的发生，杜绝一切可以避免的损失和浪费现象；并将各种形式的经济报酬（如累进计件工资制、各种形式的经济上的奖惩制度）作为提高生产和工作效率以及相应地降低成本的激励手段。③系统地进行成本差异分析，严格区分哪些是有利差异、哪些是不利差异，为落实经济奖惩措施提供客观依据，以便通过有效地运用经济奖惩机制，最大限度地提高各个工人，企业内部各级、各单位以至整个企业的生产和工作效率，从而实现成本最低化的要求。

（2）行为观的成本控制的主要特点：①标准的制订，除必须依据严密的科学计算外，还必须实行广泛的“参与制”，也就是让标准的具体执行者广泛参与标准的制订，使他们能深刻理解、自觉接受所制订的标准，以增强他们在标准执行过程中的主人翁责任感。②建立经常性的明细化的差异分析制度，为标准的执行者提供明细化的差异分析形成的信息，使他们能据以经常而及时地调节自己的行为。这意味着要形成一种“自行调节”“自行控制”的机制，借以在标准执行过程中充分调动标准执行者发展有利差异、避免不利差异的主动性与积极性。③综合而有效地运用各种激励因素（而不是依靠单一的经济奖惩），适时满足人们物质和精神上的各种需要，激励人们沿着局部与整体“目标一致性”的方向卓有成效地开展自己的工作。④定期的差异分析旨在根据大量的综合性资料，全面总结经验、教训，为有充分根据地提出下一阶段更高的或恰当的标准提供指导性的信息。

（编者注：本文发表于《厦门大学学报》（哲学社会科学版），1990年第4期）

以ABM为核心的新管理体系的基本框架①

可从以下五个方面进行阐述。

（一）当代高科技的蓬勃发展及其在生产中的应用

20世纪70年代以来，高科技蓬勃发展的主要特征，是在电子技术革命的基础上形成的生产高度电脑化、自动化，包括数控机床、机器人、电脑辅助设计、电脑辅助制造的广泛应用，以至电脑一体化制造系统的形成，它从产品订货开始，直到设计、制造、销售等所有阶段，所使用的各种自动化系统综合成一个整体，由计算机统一进行调控。

（二）富裕社会引起的社会需求的重大变化，导致生产组织发生革命性的变革

主要表现为：一个社会一旦富裕，消费者的行为会变得更具有选择性，要求生产者提供更加多样化和更具明显个性、日新月异的产品。社会需求的这种变化，反映到生产组织上，就是传统的、以追求规模经济为目标的大批量生产方式转变为能对顾客多样化的、日新月异的需求迅速作出反应的“弹性制造系统”，以保证能在较短时间内生产出不同的新产品，

① 本文是国家自然科学基金资助的研究课题系列论文之一。

及时满足消费者多样化的需求。

（三）以金融市场为主导的、国际化的现代市场经济的发展，导致企业经营目标从追求利润的最大化发展到追求综合程度更高的“股东投资报酬现值”的最大化

也就是：传统的将利润最大化作为企业的经营目标，作为业绩评价、考核和奖励的依据，容易导致管理上的短期行为，不利于企业长期、健康地发展，也无法适应在当代国际经济一体化基础上形成的全球性市场竞争空前激烈的局面。为了满足现代市场经济中股东对投资报酬最大化的追求，需要把未来的一定期间归属于股东权益的现金流量，按考虑风险报酬率的“资本成本”换算为现值。由此而得到的“股东投资报酬现值”指标，是以企业长期健康发展基础上形成的现金流量为计算的依据，又考虑了投资风险程度的大小，以此为企业经营目标，不仅有利于减少管理上的短期行为，还具有更大的综合性。即无论从涉及的时间长度还是从包含的内容看，它都比分期的利润指标具有更大的综合性，因为后者是把各个期间孤立起来进行计算，也未涉及资本成本和风险报酬的补偿问题。

（四）形成新的企业观，使管理深入到作业水平

现代化的企业管理，为有效地运用当代高科技的优势，并适应社会需求的新变化，建立了“弹性制造系统”来开展生产经营活动。那么，怎样才能更好地促进具有更大综合性的企业经营目标——“股东投资报酬现值最大化”的实现？要做到这一点，首先在管理思想上要进行重大的变革，形成新的企业观，使管理深入到作业的水平。所谓新的企业观，就是把企业看作为最终满足顾客需要而设计的“一系列作业”的集合体，形成一个由此及彼、由内到外的作业链。每完成一项作业要消耗一定的资源，而作业的产出又形成一定的价值，接着又被转移到下一个作业，按此逐步推移，直到最终把产品提供给企业外部的顾客，以满足他们的需要。最终产品，作为企业内部一系列作业的集合体，它凝聚了在各个作业上形成而

最终转移给顾客的价值。因此，作业链同时也表现为“价值链”，作业的推移，同时也表现为价值在企业内部的逐步积累与转移，最终形成转移给企业外部顾客的总价值。从顾客那里收回转移给他们的价值，形成企业的收入。收入补偿完成各有关作业所消耗的资源的价值之和后的余额，成为从转移给顾客的价值中获得的利润。问题在于：并不是所有作业都可以增加转移给顾客的价值。有些作业可以增加转移给顾客的价值，被称为可增加价值的作业。有些则不然，被称为不增加价值的作业。企业管理深入到作业水平，有助于溯本求源，尽可能消除不增加价值的作业，对可增加价值的作业，也要尽可能减少完成每一项作业的资源消耗，同时，尽可能提高可从顾客收回的价值。将这几个方面综合起来考虑，有助于企业经济目标——“股东投资报酬现值最大化”的实现。

企业管理深入到作业水平，形成“以作业为基础的管理”（activity-based management，ABM）或简称为“作业管理”，是继被誉为“科学管理之父”的泰罗于20世纪初创立“科学管理学说”以来，在企业管理上又一新的重大突破。它以“作业”为企业管理的起点和核心，比传统的以“产品”为企业管理的起点和核心，在层次上大大地深化了，可视为企业管理上一个重大的革命性变革，正如生物学深入到分子水平形成分子生物学，在生物科学上是一个重大的革命性变革一样。

（五）以ABC为中介，进行作业管理

作业成本计算（activity-based costing，ABC）是作业管理的基础和中介，它作为一个明细的信息系统，贯穿于作业管理的始终，通过对所有作业活动进行追踪、动态反映，可以更好地发挥决策、计划和控制作用，以促进作业管理水平的不断提高。由此可见，作业成本计算不仅是先进的成本计算方法，同时也是实现成本计算与成本管理（控制）相结合的“全面成本管理制度”。它和传统成本计算方法的不同在于，它从以“产品”为中心转移到以“作业”为中心上来，可以弥补传统成本计算中许多固有的缺陷。

作业成本计算与传统成本计算最大的不同在于，它不是就成本论成本，而是把着眼点与着重点放在成本发生的前因、后果上。从前因看，成本是由作业引起，形成一个作业的必要性如何，要追踪到产品的设计环节，因为溯本求源，正是产品的设计环节决定了产品生产的作业组成和每一作业预期的资源消耗水平以及预期产品最终可对顾客提供的价值的大小。从后果看，作业的执行以至完成实际耗费了多少资源？这些资源的耗费可对产品最终提供给顾客的价值做多大贡献？对所有这些问题及时进行动态分析，可以提供有效信息，促进企业改进产品设计，提高作业完成的效率和质量水平，在所有环节上减少浪费并尽可能降低资源消耗，寻求最有利的产品、顾客和相应的投资方向，并将企业置于不断改进的环境中，以促进企业生产经营整个价值链的水平得以不断提高。由此可以看到，作业管理的重点应放在产品设计、适时生产系统和全面质量管理这些基本环节上。与此同时，作业成本计算还大大深化了对成本、成本性态的认识，可以经常、全面掌握企业生产经营中形成的现金流动，为正确计量企业经营目标——股东投资报酬现值提供有利条件。

（六）以上五个方面之间的相互依存关系

以上五个方面不是孤立存在的，而是相互依存，形成一个有机联系的整体。具体表现在：整个框架以高科技成果在生产中的应用为条件，以“弹性制造系统”为基础，以“股东投资报酬现值最大化”为目标，以企业观的转变为起点，以作业成本计算为中介，以作业管理为核心，互为条件、相互促进。也就是说，高科技成果在生产中的应用是一个基础性条件，它使适应社会需求变化而实施“弹性制造系统”成为可能，因为只有借助于“电脑一体化制造系统”，对企业整个再生产过程用电脑进行统一调控，进行多品种、小批量的顾客化的生产才有现实可能性。以“弹性制造系统”为基础，是指整个企业的生产经营在这个基础上进行，才能使企业在激烈的市场竞争中不断提高适应能力和市场占有率，为企业长期健康发展创造条件。以“股东投资报酬现值最大化”为目标，是指企业的生产技术、生产组织和生产管理都

要围绕这一目标，促使企业生产经营的各个环节紧密地协调、配合，实现最优运转，为保证企业经营目标的顺利实现创造条件。为此，就要最大限度地消除不能为顾客增加价值的作业，以节约资源消耗；同时为完成每一项能为顾客增加价值的作业，资源消耗也要求尽可能达到最低水平，以此贯穿始终，才能较好地促进企业经营目标的实现。也正是在这一点上，体现了先进的生产管理形式——作业管理的威力；而作业管理的有效实施，又必须使作业成本计算与之相配合。这意味着生产技术、生产组织上不管如何先进，如果没有相应的生产管理与之相配合，技术上、组织上的先进性可能产生的巨大经济效益将难于完全顺利实现。这正是在新的历史条件下，技术—组织—管理—经济之间的相辅相成之处。

参考文献：

［1］余绪缨. 在当代高科技蓬勃发展的新形势下会计取得的新进展[J]. 当代财经，1992（01）：1−3+37.

［2］BRIMSOM J A. Activity Accounting：An Activity−Based Costing Approach [J]. Wiley，1997.

［3］LEE J Y，WESLEY A. Managerial accounting changes for the 1990s.

［4］STAUBUS G J. Activity costing and input−output accounting[M]. R. D. Irwin，1971.

（编者注：本文发表于《当代财经》，1994年第4期）

简论当代管理会计的新发展
——以高科技为基础、同“作业管理”紧密结合的“作业成本计算”

一、以高科技为基础的新的企业观

当代高科技的蓬勃发展，可称为第三次技术革命，它为当今世界上高速度发展的社会生产力发挥了重要作用。其主要特征是在电子技术革命的基础上形成的生产高度电脑化、自动化，它使产品生产从订货开始，直到设计、制造、销售等所有阶段，所使用的各种自动化系统综合成一个整体，由中心电脑室统一进行调控，这为生产经营管理进行革命性的变革提供了技术上的可能。这正是现代经济中，技术—管理—经济相辅相成的具体体现。

为了有效地运用当代高科技的优势，适应富裕社会顾客需求日新月异的新变化，进而实现现代市场经济中具有更大综合性的企业经营目标——“股东投资报酬现值最大化”，现代化的企业管理首先在管理思想上要进行重大的变革，形成新的企业观。

所谓新的企业观，就是把企业看作为最终满足顾客需要而设计的“一系列作业”（a series of activities）的集合体，形成一个由此及彼、由内到外的作业链（activity chain）。每完成一项作业都要消耗一定的资源，而作业的产出（ activities' output）又形成一定的价值，接着被转移到下一个作业，按此逐步推移，直到最终把产品提供给企业外部的顾客，以满足他们的需要。最终产品，作为企业内部一系列作业的集合体，它凝聚了在各个作业上形成而最终转移给顾客的价值。因此，作业链既表现为“价值链”（value chain）、作业的推移，同时也表现为价值在企业内部的逐步积累与转移，最终形成转移给企业外部顾客的总价值。从顾客那里收回转移给他们的价值，形成企业的收入。收入补偿完各有关作业所消耗的资源的价值之和后的余额，成为从转移给顾客的价值中获得的利润。问题在于：并不是所有作业都可以增加转移给顾客的价值。有些作业可以增加转移给顾客的价值，被称为可增加价值的作业（value-added activities）；有些则不能，被称为不增加价值的作业（nonvalue-added activities）。企业管理深入到作业水平，有助于溯本求源，尽可能消除不增加价值的作业，对可增加价值的作业，也要尽可能提高运作的效率，减少完成它们的资源消耗，并尽可能提高可从顾客收回的价值。将这几个方面综合起来考虑，有助于企业经营目标——“股东投资报酬现值最大化”的实现。企业管理深入到作业水平，形成“以作业为基础的管理”（activity-based management，ABM）或简称为“作业管理”（activity management，AM），是继被誉为“科学管理之父”的泰罗于20世纪初创立“科学管理学说”以来，在企业管理上又一新的重大突破。它以“作业”为企业管理的起点和核心，比传统的以“产品”为企业管理的起点和核心，在层次上大大地深化了，可视为企业管理上一个重大的革命性变革。

二、使管理深入到作业水平的相关问题

为实现作业管理所要求的尽可能消除不增加价值的作业，并尽可能提高可增加价值作业的运作效率，企业应同时实施“适时生产系统”（Just-In-Time Production System，JIT）和“全面质量管理”（Total Quality Control，TQC）。因为所谓不增加价值的作业，总的特点是：没有它们并不会对最终产品的质量造成任何损害。因而从满足顾客需要看，它们的

存在可视为生产经营中的一种“浪费”，如与各种形式的存货有关的作业（存货的存储、维护、分类、整理等），因质量不符合要求而进行的加工、改造，原材料、在产品、半成品、产成品上的质量损失，供、产、销各个环节各种形式的等待和延误造成的损失等。适时生产系统的建立，就是力求把这些不增加价值的作业缩减到最低限度，借以把用在这方面的资源有效地应用到可增加价值的作业上去，从而使企业所掌握的有限资源能为社会带来最大效益。而要尽量消除这些不增加价值的作业，把“全面质量管理”贯穿于生产经营的各个环节是一个重要条件。因为原材料、外购件的供应，在产品、半成品的生产，如果不在每一个环节上都把好质量关、使之尽量做到“零缺陷”（zero defect），在适时生产系统所要求的“零存货”（zero inventory）的条件下，废次品的出现将引起生产秩序的混乱，在各有关方面产生连锁性的不良后果，所造成的损失、浪费将是难以估量的。正是因为这样，作业管理的实施必须和“适时生产系统”“全面质量管理”同步进行，才能相辅相成、相得益彰，全面提高生产经营的综合经济效益。

较具体地说，适时生产系统是20世纪70年代在日本首先创建，随后在西方经济发达国家和地区（美、加、西欧）也得到广泛应用的一种新的生产管理系统。适时生产系统与传统生产系统的不同在于：传统生产系统是一种生产程序由前向后推动式的生产系统（push-through production system）——由原材料仓库向第一个生产程序供应原材料，把它们加工成在产品、半成品，转入第一生产程序的在产品、半成品仓库，然后由第一生产程序的在产品、半成品仓库向第二个生产程序供应在产品、半成品，由它们继续进行深加工，如此由前向后顺序推移，直至最终完成全部生产程序，转入产成品仓库等待对外销售。由此可见，在传统的推动式的生产系统中，前面的生产程序居于主导地位，后面的生产程序只是被动地接受前一生产程序转移过来的加工对象，继续完成其未了的加工程序。推行这种生产系统，在生产经营的各个环节，大量原材料、在产品、半成品库存堆积，就成为不可避免的必然结果。新的适时生产系统则与此相反，它是采取由后向前拉动式的生产系统（pull-through production system）。企业要将顾客订货提出的有关产品数量、质量和交货时间等特定要求作为组织生产的基本出发点，即以最终满足顾客需求为起点，由后向前进行逐步推移，全面安排生产任务；前一生产程序只能严格按照后一生产程序所要求的有关在产品、半成品的数量、质量和交货时间来组织生产，前一生产程序生产什么、生产多少、质量要求和交货时间只能根据后一生产程序提出的具体要求来进行。这一新的生产系统，之所以被称为适时生产系统，是因为它要求企业供、产、销的各个环节尽可能实现“零存货”，也就是要求原材料、外购零部件的供应能“适时”到达生产现场，直接交付使用，而毋需建立原材料、外购件的库存储备；生产的各个环节紧密地协调配合，生产的前一阶段按生产后一阶段进一步加工的要求，保质、保量地生产在产品、产成品，并“适时”地送达后一加工阶段，直接投入生产，而毋需建立在产品、产成品库存储备；在销售阶段，生产出来的产品能保质、保量地适应顾客的需要，并按照顾客的要求，“适时”送到顾客手中，而毋需建立产成品库存储备。由此可见，适时生产系统要求企业生产经营的各个环节能像钟表一样相互协调、准确无误地进行运转，使之达到很高的效率和效益。

全面质量管理同适时生产系统有着直接的联系。因为在适时生产系统要求生产经营的各个环节实现“零存货”的情况下，原材料、外购件的供应，在产品、半成品的生产如果不在每一个环节上把好质量关，使之尽量做到“零缺陷”，废次品的出现将引起生产秩序的混乱，在各有关方面产生连锁性的不良后果，所造成的损失、浪费将是难以估量的。可见“全面质量管理”是使适时生产系统得以顺利实施的一个必要条件。

全面质量管理和传统质量管理最大的不同在于：传统质量管理是把重点放在生产过程终了专业检验人员的质量把关上，发现零部件或产品在质量上有缺陷，在可能的条件下，进一步投入人力、物力，尽量对已发现的质量上的缺陷进行修补（修复或消除），把质量管理的重点放在依靠专业人员的事后监控和补救上，没有从严要求，树立“零缺陷”的观念。全面质量管理则不同，它是把实现“零缺陷”作为质量管理的出发点，把重点放在操作工人（不是专业检验人员）在每一加工程序上连续性的自我质量监控上，加工操作发现问题，立即采取措施，尽快进行纠正（或消除），以实现缺陷在生产第一线上瞬时的自动控制，绝对不允许任何一件有缺陷（不符合质量预定要求）的零部件从前一生产程序转移到后一生产程序上，以保证企业整个生产过程中“零缺陷”的实现。这正是全面质量管理大大优于传统质量管理的关键所在。

三、作业成本计算是作业管理的核心和中介

作业成本计算（activity-based costing，ABC）是一个以作业为基础的科学信息系统，贯穿于作业管理的始终，通过对所有作业活动进行追踪、动态反映，更好地发挥其在决策、计划和控制中的作用，以促进作业管理水平的不断提高。由此可见，作业成本计算不仅是先进的成本计算方法，同时也是实现成本计算与成本管理（控制）相结合的“全面成本管理制度”（total cost management system）。它和传统成本计算方法的不同在于，它从以“产品”为中心转移到以“作业”为中心上来，通过对作业成本进行确认、计量，为尽可能消除“不增加价值的作业”、改进“可增加价值的作业”及时提供有用信息，使有关损失、浪费降到最低。这是深挖降低成本潜力、实现成本降低的基本源泉。

作业成本计算与传统成本计算最大的不同在于，它不是就成本论成本，而是把着眼点与着重点放在成本发生的前因后果上。从前因看，成本是由作业引起的，那么形成一个作业的必要性如何？这要追踪到产品的设计环节，因为溯本求源，产品的设计环节决定了产品生产的作业组成和每一项作业预期的资源消耗水平以及预期产品最终可为顾客提供的价值的大小。从后果看，作业的执行以至完成实际耗费了多少资源？这些资源的耗费可对产品最终提供给顾客的价值做多大贡献？对所有这些问题及时进行动态分析，可以提供有效信息，促进企业改进产品设计，提高作业完成的

效率和质量水平，在所有环节上减少浪费并尽可能降低资源消耗，寻求对顾客更有价值的产品和相应的最有利的投资方向，并将企业置于不断改进的环境（environment of continuous improvement）中，以促进企业生产经营的整个价值链（entire value chain of business process）的水平得以不断提高。由此可以看到，作业成本计算提供的动态信息可以促使作业管理把重点放在产品设计（product design）、适时生产系统和全面质量管理这些基本环节的改进和提高上。

从成本的构成看，在生产电脑化、自动化的条件下，一方面，制造费用在产品成本中所占的比重大大提高；另一方面，它的构成内容也大大复杂化。在这种情况下，无论从提高产品成本计算的正确性看，还是从提高成本控制的有效性看，都要求作业成本计算把工作重点放在制造费用上，对制造费用的核算做革命性变革。众所周知，传统的成本计算，产品成本中除直接材料、直接人工外，其余的都归入制造费用，然后，采用单一的分配标准，按各产品所用的直接人工小时或机器工作小时的比例进行分配，形成各种产品应负担的制造费用成本。这样做的结果，往往会使生产量大、技术上不很复杂（不是很精密）的产品成本偏高，生产量较小、技术上比较复杂（比较精密）的产品成本偏低，形成不同产品之间成本的严重歪曲，使得出的成本指标不能如实反映不同产品生产耗费的基本面貌。而以作业成本计算法取代传统的成本计算法，就能够较好地解决这一方面存在的问题。解决问题的基本途径是：缩小制造费用的分配范围——由全厂统一分配改为由若干个“成本库”（cost pool）分别进行分配；增加分配标准——由单标准（直接人工小时或机器工作小时）分配改为多标准分配，即按引起制造费用发生的多种“成本动因”（cost driver）进行分配。一个成本库由同质的成本动因组成，它对库内同质费用的耗费水平负有责任。例如，材料采购部门发生的和“材料的计划与订购”有关的费用，同材料的取得来源有着直接的联系，它要和每一个材料供应商打交道，进行函电联系、合同签订和货款结算等，因而其费用的多寡同材料供应商的数量有着直接的联系，但和材料供应量的多少没有直接联系。这样，同“材料的计划与订购”有关的费用可以归入一个“成本库”，以材料供应商的数量为其成本动因，以此为标准对该成本库汇集的成本进行分配。质量控制部门可按“外购材料的检验”“在产品的检验”和“产成品的检验”分别设置三个成本库，分别将“材料订购次数”（材料每订购一次，要进行一次质量抽样检验）、“设备的调整与准备次数”（每一次新的投产，要对其产出物进行一次质量抽样检验）和“销售产品数量”作为它们具有代表性的成本动因进行成本分配。同理，生产部门要按制造单元分别设置成本库，按它们各自具有代表性的成本动因进行成本分配。作业成本计算法通过分别设置多样化的成本库并按多样化的成本动因进行制造费用分配，使成本计算特别是比重日趋增长的制造费用按产品对象化的过程大大明细化了，从而使成本的可归属性大大提高。也就是使产品成本中有技术经济依据，能直接归属于有关产品的成本比重大大增加，而按照人为的标准间接地分配有关产品的成本比重缩减到最低限度，这样做对提高成本计算的正确性有很大帮助。与此同时，在采用适时生产系统的条件下，由于要求在供、产、销各个环节实现“零存货”，意味着按照作业成本计算所确定的“产品成本”同时是这一期间所发生的“期间成本”——产品成本和期间成本趋于一致，因此，作业成本计算成为一种非积累性的成本计算。同传统的受期初、期末存货成本结转影响的积累性的成本计算相比，它是成本计算上的一个重大转变。作业成本计算，作为一种明细化的非积累性成本信息系统，可区分不同产品，对所有作业活动进行动态反映，自始至终追踪其现金流入与流出的全过程。这样，就可以经常、全面地掌握不同产品在不同时期的现金流量，为正确计量与考评新的历史条件下具有更大综合程度的企业经营目标——“股东投资报酬现值（可简称‘股东价值’）最大化”的实现程度奠定客观、现实的基础，从而有效地促进企业这一新经营目标的顺利实现。它们之间的关系，如下图所示。

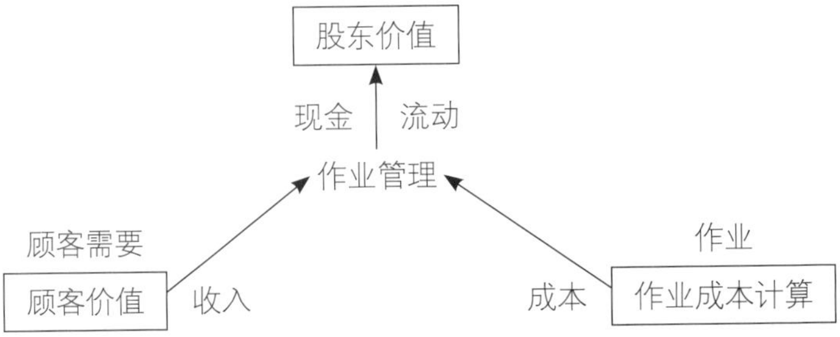

图 1　作业管理与作业成本计算关系

上图表明：一方面作业成本计算系统把资源的消耗（成本）和作业联系起来，进而把作业和产品联系起来；另一方面，它把企业内部系列作业提供给顾客的累积价值和企业的收入（顾客为取得企业提供的包含在产品中的系列作业的累积价值愿意支付的代价）联系起来。而顾客愿意支付的代价，又建立在顾客的需要被满足到何种程度的基础上。而提供给顾客的最终价值的形成过程（由“价值链”体现）和通过作业成本计算所掌握的相应的资源消耗（体现在“作业链”中），又都被纳入贯彻始终的作业管理体系中，以促使企业生产经营的各个环节协调一致，共同为实现企业经营目标——“股东价值”的最大化做出最大的贡献。也正是在这一点上，体现了先进的生产管理形式——作业管理的威力；而作业管理的有效实施，又要求作业成本计算与之相配合。这意味着不管生产技术上如何先进，如果没有相应的包括作业成本计算的先进的生产管理与之相配合，技术上的先进性可能产生的巨大经济效益将难于完全顺利实现。这正是在新的历史条件下，技术—管理—经济之间的相辅相成之处。

（编者注：本文发表于《会计研究》，1995年第7期）

企业战略管理与战略管理会计基本理论问题

适应世界经济趋于一体化、国际性经济竞争日趋激烈的新形势而形成的“战略管理会计”，是为企业的“战略管理”服务的会计。“战略管理会计”与“战略管理”是相互依存、密不可分的。因而本文将“战略管理会计”与“战略管理”联系起来进行研究，并把后者置于基础性的地位。

一、战略管理

“战略”一词起源于军事科学，它是同“战术”“战役”相对应的概念。毛泽东说：“战略问题是研究战争全局的规律性的东西。”这种由军事科学确立的“战略”概念，被推广应用于政治、社会、经济等各个领域，其含义也变得越来越广泛了。概括地说，“战略”是指重大的、带全局性、长远性的谋划。

（一）战略管理的基本内涵分析

1. 战略管理的基本框架

企业的战略管理是其竞争战略思想的具体化。一般而言，企业的战略管理，包括对企业内部和外部的环境分析，确定企业的战略目标，制订战略计划，实施战略，监控和评价战略业绩和必要时进行战略调整等步骤。其中对企业内外部环境的分析，是明确企业现在所处的竞争地位；而确定企业的战略目标则是指明企业如何以现在所处的竞争地位为起点，明确其生产经营今后较长期的发展方向和要求达到的业绩；而战略计划则是战略目标的具体化，构成战略实施的依据和行动纲领。由于企业的生产经营是在一个经常变动的内外环境中进行的，企业内外环境、条件的复杂性与可变性必然使企业的战略计划表现为一个动态的“创造性过程”，不能单纯把既成的事实和“僵硬的数据”作为判断的依据，而应充分发挥人的创造性、想象力和洞察力，通过适时地不断修正，使之愈加完善。

2. 战略管理的基本层次

一个大企业通常由众多具有相对独立性的经营单位所组成，其战略管理可以分为三个基本层次：

（1）企业总体的战略管理。其依据企业总体战略目标，着重于从企业生产经营的全局出发，制订对企业总体最有利的“战略组合”，主要包括：选择企业如何进入最具发展前景的产业；确定应从事的经营类型（业务范围）和各经营单位人力和物质资源的合理配置和流动；确定提高企业总体投资报酬率的方法与途径；等等。

（2）经营单位的战略管理。各个经营单位因在生产经营上具有较大的独立性，一般各自构成一个“战略经营单位”。因为“战略经营单位”通常按同类产品（或服务）进行设置，因而其战略管理应在企业总体战略的指导下，着重于提高其产品（或服务）在所属产业细分市场中的竞争地位，为促进企业总体战略目标的实现进行协调一致的努力。

（3）职能部门的战略管理。各个职能部门均掌握一定的人力和物质资源，分工协作履行一定的专业职能。它们的战略管理是在高层次战略方针的指导下，精心谋划如何充分发挥人力、物力的潜能，在人尽其才、物尽其用的基础上，创造出优异的工作业绩，为实现企业总体的战略目标服务。

企业战略管理上述三个层次之间存在着紧密的联系，每一层次都应遵循“目标一致”的原则，卓有成效地完成各自的战略目标，以促进企业总体战略目标的顺利实现。

（二）价值链分析是企业战略管理创造和提高竞争优势的基本途径

1. “作业链”同时表现为“价值链”

企业的生产经营可以看作为最终满足顾客需要而设定的“一系列作业”的集合体，形成一个由此及彼、由内到外的“作业链”。作业的进行要占用并消耗一定的资源，而作业的产出又包含了该作业所创造的一定价值，接着被转移到下一个作业，按此逐步推移，直至最终把产品（或服务）提供给企业外部的顾客，以满足他们的需要。最终产品作为企业内部一系列作业的综合体现，它凝聚了在各有关作业上创造的价值。因此，“作业链”同时表现为“价值链”。作业的推移，同时表现为价值在企业内部逐步积累与转移，形成一个企业内部的“价值传递系统”。最后，通过将产品转移给企业外部的顾客，企业凝聚在产品上的价值则转化为顾客的认知价值，可简称为“顾客价值”，具体表现为顾客对所取得的产品愿意支付的代价，由此而形成企业的收入。收入补偿企业为完成各有关作业占用和消耗的资源的代价之和后的余额若为正数，则为企业从“顾客价值”中获得的利润，若为负数，则为发生的亏损。企业的相对竞争地位可从这一最终结果同企业的竞争对手相对比综合地反映出来。

2. 通过优化“价值链”尽可能提高“顾客价值”，是提高企业竞争优势的关键

由于“价值链”是“作业链”的价值表现，因而“价值链”的优化应从“作业链”的优化着手。问题在于：从“作业链”与“顾客价值”的关系看，企业生产经营中并不是所有作业的实施都能最终使“顾客价值”增加。据此，可将作业分为两大类：一类是可增加顾客价值的作业，简称“可增加价值的作业”，如产品的设计、加工制造、包装以及营销方面的作业等；另一类是“不增加价值的作业”，如与各种形式的存货有关的作

业（存货的存储、维护、分类、整理等）和原材料、在产品、半成品、产成品等因质量不符合要求需进行加工、改造等而形成的追加作业等。它们之所以被视为“不增加价值的作业”，是因为它们的存在并不会对产品最终满足顾客需要产生任何积极影响。

由此可见，要优化“价值链”，首先要尽可能消除所有“不增加价值的作业”，同时，也要尽可能提高“可增加价值的作业”运作的效率，并减少其资源的占用和消耗，借以最大限度地优化“价值链”，使企业能通过最经济、有效的方式满足顾客需要，从而促进“顾客价值”的提高。

较具体地说，在现代市场经济中，为实现“价值链” 的基础——“作业链”的优化，企业必须以当代高新科技为基础，运用与之相适应的先进的管理形式，使“不增加价值的作业”得以有效地消除。如实施“适时生产系统”，在企业生产经营各个环节力求实现“零存货”；实施“全面质量管理”，在原材料、外购件的供应， 在产品、半成品、产成品生产的各个环节上力求做到 “零缺陷”等。

二、战略管理会计

（一）战略管理会计是基础性内向型管理会计的丰富与发展

如上所述，“战略管理会计”是为企业“战略管理”服务的会计。为配合企业战略管理的兴起而形成和发展起来的战略管理会计，是一种具有真正创新意义的新型管理会计，它与原有基础性管理会计的不同在于，后者只着重服务于本企业内部的管理职能，其视野基本上不涉及企业外部的顾客和竞争对手的相关信息，因而是一种内向型的管理会计。当企业之间的竞争尚处于较低层次的产品营销性竞争阶段，它提供的信息对于促进企业正确地进行经营决策、改善经营管理是能发挥重大作用的。但随着现代市场经济体系全球化的迅速发展，企业之间的竞争已从低层次的产品营销性的竞争发展到高层次的全球性战略竞争，竞争战略上的成功已成为企业在全球性激烈竞争中求生存、谋发展的关键所在。基于社会经济发展的新形势，“企业战略管理”及为其提供信息与智力支持的“战略管理会计”的兴起，就成为历史的必然。据此，人们可以看到，基础性内向型管理会计与战略会计的不同，源于它们据以形成的社会经济发展的阶段性不同；但是，无论从全球的各个国家看，还是从同一个国家的各个地区看，社会经济发展的不平衡性（非同步性）是普遍存在的。因此，不能认为，战略管理会计的兴起是对原有基础性管理会计的否定或取代，而应把前者视为适应社会经济环境条件的变化对后者的丰富和发展。后者在与其相适应的经济大环境中以及现代企业在竞争战略下的基础性内部管理方面仍具有广泛的适用性。因此，不应把它们之间的关系看作是非此即彼、相互排斥的关系，而应看作是不同层次（战略、战术层次）的互补关系。

（二）战略管理会计的主要特点

1. 围绕本企业、顾客和竞争对手组成的“战略三角”及时甚至超前提供以外向型为主体的多样化信息

如前所述，企业“战略管理”是一种“谋深计远”的高层次管理，是企业高阶层领导竞争战略思想的具体化。为此，战略管理会计为有效地服务于企业的战略管理，就必须围绕“战略三角”，及时提供以外向型为主体的多样化信息和相应的分析研究资料，对企业高层领导沿着正确的方向进行战略思考起到“催化剂”的作用，从而使他们能高瞻远瞩地对企业内、外的环境和条件进行综合透视，从中了解竞争对手的长处和短处及今后的战略趋向，并了解现有和潜在顾客目前的需求及企业今后的发展前景，进而洞察在今后较长时期内可能捕捉的机遇（机遇偏爱有准备的头脑）和面临的挑战，等等。

这里强调要提供以外向型为主体的多样化信息，旨在打破原始意义上的会计只强调提供货币信息的局限，为适应战略管理的要求，把它扩展到更广的范围和更深的层次，如包括财务的、非财务的，数量的、质量的，物质层面和精神层面的，以至有关天时、地利、人和等方面的信息，借以帮助企业高层领导在进行战略思考时，能以更广阔的视野，对更深层次的

内涵进行由此及彼、由表及里的分析研究，洞察先机，提高竞争地位，为企业保持和发展长期的竞争优势创造有利条件。

2. 与战略具有相关性的多样化信息的收集必须遵循合法性原则，而其加工处理和具体应用则必须遵循科学性和艺术性相结合的原则

与战略具有相关性的信息是以外向型为主体的多样化信息。这种类型的信息，可从企业外部多种多样的渠道获得。通常广泛使用的信息来源，可综合如下图所示。

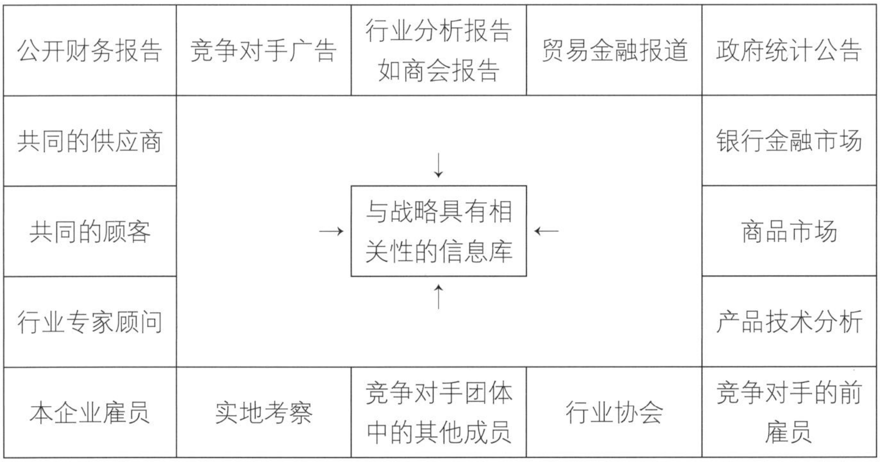

图 1　战略管理会计的信息来源

上图中所列示的信息来源只是一些具有典型性的方面，实际上，相关的多样化信息来源是不胜枚举的。就是在日常公开出版的报章、杂志和其他公开出版物中，也包含了大量相关信息资源的原始材料，必须把它们视为极为重要的信息宝藏。

从以上多样化的来源收集相关信息，可以由本企业的信息机构和人员去做，也可委托企业外部专职化管理咨询机构去做，可采用的方法和手段也是极为多样化的。但也必须看到，市场经济同时是法治经济，竞争性商业信息的收集必须以不违背相关法律和合乎商业道德标准为其基本前提。这就是信息的收集必须遵循合法性原则的具体体现。

但通过上述方式所取得的多样化的信息资料，仍还只是属于原始性的材料，并不直接具有战略的相关性与有用性。这是因为：它们既数量庞大、形式多样，又杂乱无章，只有以科学的态度、灵活的技巧，对它们作进一步的筛选、加工、分类和整理，通过去粗取精、去伪存真，形成既反映社会的物质层面，又反映社会的精神层面，“刚”“柔”并举的独特信息系统，才能使它们最终具有战略的相关性与有用性。这一过程可简称为信息的处理过程。它所取得的成果是信息处理人员科学精神和艺术修养相结合的产物。同样，企业的高层领导者在运用这种独特的战略相关性信息系统来进行战略管理时，也须破除原来简单、陈旧和僵化的决策模式，将灵活性、敏感性与应变性相结合的原则贯穿具体应用过程的始终，做到科学性与艺术性相统一。

3. 战略管理会计的形成和发展标志着管理会计师职能的大扩展及其地位的相应提高

战略管理会计的形成和发展，标志着管理会计师的职能也大大地扩展了，其已转变为跨专业的具有广博知识和深入洞察力的“管理顾问”，履行“管理咨询”的职能，在企业战略决策方案的制订及贯彻执行过程中，以其高智慧的谋略，为企业提供智力和信息支持，为促进企业保持长期的竞争优势服务。这对于管理会计来说是一种开拓性的进展，因而管理会计师的地位也相应地提高了。与此相联系，我们已经不能从传统的原始意义上的“会计”去理解战略管理会计了，它作为一种独特的、不同于传统的以财务信息为主体的新的信息系统，将与现行财务会计分道扬镳，走上独立发展的道路。

（三）战略管理会计基本内容简述

战略管理会计是现代管理会计体系中的一个新领域，即使在西方经济发达国家，目前也只处于初期发展阶段，尚未成熟化、定型化。

总括地说，战略管理会计是从战略的高度，围绕本企业、顾客和竞争对手组成的“战略三角”，既提供顾客和竞争对手具有战略相关性的外向型信息，也对本企业的内部信息进行战略性审视，帮助企业的领导者知彼、知己，进行高屋建瓴式的战略思考，进而进行竞争战略的制订和实施，借以最大限度地促进本企业价值链的改进与完善，保持并不断提升其长期竞争优势，以促进企业长期健康地向前发展。因而战略管理会计的基本内容，应以本企业为基点，着重对顾客和竞争对手的相关信息进行对比分析，借以为企业成功地进行“战略管理”提供信息和智力支持。战略管理会计突破了原有基础性管理会计的局限，其信息系统构成企业战略管理的中枢神经系统，贯穿企业战略管理的始终，因而其内容是极为丰富而多样化的。

（编者注：本文发表于《财务与会计》，1999年第8期）

半个世纪以来管理会计形成与发展的历史回顾及其新世纪发展的展望

在人类历史的长河中，人们常在某些具有重大意义的时点（如值此世纪之交），既要回顾过去，认真汲取历史的智慧和经验教训，同时又要展望未来，洞察未来发展的总趋势，以期在历史的承先启后、继往开来中，充分发挥自己的聪明才智，在波涛汹涌的历史长河中做出自己应有的贡献！

一、半个世纪以来管理会计形成与发展的历史回顾

（一）关于管理会计与成本会计的关系问题

管理会计中的某些因素最初是从成本会计衍生而来的；成本问题是管理会计必须研究的一个重要问题，不能把成本问题排除在管理会计的视野之外，这是中外会计学界所认同的。但也必须看到，成本会计与管理会计到底存在着怎样的联系与区别，它们之间到底有没有明确的界限，目前还存在着很大的分歧，甚至处于混乱的情况，西方许多名家所写的教材的书名，如“*Cost Accounting*：*A Managerial Emphasis*”“*Managerial Cost Accounting*”“*Cost and Managerial Accounting*”等就足以说明这一点。

笔者个人的认识是：成本会计与管理会计之间虽然有一定的联系，但也应明确区分它们之间的界限，不同事物应具有不同的质的规定性。

从历史发展看，成本会计导源于成本计算，它是工业化的产物。19世

纪中叶以后，由于股份有限公司这个企业组织形式可以筹集巨额资金，兴办大规模企业，这使企业可将大量资金用在昂贵的生产设备上，由此，间接费用在产品成本中所占的比重越来越大，加上产品品种日益多样化，间接费用的分配及其对象化于各种特定产品，就成为一个难题。为取得各种产品的成本数据，成本计算原是在账外进行的，并没有纳入以复式簿记为基础的企业会计体系。后来经过较长期的实践，才逐步将成本的形成、积累与结转纳入复式簿记的框架，实现成本会计与财务会计的有机结合，为财务会计对外编制财务报表（如确定本期已销售的产品的成本列入损益表，期末未销售产成品、在产品成本作为资产列入资产负债表）。可见原始意义上的成本会计实际上是财务会计的一个组成部分，与管理会计之间并没有建立直接的联系。管理会计从总体上看，是"二战"后社会经济条件的变化、科学技术和现代管理科学的发展相结合的产物。

成本会计从深度上发展，是从单纯的事后计算发展到成本计算与成本控制相结合，即把为配合20世纪初期泰罗制的广泛实施形成的"标准成本系统"引进、应用到会计体系中来，为会计直接服务于企业管理开创了一条新路，从而使成本会计开始在一定程度上具有管理会计的性质，为管理会计所继承，而成为管理会计中执行性管理会计的一个组成部分。即使如此，利用"标准成本系统"进行成本控制，其控制的对象只限于"制造成本"，而在当代应用高科技和弹性制造系统进行"顾客化"生产的条件下，产品成本的绝大部分（80%以上）取决于产品的"研究与开发"和设计阶段，产品投产以后按照设计标准进行成本控制，深挖降低成本的潜力，已经没有多少用武之地了。由于它还具有一定作用，因而"标准成本系统"在现代管理会计中仍占有一席之地，成本会计与管理会计之间的联系也仅限于此。

从总体上看，笔者认为，管理会计虽然也研究许多涉及成本的问题，但成本会计与管理会计的界限还是可以从以下几个方面进行明确的区分：

（1）从成本的内涵看，成本会计侧重于从过去到现在为止的产品每单位的"平均成本"，借以为企业对外编制旨在总结过去的财务报表提供成本数据。而管理会计则侧重于联系过去、着眼现在、面向未来的“差别成本”，为企业未来的经营决策提供成本数据。

（2）从成本的分类看，成本会计除按成本的内容分为料、工、费外，着重把成本分为直接成本和间接成本，借以为成本计算服务。而管理会计则对成本进行多样化的分类，如边际成本、机会成本、可控成本与非可控成本、责任成本与非责任成本等，使企业能利用“不同成本服务于不同目的”，为企业在不同方面提高生产经营的经济效益服务。

（3）从成本发生的空间范围看，成本会计中所说的成本，只涉及微观成本；而管理会计的视野不局限于微观领域，它扩展到了宏观视野。例如，产品全生命周期成本的计算，既计算产品生产者的成本（如产品的研究与开发成本、规划与设计成本、制造成本、营销成本），也包括产品使用者的成本（如产品的使用成本、维修成本和处置成本等）。再如，环境管理会计中的环境成本更具明显的宏观性。

（二）关于数学方法在管理会计中的应用问题

“数学是科学的语言”，它既不是自然科学，也不是社会科学，而是量及其关系的科学，是从量的角度出发，来反映和研究客观世界的运动变化及其规律性的科学，因而是一切科学的基础。

在管理会计领域运用一定的数学方法研究其变量之间的相互依存关系，也是很自然的。问题在于：在管理会计中应用的数学方法是不是越艰深就越能提高其有效性呢？这也是管理会计在其发展中值得研究的一个问题。

20世纪70年代到80年代，曾兴起一股在管理会计中应用较高深的数学的热潮，并认为这是管理会计区别于财务会计的主要标志之一。因为从方法上看，财务会计所用的方法是描述性的方法（对已发生的事情进行描述），只用到初等数学就够了；管理会计所用的方法是分析性方法，要分析所涉及的各种变量的运动变化及其客观规律性，因而要用到较高深的数学方法，由此也可以表明管理会计比财务会计更具艰深性和科学性。从这种认识出发，这一领域的许多西方名家在这一时期出版的影响较大的教科书，如H. Bierm和Jr等合著的*Managerial Cost Accounting*（1976）、G. Shillinglaw编著的*Managerial Accounting*（1977）、Jack Gray等合著的*Cost and Management Accounting*（1982）、Robert S. Kaplan 编著的*Advanced Management Accounting*（1982年第1版），都较广泛地应用了许多高等数学方法（如微积分、数学规划、矩阵代数、投入—产出模型、排队论、蒙特卡罗模拟法等），似乎这是管理会计进行学科建设应继续遵循的一个方向。实际情况是不是这样呢？最具典型意义的是：著名的Robert S. Kaplan与Anthony A. Atkinson合著的*Advanced Management Accounting*（1989年第2版、1998年第3版）却明显地转向了，删去了绝大部分用较深的数学方法表述的内容，而把研究的重点转移到有关企业管理的体制、组织与决策等问题上来。笔者认为，Robert S. Kaplan在教材编纂上的这一示范行动，有助于拨正管理会计学科建设的航向，是有重大意义的。

笔者个人是在我国实行改革开放之初的20世纪70年代末，才开始接触管理会计这一学科的，因而难免会受到上述思潮的影响。因而将笔者于1983年出版的《管理会计》一书同1990 年出版的该书的修订本进行对比，也存在着上述Robert S. Kaplan 编著的*Advanced Management Accounting*的第1版同该书的第2版、第3版进行对比相类似的情况。

关于这个问题，笔者现在的认识是，高等数学方法在管理会计中可恰当地运用，但不能过高地估计它的作用。这是因为，所谓“数学是科学的语言”，严格地说只能将其理解为自然科学的语言。必须看到社会经济现象和自然现象毕竟有很大的差别，因而数学方法在社会经济科学和自然科学中应用的有效程度也有很大的不同。这是因为：在社会经济活动中，人的因素是居于主导地位的。人作为社会生产力诸因素中最重要的因素，并不像物质资源、财务资源、时间资源等那样都可以直接进行量化，按照一定的规则纳入数学模型。人，作为社会人，以至文化人，其学识、经验、能力、心理等因素及其主动性、积极性发挥的程度等，是极为复杂、多变，难于甚至无法进行量化，进而纳入数学模型进行定量分析的。对数学模型的求解得出的“最优”数量关系，也有赖于模型的使用者（决策者）根据其智慧、谋略进行综合判断，以确定其可行的程度，并据以作必要的修正。

由此可见，在管理会计中，高等数学方法的应用虽可在较大程度上弥补一般定性分析的不足，但不能过分夸大它的作用。在以人为主导的社会经济活动中，数学方法只能作为一种辅助性的工具来使用，应力求避免滥用数学方法的倾向。

（三）关于管理会计的案例研究

20世纪80年代以来，以哈佛大学教授Robert S. Kaplan为首的学者们所倡导和实行的“经验性研究”（empirical research），即以“现场为基础的研究”（field-based research），在管理会计实现大量的创新（innovations）及其在“非财务计算领域”（nonfinancial measure area）的扩展方面，取得了丰硕成果，标志着管理会计进入了一个充满生机与活力的蓬勃发展的新阶段。

他们所采用的方法是由理论工作者有针对性地长期深入相关企业收集、分析和研究大量实际材料，以此为基础，系统编写大量的“案例”（case），对丰富的实践经验进行条理化和系统化，并将“案例研究”（case studies）作为从实践到理论的中介。

众所周知，任何学者的原创性观念（original idea）都是不可能凭空产生的。从管理会计这个领域看，任何理论上新领域的出现，总是深深根植于现实世界中的管理会计为适应客观大环境的变化所进行的实践上的变革。由此可见根植于实践的“案例”的重要性。为此，著名的《哈佛商业评论》也常常刊登具有典型意义的“案例”；西方出版的教材也把“案例”作为其重要组成部分，借以提高读者对教材基本内容的领悟能力。

但从严格意义上看，“案例”还不具备完美的理论形式，只能实事求是地把它们看作从实践到理论的中间产品。理论工作者的最终任务，还必须以“案例”为基础，通过去粗取精、去伪存真，从个性上升到共性，从特殊上升到一般，才有可能使它对相关的客观实践具有普遍的指导意义。由此可见，管理会计以“现场为基础的研究方法”，是一种值得大力提倡和借鉴的重要研究方法，否则，任何理论上的创造都会成为“无源之水，无本之木”。

（四）20世纪80年代以来，随着管理会计的新发展而形成的新领域

总的特点：（1）提供的信息对内深化与对外扩展并重；（2）应用的指标从滞后性指标向前导性指标转变；（3）涉及的内容更趋于多学科化。

形成的新领域，主要包括：（1）企业管理深入到作业水平形成的作业成本计算与作业成本管理；（2）财务衡量与非财务衡量并重的新的业绩衡量模式——综合记分卡；（3）以市场为导向、技术与经济相结合的目标成本计算和与之相联系的Kaizen成本计算；（4）从微观扩展到宏观的产品全生命周期的成本计算；（5）与以人为本的现代管理思想的深入发展相联系的行为会计；（6）与可持续发展战略相联系的环境管理会计；（7）与现代市场经济中全社会价值链优化相联系的战略管理会计；（8）与世界经济一体化相联系的国际管理会计；（9）与知识经济的深入发展相联系的智力资本管理会计。

以上所列举的只是几个大的方面，其他从略。就是在这几个大的方面里，有些也已经比较成熟渐趋于定型化了；有些还正在形成和发展中，有待于进一步改进和提高。但即使如此，也可以看到，现代管理会计已成长为一棵以基础性管理会计为主干的“枝繁叶茂、繁花似锦”的大树！

以下只对上述第（1）项作一点简括的说明。

作业成本计算，是一个以作业为基础的科学的信息系统，它通过对所有的作业活动进行追踪、动态反映，把资源的消耗（成本）和作业联系起来，进而把作业和产品（顾客）联系起来，它贯穿于作业管理体系的始终，为卓有成效地进行作业管理提供信息支持，以促进企业生产经营效益的不断提高。

20世纪80年代以来，社会经济环境、条件的重大变化和科学技术的迅速发展，促使现代化的企业管理在管理思想上也相应地发生了重大的变革，形成了新的企业观，而“价值链”理论则是迈克尔·波特（Michael E. Porter）在其《竞争优势》（*Competitive Advantage*）一书中首先提出来的。“价值链”理论认为，通过不断改进和优化“价值链”，尽可能提高“顾客价值”，是提高企业竞争优势的关键。新的企业观和“价值链”理论之间存在由表及里的内在联系。

这里所说的新的企业观，就是把企业看作为最终满足顾客需要而设计的“一系列作业”（a series of activities）的集合体，形成一个由此及彼、由内到外的作业链（activity chain）。每完成一项作业要消耗一定的资源，而作业的产出（activities' output）又形成一定的价值，接着被转移到下一项作业，按此逐步推移，直至最终把产品提供给企业外部的顾客，以满足他们的需要。最终产品作为企业内部一系列作业的集合体，它凝聚了在各个作业上形成而最终转移给顾客的价值。因此，“作业链”既表现为“价值链”（value chain）、作业的推移，同时也表现为价值在企业内部的逐步积累与转移，最终形成转移给企业外部顾客的总价值。从顾客那里收回转移给他们的价值，形成企业的收入。收入补偿完各有关作业所消耗的资源的价值之和后的余额，成为从转移给顾客的价值中获得的利润。问题在于：并不是所有作业都可以增加转移给顾客的价值。有些作业可以增加转移给顾客的价值，被称为可增加价值的作业（value-added activities）；有些则不能，被称为不增加价值的作业（nonvalue-added activities）。企业管理深入到作业水平，有助于溯本求源，尽可能消除不增加价值的作业，也要尽可能提高可增加价值的作业运作的效率，减少完成它们的资源消耗，并尽可能提高可从顾客收回的价值。因此，企业管理深入到作业水平，形成“以作业为基础的管理”（activity-based management，ABM）或简称“作业管理”（activity management，AM），有助于不断改进和优化企业的“价值链”，为企业在国际大市场中不断提高其竞争优势发挥重要作用。据此，可以看到，作业管理是以

“作业”为企业管理的起点和核心，比传统的以“产品”为企业管理的起点和核心，在层次上大大地深化了，可将其视为企业管理上一个重大的革命性变革。因而在一定意义上可以把这看作被誉为“科学管理之父”的泰罗于20世纪初创立“科学管理学说”以来，在企业管理上的又一重大突破。

本论题较具体的论述和其他各论题的论述，可参阅辽宁人民出版社将于2001年年初出版的余绪缨主编的《管理会计》（第2版）。

（五）随着信息技术的发展，管理会计师面临着严峻的挑战

如前所说，在20世纪后期，管理会计的理论前沿已大大地向前扩展了；而作为其理论的实践者——管理会计师，则由于信息技术的迅速发展而面临着严峻的挑战。这是因为，随着信息技术迅速发展和普及，广大经理人以至员工大众都已经成为电脑操作的能手，能熟练地运用电脑技术获取他们在工作中所需的大量数据。在这种情况下，管理会计师如果还停留在其原有的水平上，他们独立存在的价值将受到社会大众的质疑，甚至被时代和社会所淘汰。这可是一个十分值得重视的现实问题，决不能掉以轻心。

但笔者认为，管理会计师同仁并不必因此而感到悲观失望。虽然在人类历史的长河中，任何人都不可能阻止历史潮流浩浩荡荡地向前发展，但人们完全可以能动地适应历史潮流的发展，满怀信心地去开创自己的新天地。关键在于：如何加强学习和实践，锐意进取，提高自己的素质和能力。

二、管理会计 21 世纪发展的展望

（一）在学科建设方面

（1）从管理会计所属的分支学科看。前面所列20世纪80年代以来形成的九个新领域还处于形成和发展的阶段，都有待进一步改进和提高。特

别是其中所列的第（9）项——“智力资本管理会计”，可以说还处于萌芽状态，但面对知识经济社会的不断发展，它的形成和发展又显得尤为迫切而重要。其实，早在300多年前，英国的唯物主义哲学家弗朗西斯·培根就说过一句具有真知灼见的名言：“知识就是力量！”现在摆在我们面前的任务是：如何把这一先贤的非凡认识转变为现实，真正将知识转化为力量，使之为企业创造价值，为广大人民大众造福！为实现这一转变，“智力资本管理会计”的形成是可以发挥较大的作用的。因而在21世纪，应把管理会计的这一分支领域列于优先发展的地位，有志于此的中、青年学者在这一领域也可投入更多时间和精力，以促进其尽快成长！

（2）从管理会计学科整体看。管理会计作为决策支持系统的一个重要组成部分，其学科建设应向“软科学”的方向发展，这是因为“软科学”是一门以决策研究为核心的综合性学科。[①]把管理会计学视为“软科学”和当代管理大师彼得·德鲁克（Peter Drucker）把管理视为一种“自由艺术”（Management as Liberal art）[②]——在管理上“我们所需要的是进行衡量，而不是计算”（We need to measure，not count）[③]的见解是一致的。管理会计作为从属于管理、为管理提供信息和智力支持的会计自然也可以视为一种“自由艺术”，他对管理的运行重视“衡量”，而不重视“计算”（即意味着他重视的是“认知性”而不是“精确性”），表明他所说的“自由艺术”是不把管理看作一种刻板的机械化的工作，思想上的自由度是比较大的。这正是“软科学”的精髓所在。

关于“软科学”研究，正如万里同志在1986年7月国家科委召开的“全国软科学研究工作座谈会”上所作的题为《决策民主化和科学化是政治体制改革的一个重要课题》的报告中所指出的：“软科学的根本目的，

① 余绪缨：《再论现代管理会计的特性》，《财会通讯》1999年第6期。

② 彼得·德鲁克：《现代管理宗师德鲁克文选》（英文版），北京：机械工业出版社，1999年。

③ 彼得·德鲁克：《现代管理宗师德鲁克文选》（英文版），北京：机械工业出版社，1999年。

是为各级各类决策提供科学依据，是为领导决策服务的。从这个意义上说，软科学就是决策研究，就是把科学引入决策过程中。”[①]万里同志在这份报告中，还着重强调了决策的民主化与科学化问题。

而实现决策的民主化与科学化，实质上就是实现决策的柔性化，具体表现为：

（1）决策的目标从最优化准则向满意性准则转变；

（2）决策的程序要求决策的科学化必须以民主化为基础；

（3）管理的信息从单一化向多元化（多元化包括物质、精神、心理和时空等各个方面）转变。

而且现代化管理是“以人为本”的管理，即人性化管理，而人，作为具有独立人格和个人尊严的人，其思维的创造性、想象力，甚至幻想和灵感都是海阔天空，可以自由翱翔的，怎么可以把他们禁锢到一个硬性的模式中去呢！因此，笔者认为，从总体上看，21世纪管理会计学的学科建设，不宜把重点放在相关的具体操作方法和程序等方面，而应以“人本主义”的管理观与发展观为主线，确立智力资源的基础地位和主导作用，努力开拓创造性思维的广阔空间，借以为社会经济充满生机与活力的发展做出有益的贡献！

（二）21世纪管理会计师的自强之路

前面说过，随着现代信息技术的迅速发展及其广泛普及，管理会计师许多传统的职业服务已可为新兴的电脑网络所取代。这就要求管理会计师进一步提高其综合素质，转变为跨专业的、具有广博知识和深入洞察力的“管理顾问”，在决策支持系统中，从事决策的研究工作，提供更高层次的决策咨询服务。

正如管理大师德鲁克所说：“不管计算机信息处理技术如何先进，它

① 万里：《决策民主化和科学化是政治体制改革的一个重要课题》。

都不可能取代管理者的决策行为，只能是一种管理工具。”[1]先进的信息技术既然不可能取代决策行为，自然也就不可能取代决策咨询，因为决策咨询是整个决策程序的重要部分。

而且现代化的“以人为本”的管理，工具不管如何先进，总是要由人来掌握和使用的。人是工具的主人，而不能沦为工具的奴隶。为此，管理会计师在信息社会中要履行其决策咨询职能，首先必须和管理人员、广大员工一样，成为运用计算机技术的能手，并以此为基础，进一步提高自己的综合素质，使自己在面向风云变幻的世界市场时，具有战略的头脑、开阔的思路、高瞻远瞩的谋略、敏锐的洞察力和准确的判断力，善于抓住机遇；从整体发展的战略高度来认识和处理问题，并重视最能体现东方智慧的举一反三、闻一知十，触类旁通，运用之妙、存乎一心的悟性思维的修养；在决策支持系统中“运筹帷幄”，卓有成效地进行决策的研究工作，有针对性地对各级决策者提供切合他们实际需要的决策咨询，与决策者相互协调，取得相得益彰的效果。这绝不是单纯依靠机械化的电脑技术就能做到的。因此，笔者认为，在熟练掌握计算机技术的基础上，进一步提高综合素质，就是21世纪管理会计师的自强之路。

最后，附七言绝句一首，表达对中青年学者寄予殷切期望之意：

文章满纸书生累，
深慰门庭学子贤，
历尽沧桑人已老，
关心最是后争先！

2000.12.5

（编者注：本文发表于《财会通讯》，2001年第1期）

① 彼得·德鲁克：《现代管理宗师德鲁克文选》（英文版），北京：机械工业出版社，1999年。

现代管理会计研究的新思维

一、以“系统观”取代“机械观”

（一）“系统观”同“机械观”的对比分析

哲学思维是人类思维的最高层次，它反映人对各种事物以至整个世界深层次的总体认识。

从哲学上看，“机械观”（mechanistic view）认为，一个组织就像一台机器在机械地进行运作，其机械运作的动力来自组织的外部。这种观点，在自然科学上，同15世纪英国物理学家牛顿提出的成为经典力学基础的牛顿运动定律的观点趋于一致。

“系统观”（systemic view）不同于“机械观”，它认为世界是由许多大大小小的系统组成，一个系统不是由许多从属于它的小系统的机械凑合（简单的加总），而是一个“有机体”。在一个有机体中，局部不能脱离整体而存在，局部只有在整体中才有存在的意义。一个有机体的各个部分组成一个互动关系的网络，这种互动关系的运转不像钟表那样要靠外力推动，它们之间存在着一种内在作用力相互驱动。自然界的万物是如此，人类社会各种有机性的组织体也是如此。这种观点，在自然科学上，同20世纪初创立并得到迅速发展的“量子力学”（它概括了物质在微观世界的运动规律）所持的观点趋于一致。

（二）现代财务会计奠基于簿记论，体现“机械观”

众所周知，现代财务会计是以500年前“现代会计之父”帕乔利创立的“借贷复式记账法”为基础建立和发展起来的。提供严密的环环相扣、强调线性平衡与勾稽关系的财务数据，是“借贷复式记账法”的主要特点。它把整体视为局部的简单加总，认为整体与局部的关系是一种简单的线性依存关系，例如：费用增加，必然导致成本增加；成本增加，必然导致利润减少；收入增加，必然导致利润增加；等等。由此而建立起的会计体系，显然是同“机械观”的思想相一致的。从哲学上的认识论、方法论看，不能不说是一种内在的缺陷。

（三）现代管理会计为人本管理提供信息支持，体现“系统观”

人本管理由物本管理演化而来。物本管理认为管理是一个单纯的物质技术过程，把人也视作管理的对象和生产操作的工具，纳入物的系统进行管理。20世纪初，泰罗创立的科学管理（Scientific Management），把工人看作机器设备的附属品，使人性物化，因而是一种非人性化的物本管理。物本管理遵循物质运动的客观规律，要求管理人员运用以“精确定量”为基本特征的严密的数量分析方法进行管理，从认识论、方法论看，是同“机械观”的思想相一致的。

人本管理不同于物本管理。人本管理认为：不能把管理看作单纯的物质技术过程，在一个复杂的人文社会系统中，要在尊重人的人格独立和个人尊严的前提下，确立人在生产经营中的主体地位。因而“以人为本”的管理系统，是一个动态的有机体，所涉及的人的心理、社会层面、丰富的感情世界以及复杂的人际关系，具有很强的灵活性和不确定性，是难以甚至无法用精确的数据来表现的。这就使精确的定量化方法失去了使用的前提。因而要求管理人员运用以“思辨定性”为基本特征的“人文思维”，深入到人的“精神世界”去认识、分析、研究相关问题，力求从员工对自己行为的主动性和人际关系的和谐性出发，来充分调动广大员工个人和各种组织群体的积极性和创造性。人本管理的这种人文性，从认识论、方法论看，是同“系统观”的思想相一致的。

管理会计，作为企业决策支持系统的一个重要组成部分，是融管理和会计于一体的一个专门领域，其特性自然是依管理的特性为转移，并随着管理特性的发展而发展。人本管理和与其相融合的管理会计的人文性及其所体现的“系统观”，还可对它们所依存的组织基础与思想文化基础作进一步的阐明。

（1）组织基础。从纵向的集权化、控制化的管理转变为横向的、扁平式的分权化管理，以基层为管理权力的基点，在组织成员之间形成一种平等的伙伴式关系，确立广大员工的主体地位，赋予他们充分的自主权、知情权和参与权，使每个员工在各自的工作岗位上都有权依据他们直接掌握的信息，审时度势，适应情况的变化自行进行决策，并在其运作中形成一种以“自主管理”为基础的“自行调节”“自行控制”“自行适应”的机制。这种不是靠权力而是靠信息来维系的组织结构，是人本管理和与其相融合的管理会计的人文性与系统观的组织基础。

（2）思想基础。在企业内部实行“产业民主”，使员工和经理人员处于平等地位，享有同样的参与权利，把人本主义、民主管理的思想贯穿于企业管理过程的始终，使企业真正成为一个民主的、人性化的组织，借以从人的内心深处激发每个人的主人翁责任感和乐于奉献的精神动力，使每个人头脑中的知识宝库都能转化为企业取之不尽的创造源泉。这种尊重人的人格独立、权利平等的民主化思想，是人本管理和与其相融合的管理会计的人文性与系统观的思想基础。

（3）文化基础。以价值观和相应的道德风尚、行为准则为核心的文化，是一种内在的自律性因素，它像一只“无形的手”，可以深入到人的内心世界，有效地规范和引导人的行为，在处理各种复杂的社会关系中充分发挥其“社会软件”的作用。企业作为由广大员工组成的有机联合体，在组织与成员之间形成一种风雨同舟、患难与共的企业文化，有助于增强

广大员工对企业的内聚力和对企业目标的认同感，进而实现组织目标与组织成员个人目标之间的协调一致性，并促使企业的生产经营充满生机与活力。这是人本管理和与其相融合的管理会计的人文性与系统观的文化基础。

二、管理会计必须同社会文化观相结合

众所周知，在会计领域，通过各种技术方法所形成的会计信息并不是死的数字，而是社会经济活动的综合反映。会计信息怎样形成和使用关系到社会成员、社会组织以至整个国家的利害、得失甚至前途命运。杨时展教授曾有句名言："天下未乱计先乱，天下欲治计乃治。"其寓意即是如此。

由此可见，会计问题绝不是单纯的技术性问题。通过会计的技术方法收集、加工、综合、分析所形成的会计信息，要使它对社会经济的发展充分发挥积极作用，首要的问题是必须以正确的社会文化观为指导。管理会计的技术方法远比财务会计更为复杂而多样，重视这方面的问题尤为必要。

人类社会的文化可以从许多不同角度进行研究。一般认为，文化的核心部分是人类在认识和改造客观世界与主观世界的长期历史过程中所形成的价值观念、道德风尚与行为准则。其中，价值观是人们对事物的深层次的认识，是形成一种社会文化的基石，在整个社会文化体系中居主导地位。一个人的价值观反映了他的最终追求、判别是非的标准，并由此形成特定的行为取向。因而可以说，在一定的社会环境下，道德风尚与行为准则都是由价值观所驱动的。例如，一个人如果确立了这样的价值观：不愿意辛勤劳动而又要追求尽可能高的享受，在道德上就会损人利己；达不到目的（追求尽可能高的享受得不到实现）而又别无其他选择时，在行为上就可能铤而走险，甚至谋财害命。再联系到会计上来，大家知道，在会计文献上有一个广为流传的说法，即"会计是经济活动的语言"。当然，

它不是原始的语言，而是一种符号化的文字与数字、图表相结合的语言。但语言（不管是口头上的还是书面上的）都只是思维的外壳（外在的表现形式）。它通过特定的形式，表现和传递人们一定的思想文化内容，包括人们的价值观、道德风尚和行为准则。会计的功能，不管会计文献上有多少种说法，归根到底，还是行为功能。会计的技术方法不管如何复杂、先进，如果它提供的信息不能有效地影响人们的行为（包括组织行为和个人行为），就不可能对社会经济生活发挥任何实际作用。而要使会计的行为功能得到充分发挥，就不是单纯靠研究它的技术方法所能奏效的，还必须深入研究它的社会文化层面，实现会计研究的技术观和社会文化观相结合。

更具体一点说，一个组织的领导人如果在价值观上确立了“以权扰数”，达到“以数谋官”“以数谋位”的追求目标（通过虚假的数字反映虚假的业绩，以谋求权位的升迁），并为此要求会计部门按照他们的意志行事，在道德上就不可能做到诚实守信，在行为上就会假账真算或真账假算，导致会计信息严重失真。像这样的会计问题，就不是单纯依靠改进会计的技术方法所能解决的，而必须探索问题产生的社会文化根源。在社会大环境中，从树立正确的价值观、营造道德风尚和制订行为准则入手，才能从根本上解决问题。否则，无异于舍本逐末。从这里也可以更明确地认识到：会计的社会文化层面远比它的技术层面重要得多。

从总体上看，一门学科的技术层面可以看作是它的“硬件”，而相应的社会文化观则可看作是它的“软件”。后者是前者的灵魂和生命。任何技术方法的应用如果没有正确的社会文化观为指导，将无法对社会经济的发展产生积极的效果。管理会计自然也是如此。

三、对数学方法应用问题的重新认识

数学是一门研究现实世界中的空间形式和数量关系，即数与形的科学。它不是自然科学，也不是人文、社会科学，而属于哲学层面的“认知

性科学”。

在管理会计领域要运用一定的数学方法研究变量之间的相互依存关系，是很自然的。问题在于：在管理会计中应用的数学方法是不是越艰深就越能提高其有效性呢？这是管理会计在其发展中值得研究的一个问题。

20世纪70年代到80年代，曾兴起一股在管理会计中应用较高深的数学的热潮，并认为这是管理会计区别于财务会计的主要标志之一。因为从方法上看，财务会计所用的方法是描述性的方法（对已发生的事情进行描述），只用到初等数学就够了；管理会计所用的方法是分析性方法，要分析所涉及的各种变量的运动变化及其客观规律性，因而用到较高深的数学方法，由此也可以说明管理会计比财务会计更具艰深性和科学性。从这种认识出发，这一领域的许多西方名家在这一时期出版的影响较大的教科书，如H. Bierm和Jr等合著的*Managerial Cost Accounting*（管理成本会计）（1976）、G. Shillinglaw编著的*Managerial Accounting*（管理会计）（1977）、Jack Gray等合著的*Cost and Management Accounting*（成本管理会计）（l982）、Robert S. Kaplan编著的*Advanced Management Accounting*（中级管理会计）（1982年第1版），都较广泛地应用了许多高等数学方法（如微积分、数学规划、矩阵代数、投入—产出模型、排队论、蒙特卡罗模拟法等），这似乎是管理会计进行学科建设应继续遵循的一个方向。实际情况是不是这样呢？最具典型意义的是：著名的Robert S. Kaplan与 Anthony A. Atkinson合著的*Advanced Management Accounting*（中级管理会计）（1989年第2版、1998年第3版）却明显地转向了，删去了绝大部分用较深的数学方法表述的内容，而把研究的重点转移到有关企业管理的体制、组织与决策等问题上来。笔者认为，Robert S. Kaplan 在教材编纂上的这一示范行动，有助于拨正管理会计学科建设的航向，是有重大意义的。

现在看来，高等数学方法在管理会计中可恰当地运用，但不能过高地估计它的作用。这是因为，所谓“数学是科学的语言”，严格地说只能将其理解为自然科学的语言。但社会经济现象和自然现象毕竟有很大的差别，因而数学方法在社会经济科学和自然科学中应用的有效程度也有很

大的不同。这是因为：在社会经济活动中，人的因素是居于主导地位的。人作为社会生产力诸因素中最重要的因素，并不像物质资源、财务资源、时间资源等那样都可以直接进行量化、按照一定的规则纳入数学模型。人，作为社会人，以至文化人，其学识、经验、能力、心理等因素及其主动性、积极性发挥的程度等，极为复杂、多变，是难于甚至无法进行量化进而纳入数学模型进行定量分析的。对数学模型的求解得出的“最优”数量关系，也有赖于模型的使用者（决策者）根据其智慧、谋略进行综合判断，以确定其可行程度，并据以作必要的修正。

由此可见，在管理会计中，高等数学方法的应用虽可在较大程度上弥补一般定性分析的不足，但不能过分夸大它的作用。在以人为主导的社会经济活动中，数学方法只能作为一种辅助性的工具来使用，应力求避免滥用数学方法的倾向。

四、研究的视野从“二维结构”向“三维结构”扩展

会计的发展变化同它所依存的社会经济环境条件的发展、变化和科学技术的发展水平，有着直接的、密切的联系。对会计发展史作一简单的回顾，可以看到，从它的基本结构上看，其已经完成了从“一维结构”向“二维结构”的发展，即从“单式簿记”向“复式簿记”的发展，这一发展历程，是同从基本上属于自给自足的农业经济向以生产社会化为基础的工业经济的发展相适应的。现在我们面临从工业经济向知识经济新时代的转变。由于知识经济是以创造性知识为其核心的生产要素，对原有的工业经济作了进一步的深化和发展，于是出现了许多新问题，这些问题，从会计上看，依靠财务会计原有的“二维结构”模式是无法解决的。因而随着工业经济向知识经济转变，管理会计突破财务会计“二维结构”的既定框框，转变为在“三维结构”模式的基础上，走自己独立发展的道路，就成为历史的必然。

较具体地说，从历史上看，以自给自足为基本特征的农业经济，生产

出来的东西消费以后，如果还有剩余，则是以“资产”的形式存在，不管是农民还是地主，都只会把所占有的资产积存起来，甚至把它埋在地下。也就是他们只会存钱，不会用钱，更不会把所占有的资产拿去投资，使资产转化为资本，因为当时还没有出现像“资本”或“投资”这样的经济概念。在这种情况下，占有资产的人要利用会计记账，只要用“一维结构”的单式簿记就够了，因为要掌握资产占有量的增减变化，只需要了解期初原来存多少，本期新收到了多少，本期用掉了多少，最后得出期末还存多少，十分简单明了。

会计，作为一个社会经济范畴，其内容是随着历史的发展和社会的进步而不断丰富和扩展的。因而可把会计体系比作“一棵枝繁叶茂、繁花似锦的树”，以示其不断丰富、发展的动态性。现在再以此为基础作进一步的展开。笔者认为，从会计结构的发展看，可以这样来说明：农业经济社会的会计，作为“一维结构”的单式簿记，好比一棵生长在山上或平原上的树，它的各个部分——树干、树枝、树叶都是看得见、摸得着的，其增减变化是简单明了的。

到了工业经济社会，情况就不同了，经济上自给自足的成分少了，经济的社会化程度高了，商品货币关系迅速地发展了，资产可以通过投资转化为资本，资本作为运动中的价值，不仅可以保值，还可以增值（钱被埋在地下是静止的、只能保值，而资本则可通过运动——循环周转而增值）。于是出现了许多如“产权”、利润和债权、债务等抽象化概念。采用“二维结构”的复式簿记即由此而产生。再以树作比喻，“二维结构”的复式簿记不同于“一维结构”单式簿记，在于它不是一棵生长在山上或平原上的树，而是生长在河边或湖边的树，既有岸上的树的本体，还有水中树的“倒影”——资产有如树的本体；负债、资本有如树在水中的“倒影”，于是就有了“资产=负债+资本”的公式。本式中的资产，既包括实物资产，也包括传统的金融资产（如现金、银行存款、有价证券、应收账款等）；而负债则包括传统的应付账款、应付票据和银行借款等。对衍生金融工具问题，需另作专题性研究，在这里存而不论。资产有如树

的本体，是看得见、摸得着的；负债和资本作为树的“倒影”是看得见、摸不着的（如股票作为一张“产权”的凭证，是看得见的，而股票的价值是100元、1000元还是10000元，所写的只是一个符号，是摸不着的，因为它们代表的不同价值摸起来都一样，毫无差别）。还有一点，从树体和水中的“倒影”的关系来看，当风平浪静、水平如镜的时候，树体和水中的“倒影”是一致的；当风暴来袭，波涛汹涌的时候，水中的“倒影”就完全变形了。这也说明：在市场经济中投资、借债都有一定的不确定性和风险性。对金融资产净值的影响尤为敏感。

再说，工业经济向知识经济发展，情况又会怎样呢？知识经济不同于工业经济，在于它是以人的创造性知识为其核心的生产要素，它是用知识为企业创造新的价值，从而增强企业巨大竞争优势的最重要的源泉！再以树作比喻，在知识经济社会，管理会计又怎样表现为“三维结构”呢？大家知道，知识从总体上看，都是“既看不见、也摸不着”的，它好比生长在河边或湖边的树的根部。树根埋藏并扩展于地层的深处，为整个树的发育、成长吸收和输送养分。一棵树根深才会花繁叶茂。在知识经济社会，管理会计将以其特定方法（不同于财务会计的方法）着重进行知识资源（包括显性知识资源和隐性知识资源）的研究。仍以树作比喻，意思是说，它研究的领域，既包括看得见、摸得着的树的本体，也包括看得见、摸不着的树在水中的“倒影”，还包括既看不见、也摸不着的树的根部，从而由“二维结构”扩展为“三维结构”。我们这样来论述这一问题，也可简称其为会计演化的“树形理论”。还有一点，即使是现行的管理会计，从研究的时间跨度上看，也和财务会计不同，前者属于“三维结构”，即“既研究过去，也研究现在和未来”（特别是其中的决策研究，都是面向未来的，而财务会计则主要研究历史记录）。

（编者注：本文发表于《财务与会计》，2004年第2期）

管理与管理会计理论的几点新认识①

内容提要：首先，本文认为，管理的内涵从物本到人本，再到智（智力、智慧）本的发展，实质上是从物质层面向精神层面的发展，由此决定了管理的方式从“硬管理”向“软管理”发展，管理的特性从科学趋于艺术，这几个方面的发展综合反映了人们对管理认识上的不断深化，这是全文立论的基点。其次，本文论述了在管理不同的发展阶段上，对管理会计人员专业性服务有不同的要求，表现为对服务的质量要求越来越高，可提供的“增值”也越来越大。最后，本文探讨了在新的历史条件下管理会计的学科建设问题。本文认为，具有中国特色的管理会计的学科建设，应立足中国、放眼世界，以“东方智慧”的回归为主轴，向综合性的“软科学”的方向发展，充分汲取古今中外的优秀文明成果，使之走向崭新的健康发展之路！

关键词：物本管理；人本管理；智本管理；硬科学；软科学

管理会计是融管理和会计于一体的专门领域，是企业信息系统中的一个子系统，是决策支持系统的重要组成部分。管理与管理会计之间的这种内在交融性，使我们有必要，也可能将它们紧密结合起来进行研究。

① 基金项目：教育部人文社会科学重大研究项目（02JAZJD630007）。

一、对管理从低级向高级形态发展轨迹的认识

（一）管理从物本管理向人本、智本管理发展

从管理发展史看，20世纪初期，泰罗创立的科学管理属于物本管理。因为泰罗基于“经济人”（Economic man）假设，把人看作“经济动物”和机器设备的附属品，他倡导的“时间研究”“动作研究”就是使人依附于机器，把人性物化，把人也当作物来管理。因而泰罗创立的科学管理，是一种单纯以追求效率和物质利益为中心的非人性化的物本管理。20世纪30年代以后，随着人际关系理论、行为科学等的形成与发展，人们开始认识到把人看作单纯的“经济人”未免太简单化了，还必须充分考虑人的思想感情和心理、社会等方面的因素，把人如实地看作“社会人”，企业作为社会人的集合体，必须尊重人在企业生产经营中的主体地位。于是有了“人本管理”（management on human basis）思想的萌芽。20世纪中叶以后，人本管理思想在理论上更趋成熟，在实践上也广为流行。由此可见，人本管理与物本管理有质的不同。“以人为本”的管理系统是复杂的社会系统，涉及人的心理、社会层面、丰富的感情世界以及复杂的人际关系，企业不能从员工的屈从中得到真正的创造力，而应从员工对自己行为的主动性出发，充分调动广大员工个人和各种组织群体的积极性和创造性。

随着21世纪知识经济时代的到来，人的智力成为最关键的居于主导地位的因素。高层次脑力劳动者创造性的脑力劳动，是发展知识经济的核心要素。因为，在新的情况下，只有人的智能得以充分发挥，物的潜在价值才能被深度开发出来，即人尽其才（能）是物尽其用的基础，产品生产不再主要是集成资源，而主要是集成知识（智力），产品的知识（智力）含量越高，价值就越大。由此形成了比一般所说的“人本管理”更高一个层次的以人的智力以及智慧为核心的“智本管理”（management on

intelligence or wisdom basis）。

（二）管理从硬管理向软管理发展

“物本管理”系统在很大程度上属于可以精确化的机械系统，具有规范化（标准化）、定量化、可优化的特点。精确方法的核心是建立数学模型，并通过求解数学模型引出基本结论。由此可以看到，物本管理具有明显的精确、清晰、确定性的特点，因而人们将它归属于“硬管理”（hard management）的范畴。人（智）本管理与物本管理有质的不同。人（智）本管理认为，管理系统是复杂的社会系统，所涉及的人的心理、社会层面、丰富的感情世界以及复杂的人际关系，具有很强的灵活性和不确定性，是难以用精确的数据来表现的。人（智）本管理的这种灵活性、非规范性（非标准化）和不确定性使人们将它归属于“软管理”（soft management）的范畴，它具有以下鲜明的特点：

（1）管理方式从命令、控制型向激励、引导型转变。高层次的脑力劳动者创造性的脑力劳动，是发展知识经济的核心要素，对他们实施命令、控制型的管理方式，不但无效，反而有害。因为这样的管理方式同脑力劳动者的思想、行为方式和个性特点，是背道而驰的。历史和现实都充分说明：真正具有创新能力的人才往往都是个性鲜明、独立性、自信心很强的人，独立自主性是创新人才的核心品质，其创造能力往往就蕴藏在其独特、鲜明的个性中。依据行为科学理论，人的创造能力的自由发挥以人的各种基本自由得到充分尊重和保障为前提，以人作为人能享有本身应有的尊严和价值为前提。这就要求形成一种机制，以促进人的主体意识和人性智慧的回归。因而要求管理方式从命令、控制转移到激励、引导的轨道上来，其基点是：使企业真正成为民主的、人性化的组织，着重从人的内心深处激发每个人的主人翁责任感。

（2）采用高度灵活的管理方式。科学技术的进步和国际经济一体化的进程不断向广度和深度上发展，使企业面临的外部大环境呈现高度的不确定性；主导知识经济发展的内在因素——创造性脑力劳动者内心深处的智力活动，也具有多变性和不确定性特征。这些情况说明：知识经济时代是一个充满“变数”的时代，从而使一切刻板的、僵化的管理理念、模式和方式、方法都具有高度的不适应性，而应代之以高度灵活的管理理念、模式和方式、方法（可简称为“管理方式”），使之与新的充满不确定性的管理世界相适应。这种高度灵活的管理方式的第一要义是善于“变通”。“变通”是一种高度的智慧。

成书于2500年前的兵学宝典《孙子兵法》所说的“夫兵形象水……水因地而制流，兵因敌而制胜”①“故兵无常势，水无常形，能因敌变化而制胜者，谓之神”②是“变通”智慧最形象、生动，也最深刻的描述。而管理者善于“审时度势”，则是成功地实行“变通”管理方式的关键。“运用之妙，存乎一心”，则是“审时度势”最高的境界！

（3）善于“以简驭繁”。始于20世纪80年代后期的文化管理方式，具有统帅全局、提纲挈领、牵一发而动全身的功能。因而它是“以简驭繁”管理方式的生动体现。因为以价值观和相应的道德风尚以及行为准则为核心的企业文化，是企业经营管理的灵魂和内在的精神力量，虽听之无声、望之无形，却像“一只无形的手”，可以深入到人的内心世界，对人的思想和行为取向产生一种深层次的潜移默化、润物细无声的影响。它对人所能产生的引导、激励和感应作用，是任何外在的规章、制度的强力约束或物质上的利益驱动根本无法取代的。所以，这种以文化自觉为主导、以启发、鼓舞、引导为主要特征的“以简驭繁”的管理境界，可称为人性智慧回归、认识上归真返璞的柔性化管理境界。

（4）迈向“无为而治”。“无为而治”是大哲学家、思想家老子（约公元前585—公元前500年）的哲学思想和政治智慧的精髓。他提出的“道常无为，而无不为”“我无为，而民自化；我好静，而民自正；我

---

① 孙武：《孙子兵法》，贾尔斯英译，程郁、张和生今译，长沙：湖南出版社，1993年，第38、40页。

② 同上。

无事，而民自富；我无欲，而民自朴”[①]的观点，历久而弥新，影响极其深远。其总的依据，是确认：人类社会也和自然界一样，其发展是一个符合客观规律的自然而然的历史过程，正如孔子所说的“天何言哉？四时行焉，百物生焉”一样。所以老子“无为而为”哲理的积极意义在于：有所“不为”（不妄为、不强为），才能有“所为”。一个企业要想把“无为而治”的理念付诸实践，那么企业生产经营的具体工作，应让广大员工在遵循企业总体经营规范的前提下，独立自主、心情舒畅地去完成，在生产经营的第一线，形成一种以“自主管理”为基础的“自行调节”“自行控制”“自行适应”的机制，以实现由“少数人管理”向“多数人管理”的转变。现代企业管理中，行之有效的“目标成本制”“适时生产系统”“全面质量管理”“以作业为基础的管理”以及“作业成本计算”等许多较为先进的管理方式、方法，虽然是在现代市场经济条件下形成和发展起来的，但蕴藏在其中的思想内核却同2500年前我国老子提出的“无为而为”的哲学思想有相通之处。

（三）管理的特性从科学趋于艺术

管理既是科学，也是艺术，即二者兼而有之。但强调面不同，就会得出不同的认识。强调管理的科学性，必然强调计算的精确性，强调管理决策的最优化，强调复杂的数学方法在管理中的应用等，这些都是与“物本管理”的要求相适应，并在“物本管理”中得到广泛应用的。“物本管理”向“人本管理”，进一步向“智本管理”转变，更加突出人的因素、人的智力因素在管理中的作用。管理特性的强调面也更多地从科学趋于艺术，更多地强调管理是“自由度很大的艺术”（management as liberal art）[②]。确认“管理是自由度很大的艺术”，可有效地激发人们自觉地进

① 老子：《老子》，韦利英译，陈鼓应今译，长沙：湖南出版社，1994年，第82、130—131页。

② 彼得·德鲁克：《现代管理宗师德鲁克文选》（英文版），北京：机械工业出版社，1999年。

行知识创新，为企业提供取之不尽的创造源泉！人们称自由是艺术的灵魂。艺术上如此，管理上也是如此。适应知识经济新时代的到来，确认管理的特性由科学趋于艺术，是一种由量变到质变的合乎时代潮流的发展。

二、对管理会计人员专业服务价值消长变化的认识

管理会计人员的专业服务价值，会随着其形成发展的历史进程而消长变化。管理会计，作为一个专业领域，其形成、发展可以总括地划分为三大阶段：成本会计（账外的成本计算是其原始形态）、现代管理会计和后现代管理会计阶段。[①]而每一个阶段又包含一系列不断改进与提高的进程。从它的形成、发展与社会经济条件变革的依存性看，总括地说，“成本会计”根植于“物本管理”（硬管理）的大环境中；“现代管理会计”根植于发展程度较高的“人本管理”（软管理）的大环境中；而“后现代管理会计”则根植于柔性化程度较高的“智本管理”的大环境中。

在不同的发展阶段形成的管理模式，由于所处的社会经济环境、条件不同，企业管理的目标、任务不同，在决策支持方面要求管理会计人员提供的专业性服务，自然也会有很大的差别。而且这种差别在质量上表现为从较低层次向较高层次发展。因而在不同的发展阶段，要由不同层次的人员为决策支持提供不同层次的专业性服务。他们依次是：由兼职的成本计算员履行“成本计算”职能，为企业管理决策提供数据支持；由成本会计员履行“成本会计”的职能，为企业管理决策提供信息支持；由管理会计师履行“决策咨询”职能，为企业管理决策提供信息以至知识的支持；进入知识经济时代，则由新型的管理会计师参与管理决策，为企业管理决策提供知识以至智慧的支持。由此可见，在管理会计形成、发展的不同阶段，要求管理会计人员提供的专业性服务有质的差别。成本计算员的工作属于机械性的计算工作；成本会计员的工作主要属于程序性的分类加

---

① 余绪缨：《管理会计形成与发展的“三阶段论”》，《会计论坛》2003年第2辑。

工、综合计算的工作；管理会计师的工作，除包含部分程序性工作外，大部分属于非程序性的分析研究工作；而新型管理会计师的工作则属于具有高度灵活性的高智能的综合判断工作。他们的工作性质呈现出不确定性、复杂性越来越大，所需的创造性成分越来越多，可替代的程度越来越小，可提供的专业服务价值则越来越大的发展趋势。为什么会这样？可先对数据（data）、信息、知识、智慧这几个概念的内涵以及它们之间的区别与联系作较具体的剖析。[①]数据具有原始性，一项数据通过同其他数据相联系，按照一定的要求进行组合，赋予它认识上的意义，就成为信息。例如，料、工、费是成本的组成部分，一件产品的料、工、费是多少，只是数据；把它们按照不同的要求进行组合，形成固定成本、变动成本、直接成本、间接成本、可控成本、不可控成本，就由认识上的意义而转化为信息了。

信息是知识的原料和基础，信息通过精化（去粗取精），内化于人的头脑中，形成知识。信息可以来自书本（书本是信息的载体），也可以来自经验，通过内化和系统化而成为一个人的知识。

智力是知识的活化，是能用来分析、研究、解决实际问题的知识。早在400年前，英国哲学家弗朗西斯·培根就提出："知识就是力量！"但并不是任何知识都能表现为力量，只有已活化的知识，才有解决实际问题的力量，没有经过活化，即食而不化的知识，只是死知识，是不会表现出什么力量的。

智慧比知识、智力更高一个层次。知识属于认识、认知的层面，智慧属于领悟的层面；知识的增长，重在积累，重在坚持不懈地多学、苦学；智慧的增长重在感悟，重在从长期的实践中去感悟，从知识的积累中融通，从而取得对复杂、多变的事物由表及里、从具体到抽象的认识上的升华和突破，由此可使人从整体上善于掌握复杂事物的基本特征及其发展变

① 余绪缨：《管理特性的转变历程与知识经济条件下管理会计的人文化趋向》，《财会通讯》2001年第10期。

化规律。可见智慧并非来自天赋，而是来自后天对多次经历的“吃一堑，长一智”的融会贯通，从而进入到一个由“知”入“悟”的新境界！

由此可见，在知识经济条件下，新型管理会计师参与决策，在知识以至智慧层面提供决策支持，必然会善于从大处着眼、向深处探索，既能高瞻远瞩、胸怀全局，又能慎思明辨、分析入微，从而进入一个崭新的境界！其专业性服务的不可替代性和对企业生产经营的巨大增值性，对比其形成、发展早期阶段提供的机械性、程序化的专业性服务，自然是完全不可同日而语了！

三、管理会计学科建设的方向问题

（一）哈特菲尔德的《簿记的历史辩护》是会计学科建设的里程碑式的文献

哈特菲尔德（Henry Rand Hatfield，1866—1945）是美国会计理论建设上的一位先驱者。他的著作在会计理论的形成初期发挥了重大作用，至今仍有一定的影响。他从1904年起，在美国加州大学伯克利分校长期任教。《簿记的历史辩护》（*A Historical Defense of Book Keeping*），是他于1923年作的一篇公开演讲，产生了广泛的影响，美国另一著名学者A. C. 利特尔顿（A. C. Litlleton）对该文推崇备至。该文被认为是20世纪20年代的一篇极为重要的文章。主要意思是：“我肯定所有我们在大学中讲授会计课程的人，都因为受到同事们不言而喻的轻视而感到羞辱，他们轻蔑地把会计看作一个闯入者，一个先知者中的俗人，一个贱民，其出现有损于学术庙堂的圣洁。”哈特菲尔德当时说出这样一些动人心弦的话，意在指出：会计作为一个具科学性的学科，在职业界内外都没有得到认可。这是由于这个学科的学术基础远未建立，因而无法取得“可敬重性”（respectability）。而会计的学术基础能不能建立起来，其学术水准能不能提高是会计学术（accounting scholarship）能不能充满生机与活力的关键所在，也是会计这一个专业能不能得到人们敬重的关键所在。[①]那么，人们又怎样努力来提高会计这一学科的学术水准呢？这又须从一些相关科学的共同性问题说起。

（二）如何提高学科的学术水准，以提高其可敬重性

1. 在教学与研究中引进数量方法，以提高其科学性

可以最具权威性的诺贝尔经济学奖的颁发为例进行说明。诺贝尔奖1901年开始颁发时，并没有设诺贝尔经济学奖，后来在讨论要不要增设诺贝尔经济学奖时，有的自然科学家就提出：他们怀疑经济学能否保证它的“科学性”，即能否使经济学奖与物理学奖或化学奖等“硬科学”奖处于平等地位。因而久议未决。直至1969年，才正式确定把诺贝尔经济学奖第1次颁发给挪威经济学家拉格纲·弗里希（Ragnar Frisch）和荷兰经济学家扬·丁伯根（Jan Tinbergen）。这两位得奖人，都是经济计量学这一学科的开拓者和奠基人，由于他们的工作使经济学这一传统学科更趋定量化、精密化，也意味着更加科学化了（也就是使经济学进入了“精密科学”的行列），经济学由此被认为是真正的科学，也可像物理学、化学等“硬科学”一样有资格取得诺贝尔奖的桂冠。这一诺贝尔经济学奖颁发的标准连续使用了9年，从 1978年开始，才对上述“精密性至上”标准所有超越。[②]

值得注意的是，美国管理会计领域在20世纪60年代到70年代就已经开始出现数字化浪潮，具体表现为在这一时期，管理会计的研究文献侧重于数学模型方面的论题，特别是关于运筹学应用于管理会计方面的论题大大

① Joel S. Demski and others, “Some Thoughts on the Intellectual Foundations of Accounting”, Accounting Horizons, June, 2002.

② 王振中、李仁贵：《诺贝尔奖经济学家学术传略》，广州：广东经济出版社，2002年。

增加了。[1]

20世纪70年代到80年代，管理会计教材的撰写，也掀起了一个应用较高深数学的热潮。这一领域的许多西方名家在这一时期出版的影响较大的教科书，如H. Bierm和Jr等合著的*Managerial Cost Accounting*（1976）、G. Shillinglaw编著的*Managerial Accounting*（1977）、Jack Gray等合著的*Cost and Management Accounting*（1982）、Robert S. Kaplan编著的*Advanced Management Accounting*（1982年第1版），都较广泛地应用了许多高等数学方法（如微积分、数学规划、矩阵代数、投入—产出模型、排队论、蒙特卡罗模拟法等），似乎这是管理会计进行学科建设应继续遵循的一个方向。

2. 精密性与科学性的关系辨析

数学是一门研究现实世界中的空间形式和数量关系，即数与形的科学。它不是自然科学，也不是人文、社会科学，而属于哲学层面的"认知性科学"。所以不能笼统地说："数学是科学的语言。"严格地说，只能将数学理解为自然科学的语言，而不是一切学科的语言。因为，必须看到，社会经济现象和自然现象毕竟有很大的差别，因而数学方法在社会经济科学和在自然科学中应用的有效程度也有很大的不同。在社会经济活动中，人的因素是居于主导地位的。人作为社会生产力诸因素中最重要的因素，并不像物质资源、财务资源、时间资源等那样都可以直接进行量化，按照一定的规则纳入数学模型。人，作为社会人，以至文化人，其学识、经验、能力、心理等因素及其主动性、积极性发挥的程度等，是极为复杂、多变，难于甚至无法进行量化，进而纳入数学模型进行定量分析的。因此，任何学科的研究，都可以把数学作为一种工具来使用，但不能把它推向极端，认为任何学科，如果不建立在严格的数量分析的基础上，就不是真正的科学，而把它驱赶到科学庙堂之外。正是基于这种认识，诺贝尔

---

① Michael W. Maher，"Management Accounting Education at the Millennium"，Issues in Accounting Education，May，2000.

经济学奖的颁发，从1978 年开始，也在一定程度上体现了对“精密性至上”的超越。

1978年的诺贝尔经济学奖授予了美国卡内基梅隆大学管理心理学教授赫伯特·西蒙（Herbert A. Simon），是基于他对经济组织内决策理论进行的开拓性研究，提出有限理性原理和决策的满意性准则。西蒙的研究第一次证明：进行决策与判断的人的思维活动，不是建立在数学和逻辑基础之上的，而是建立在人的感情、理念和经验的基础上的。他把决策的原则定义为第一满意原则，也就是说，我们作出决策和判断的标准并不是建立在理性基础上的“最佳选择”，而是建立在人类心理上的“第一满意的选择”。①从而体现了对“精密性至上”的超越。在2002年，诺贝尔经济学奖授予美国普林斯顿大学心理学教授丹尼尔·卡尼曼（Daniel kahneman）和乔治·梅森大学经济学教授弗农·史密斯（Vernon L. Smith）。“卡尼曼的工作就是在西蒙建立的基本理论的指导下找到了那些影响我们非理性选择的因素，是西蒙工作的继续。也就是：卡尼曼教授成功地将人类决策和判断的心理学研究成果带到了经济学的研究中，为现代经济学理论和研究方法注入了新的见解，做出了独特的、卓越的贡献。人类生活充满了判断和决策。人类判断和决策中，心理活动是具有决定作用的影响因素。”②从而再次体现了诺贝尔经济学奖的颁发对“精密性至上”的超越。

管理会计领域数量化浪潮消退的具体体现：首先，从著名的Robert S. Kaplan的著作看，他所著的*Advanced Management Accounting*（1982年第1版），应用了许多高等数学的方法，而他与Anthony A. Atkinson合著的*Advanced Management Accounting*（1989年第2版、1998年第3版）却删去了绝大部分用较深的数学方法表述的内容，而把研究的重点转移到有关

---

① 王振中、李仁贵：《诺贝尔奖经济学家学术传略》，广州：广东经济出版社，2002年。

② 参见由斯科特·普劳斯著，施俊琦等译，彭凯平审校的《决策与判断》（人民邮电出版社，2004年版）中彭凯平作的“序一”。

企业管理的体制、组织与决策等问题上来；其次，20 世纪 90 年代中期以后，美国管理会计界出现的“第二次新潮”，把主要注意力转移到平衡计分卡、战略盈利性分析、价值链分析、经济增加值、非财务业绩等方面上来，[①]视野更为开阔、内容也更为丰富了，也在一定程度上体现了在管理会计领域中数量化浪潮的消退。

（三）具有中国特色的管理会计的学科建设问题

1. 具有中国特色的管理会计学科建设，应善于向博大精深的东方智慧吸取营养

以中华优秀传统文化为核心的“东方智慧”，是一种以“系统观”“整体观”为主导的思想体系，它以实现“整体的优化效应”为最高追求目标。如体现“东方智慧”的中医、中药，强调综合性治疗，和西医、西药的分析性治疗有很大的不同。它们之间的不同，可概括为：从定量上升到定性（望、闻、问、切，重综合判断）；从局部上升到整体（从人体整体器官的运行状态查病源、定治疗方案）；从理性上升到悟性（高明的中医辨证论治，是不可能程式化的，其中包含了许多只可意会、不可言传的因素）。所有这些，都是东方智慧的精华，是历久而常新的。我们研究具有中国特色的管理会计学科建设，立足中国，放眼世界，首先应以促进源远流长的“东方智慧”在所研究领域的回归为己任；同时博采全世界的优秀相关成果为我所用，才有可能在研究中开创新天地，攀登新高峰，而显示出鲜明的中国特色！

2. 具有中国特色的管理会计学科建设应向人文化的方向发展

正如80多年前哈特菲尔德所说：进行学科建设所追求的目标，是提高其学术水准。学术的水准能不能提高是会计学术能不能充满生机与活力的关键所在，也是会计这一专业能不能得到人们尊重的关键所在。那么，

---

① Michael W. Maher，“Management Accounting Education at the Millennium”，Issues in Accounting Education，May，2000.

又应怎样努力来提高会计这一学科的学术水准呢？前已指出，方向之一，是在教学与研究中引进数量方法，通过提高精密性来提高科学性，即以向“硬科学”发展为学科建设的方向。最具权威性的诺贝尔经济学奖的颁发，就是按照这一准则行事的。但经过较长期的实践，最终在一定程度上促使了对“精密性至上”的超越。西方的管理会计学界，也有大致类似的情况。可见在管理与管理会计领域，向“硬科学”发展并不是一条无往不胜的康庄大道。

根据21世纪知识经济形成与发展的客观现实，以及“体验经济”（experience economy）的兴起，与“理性至上”相依存的“精密性至上”已不能成为人文、社会科学领域任何一个学科进行学科建设追求的目标。在新的历史条件下，具有中国特色的管理会计的学科建设，立足中国、放眼世界，应以“东方智慧”的回归为主轴，向综合性的“软科学”的方向发展，这既是使管理会计学术充满生机和活力的关键所在，也是使管理会计师的职业生涯消除生存危机，走上自立、自强之路的关键所在。

较具体地说，管理会计作为综合性的“软科学”的一个分支，其学科建设应尽量向多样化的相关学科吸取营养。其相关学科，可以分为三个层次，即上层、中间层和基础层。属于上层的相关学科是指人文、社会科学，主要包括哲学、历史、文学和艺术。我们学管理的人当然不可能对这些学科都精通，但至少要有基本的了解，重要的是能确立一个广阔的“人文视野”。属于中层的相关学科，主要是指经济学、心理学、行为科学、认知科学（思维科学）、财务学和预测、决策学等。属于基础层的相关学科，主要是指数学、信息技术（IT）等。

管理会计的学科建设，不断从以上三个层次的相关学科中吸取营养，充分体现了其巨大的包容性。这样，就可以“东方智慧”的回归为主轴，更好地吸收古今中外优秀的文明成果，使之走上崭新的健康发展之路！

四、结束语

本文以上三个部分，是把第一部分作为立论的基点，第二部分是从管理与管理会计的相互联系中对第一部分的扩展和具体化，第三部分则是从管理会计学科建设的角度，对以上各个部分有关内容的综合、发展和提高，因而也是本文的重点。因此，本文各个部分的论述虽各有侧重，却又是相互联系、相互贯通、融为一体的，它可能使本文由此而显示出一定的特色。

参考文献：

［1］余绪缨. 余绪缨综合文集[M]. 北京：中国财政经济出版社，2003.

［2］彼得·德鲁克. 现代管理宗师德鲁克文选[M]. 北京：机械工业出版社，1999.

［3］赫伯特·西蒙. 现代决策理论的基石[M]. 北京：北京经济学院出版社，1989.

［4］余绪缨. 经济体验化与管理、管理会计创新问题的探讨.（对博士生作的专题学术报告，尚未公开发表）

［5］Xuying Yu. Several Theoretical Problems Concerning PhD Candidate's Education in the Area of Modern Management Accounting[J]. 现代会计与审计，2005，001（002）：1-6.

（编者注：本文发表于《中国经济问题》，2005年第5期）

余绪缨先生老年时期　摄于 2003 年

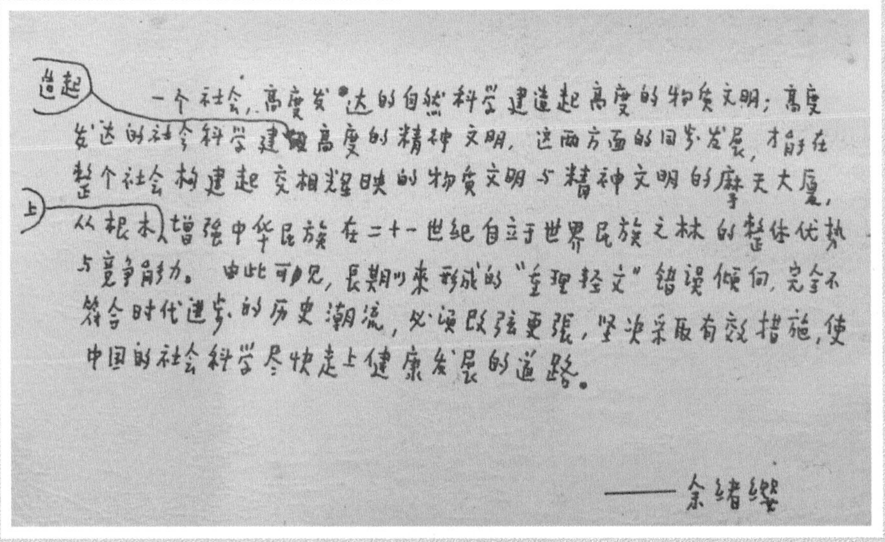

一个社会，高度发达的自然科学建造起高度的物质文明；高度发达的社会科学建造起高度的精神文明，这两方面的同步发展，才能在整个社会构建起交相辉映的物质文明与精神文明的摩天大厦，从根本上增强中华民族在二十一世纪自立于世界民族之林的整体优势与竞争能力。由此可见，長期以来形成的“重理轻文”错误倾向，完全不符合时代进步的历史潮流，必须改弦更張，坚决采取有效措施，使中国的社会科学尽快走上健康发展的道路。

——余绪缨

余绪缨先生手迹

第三辑

管理会计人文化

简论《孙子兵法》在“战略管理会计”中的应用

一、20 世纪 80 年代“战略管理会计”的兴起

（一）传统管理会计的缺陷在这一时期已暴露无遗

其基本点可概括为以下三个方面：

（1）所提供的成本信息同建立在当代高新科学技术基础上的新的制造环境不相适应，因而在很大程度上已失去其真实性。

（2）强调服务于企业的内部管理职能，对企业的外部环境则有所忽视，因而使其所提供的信息同企业的战略决策失去相关性。

（3）不具独立性，而被视为财务会计的“附属品”。

（二）为适应企业内外环境、条件的新变化，在管理会计领域所取得的重大革新成果

在新的情况下，管理会计须突破传统观念的束缚，用更广阔的视野来观察和分析问题，走自己独立发展的道路，而不再局限于把自己视为财务会计的“副产品”。沿着这一方向所取得的重大进展，主要包括以下两个方面。

1. ABC 与 ABM 的形成与发展

此二者的形成与发展旨在弥补传统管理会计的上述第一个缺陷。

作业成本计算（Activity-Based Costing，ABC），作为一种真正具有创新意义的成本计算方法，是为适应当代高新科学技术的制造环境和灵活、多变的“顾客化生产”（customized production）的客观需要而形成、发展起来的。首先，在生产高度电脑化、自动化的条件下所进行的“顾客化生产”，要求以顾客为中心，及时提供更加多样化和更具明显个性、日新月异的产品，把及时满足不同顾客多样化的需要放在首位。因而品种多、批量小、时效性强，成为“顾客化生产”最基本的特点。其次，顾客化生产这些要求的实现又有赖于当代高新技术直接应用于生产所形成的高度电脑化、自动化的弹性制造系统（FMS）提供技术上的可能与保证。这二者正是技术与经济相辅相成、相得益彰的具体体现。这种新的技术、经济环境和条件，不可避免地对传统的成本计算方法提出严峻的挑战，使其改弦更张，作革命性变革。具有创新意义的作业成本计算便应运而生。作业成本计算同传统成本计算的最大差别在于，它从两个方面作了革命性变革：一是同“适时生产系统”在企业供、产、销各个环节实现“零存货”的要求相结合，使“产品成本”与“期间成本”趋于一致，形成一种不受期初、期末存货成本结转影响的非累积性成本计算；二是改进制造费用的分配方法，由传统的单标准分配改为多标准分配，即按不同产品引起制造费用发生的多种“成本动因”（cost driver）进行分配，科学地解决日益增长的制造费用如何按产品对象分配的问题，使日益增长的间接成本有充分技术和经济根据地归属到多样化的产品上去，从而大大提高成本信息的真实性。

“以作业为基础的管理”（activity-based management，ABM），也可简称为“作业管理”，是利用 ABC提供的动态信息，对所有作业进行分析与修正的过程。企业管理深入到作业水平，形成作业管理，是被誉为“科学管理之父”的泰罗于20世纪初创立“科学管理学说”以来，又一重大突破。它以“作业”为企业管理的起点和核心，相比于以“产品”为企业管理的起点和核心，在层次上大大深化了，可视为企业管理上一个重大的革命性变革，正如现代生物学深入到分子水平，形成分子生物学，在生物科学上是一个重大的革命性变革一样。

企业管理深入到作业水平，有助于溯本求源，尽可能消除不增加价值的作业，对可增加价值的作业，也要尽可能减少完成每一项作业的资源消耗，同时尽可能提高其可从顾客收回的价值，以此贯穿始终，就可促进企业有效地提高作业完成的效率和质量水平，在所有环节上减少浪费，并尽可能降低资源消耗，将整个企业置于不断改进的环境中，从而全面提高企业生产经营整体的经济效益。①

2. 战略管理会计的形成与发展

"战略管理会计"（Strategic management accounting）的形成与发展旨在弥补传统管理会计的上述第二个缺陷。

实践证明，当代面临全球竞争压力的企业，仅仅依靠"内向型管理会计"（Internal management accounting）②已大大落后于时代的潮流。因而需要审时度势，使管理会计站在战略的高度面向全球，以取得竞争优势为主要目标来分析和探讨有关问题。管理会计这一新兴领域，通称为"战略管理会计"。

"战略管理会计"在其特定的总框架内另辟蹊径，创造性地运用"竞争者会计"（Competitor accounting）、"相对成本动态分析"（Relative cost dynamic analysis）、"顾客盈利性动态分析"（Customer profitability dynamic analysis）以及"产品盈利性动态分析"（Product profitability dynamic analysis）等具有鲜明特色的技术方法和手段，来深入阐明一个企业在整个行业中的地位及其发展前景，同竞争者之间的比较竞争优势与劣势，建立可适时地改变竞争策略的预警系统，严密监控产品市场份额的消长变化，以及从战略高度正确评价企业经营业绩的是非、得失与功过等，

① 关于ABC、ABM及其有关问题较详细的论述，可参阅余绪缨：《论当代管理会计面临新的重大突破》，《对外经贸财会》1995年第9、10、11、12期连载。

② 上述新兴的"作业成本计算"亦属于"内向型管理会计"的范畴。

力求高屋建瓴地确立企业在国际市场竞争中的战略优势地位。[①]

但也必须看到，西方的战略管理会计目前仍处于初期发展阶段，还需做大量的研究工作，使其形成一种有效的机制，借以为企业的领导者进一步改进战略决策提供更具重要意义的信息，从而更好地为面向激烈市场竞争的企业出奇制胜、兴旺发达提供更有力的信息支持。

二、ABC与战略管理会计之间的关系

ABC（与其密切联系在一起的ABM也是一样）是从战术的角度，内向地深入到企业的作业水平；而战略管理会计则是从战略高度，外向地扩展到全球性竞争环境，为寻求企业整体的竞争优势服务。

为适应当代瞬息万变的客观经济环境，现代管理会计的两个子系统朝着两个相反的方向发展具有历史的客观必然性。这是因为前者致力于"知己"；而后者则致力于"知彼"。正如举世闻名的《孙子兵法》所云："知彼知己，百战不殆。"[②]因此，笔者认为，现代管理会计中的这两个子系统分别朝着"内向"和"外向"两个方向发展，实际上是相辅相成、缺一不可的。

三、我国古代的《孙子兵法》可为当代"战略管理会计"的进一步发展提供有益的启示

"孙子是中国杰出的军事理论家，是文化史上的巨人。《孙子兵法》是我国兵学的杰出代表，以'智'用兵，以'谋'制敌，它宛如一条红

① 关于"战略管理会计"较详细的论述，可参阅：Keith Ward，Strategic Management Accounting（Oxford：Butterworth-Heinemann Ltd.，1992）及其他有关著作。

② 孙武：《孙子兵法》，贾尔斯英译，程郁、张和生今译，长沙：湖南出版社，1993年，第18页。以下所引《孙子兵法》中的原话，均出自该书，不另注页数。

线，贯穿于孙子军事思想体系的各个方面。”①结合“战略管理会计”看，笔者认为，当今世界的“商战”也可以视为一种不流血的战争，《孙子兵法》（成书于2500年前）这一最伟大的军学经典中关于军事斗争的指导原则（特别是其中以智用兵、以谋制敌的光辉思想）同当代的“商战”仍有相通之处，因而可以为“战略管理会计”的进一步发展与完善带来巨大的启迪和指导意义。

如所周知，任何战略决策绝不是单纯的技术和程序问题，而应把战略思想置于首要地位。因此，思想观念上的飞跃应视为现行战略管理会计得以进一步丰富、发展的先决条件。根据这一认识，孙子光辉的战略、战术思想，特别是以下几个方面，更是历久常新、弥足珍贵，把它们具体应用于现代战略管理会计，必可为其增添异彩。

（一）竞争优势来源于整体优势

在现代激烈的市场竞争中，要制人而不制于人，首先要以企业具有整体优势为基础和条件。正如《孙子兵法》在“计篇”中首先提出的：“兵者，国之大事也，死生之地，存亡之道，不可不察也。”孙子进而论述战争的胜负不仅取决于军事力量的强弱，更有赖于国家的整体优势。在现代市场经济中企业之间所进行的“商战”，同样是如此。

那么，一个企业怎样才能不断提高其“整体优势”？

（1）要严格而慎重地选择一个高素质的领导者，这是使广大员工形成合力、减少“内耗”的关键所在。假如领导者素质不高，不能在广大员工中起表率作用，就会不可避免地削弱广大员工的归属感和企业的凝聚力，企业的“整体优势”也就难以形成。因而孙子特别强调要推选出类拔萃的人才担任将领。他说：“将者，智、信、仁、勇、严也。”又说：“故知兵之将，民之司命，国家安危之主也。”对国家是如此，对企业也是如此。历史和现实都充分证明，孙子之言实为颠扑不破的真理。

① 黄朴民：《先秦军事思想的发展及其特征》，《光明日报》1997年7月15日。

（2）强调人与人之间要形成同心协力、患难与共的关系。孙子说“上下同欲者胜”“视卒如婴儿，故可与之赴深溪；视卒如爱子，故可与之俱死”，一个组织内部，人与人之间如果能形成一种同心协力、患难（甚至生死）与共的关系，将成为一种巨大的克敌制胜的精神力量。现在看来，这种精神仍然是弥足珍贵的，同样可以在现代化的“商战”中发挥关键性作用。

以上两个方面是企业取得整体优势的基础，否则，其他一切努力都将是徒劳。

（二）极端重视“以智用兵，以谋制敌”

孙子说：“夫未战而庙算胜者，得算多也；未战而庙算不胜者，得算少也。多算胜，少算不胜，而况于无算乎！”在这里，孙子极为强调战前周密地“运筹帷幄”的重要性。孙子又说“上兵伐谋”“故善战者，致人而不致于人”“不战而屈人之兵，善之善者也”，这些精辟的论述都充分说明：孙子十分重视善于运用高超的智谋达到克敌制胜的目的，而反对鲁莽地硬打、硬拼。兵战如此，商战亦复如是。

（三）极端重视多样化信息的作用

孙子说：“知彼知己，百战不殆；不知彼而知己，一胜一负；不知彼不知己，每战必殆。”“知彼知己，胜乃不殆；知天知地，胜乃可全。”

孙子的以上论断，是和上述“以智用兵，以谋制敌”思想紧密相关的。因为“庙算”（运筹帷幄）离不开大量的、多样化的信息。正如孙子所说：“故明君贤将，所以动而胜人，成功出于众者，先知也。”由此可见，制胜之道首先要求尽可能采用各种方法认真收集多样化的各种相关信息（包括数量的、质量的，内部的、外部的；物质层面的，精神层面的；以至有关天时、地利、人和等方面的信息），然后运用高度的智谋进行分析、研究，以洞察先机，“胜乃可全”。孙子在这里所阐述的关于信息与决策相关性的基本原理，笔者认为是完全可以超越时空的，对于我们今天从更高的层次上掌握“战略管理会计”的本质仍具有极为重要的意义。这是因为，现代战略管理会计为服务于现代市场经济中的“商战”，以达到克敌制胜的目的，同样要求从企业内外极为广泛的渠道收集、加工、利用类似于以上所述的各种相关信息，形成一个独特的完全不同于以财务信息为主的传统会计系统的新信息系统。战略管理会计的形成和发展，标志着现代管理会计已同财务会计分道扬镳，走上独立发展的道路。与此相联系，管理会计师的职能也大大地扩展了，已转变为跨专业的具有广博知识和深入洞察力的管理顾问，为企业制定时空上视野宽广的战略管理规划及其贯彻执行服务，从而使管理会计进入一个新的发展阶段。

（四）信息是很重要的，但又不是万能的

以上论述，充分说明了信息在战略决策中的重要性。但对多样化的信息所显示的各种数据、征兆和信号等综合性地进行由此及彼、由表及里的判断、推理， 透过现象，从中找出其内在的规律性的东西，使认识进一步深化，意义更为重大。

正如孙子所说：“……兵无常势，水无常形，能因敌变化而取胜者，谓之神。”它说明：墨守成规，对事物的瞬息万变缺乏敏感性和预见性，绝非制胜之道。在这里，对多样化的信息进行深刻的领悟，达到“运用之妙，存乎一心”的崇高思想境界，才有可能潇洒自如地“致人而不致于人”，“运筹帷幄之中，决胜千里之外”。这既是兵战，同时也是商战所应奋力追求的最高境界。而这种境界也正是《孙子兵法》所隐含的“东方智慧”的精华——包含了许多“只可意会，不可言传”因素的“悟性思维”的具体体现。

（编者注：本文发表于《会计研究》，1997年第12期）

柔性管理的发展及其思想文化渊源①

以刚性管理为基本内容的泰罗制，促成了传统的经验管理向科学管理的转化，开创了科学管理的新纪元。但刚性管理强调“以规章制度为本”，是一种机械的、非人性化的管理，其结果是不能充分发挥人的能动性和创造性，有悖于“提高生产和工作效率”这一初衷。有鉴于此，本文提出了“以人为本”的柔性管理这一命题，并对柔性管理的本质、产生与发展的客观环境，在企业管理中的具体表现以及柔性管理的思想文化渊源等方面作了全面、深入的探究。

关键词：刚性管理；柔性管理；以人为本

一、柔性管理的本质及其赖以形成、发展的客观基础与条件

1. 柔性管理的本质

（1）它是一种以“人”为中心的管理，也可称“人性化管理”。柔性管理是使经营管理的艺术性得以充分发挥的具体体现。这是因为艺术家的个性发展、崇高的思想境界和运用之妙、存乎一心的创作方法，都具有柔性的特点，现代经营管理艺术与其有相通之处。具体地说，柔性管理本质

① 本文是作者于1997年5月18日在西南财经大学作的学术报告。

上是一种“以人为中心”的管理，也可称“人性化管理”。它是在尊重人的人格独立与个人尊严的前提下，在提高广大员工对企业的向心力、凝聚力与归属感的基础上，所实行的分权化的管理。

柔性管理的最大特点在于，它不主要依靠外力（如上级的发号施令），而是依靠人性解放、权力平等、每个人当家作主的主人翁责任感，从内心深处来激发每个员工的内在潜力、主动性和创造精神，使他们能真正做到心情舒畅、不遗余力地不断为企业创造新的优良业绩，成为企业在全球性激烈的市场竞争中取得竞争优势的力量源泉。由此可见，在现代市场经济中，企业要使顾客（外部上帝）满意，首先要以员工（内部上帝）满意为基础和条件。试想，假如员工内心不满意——缺乏敬业、乐业精神，指望他们创造优良业绩使顾客满意，无异于缘木求鱼。

（2）柔性管理与刚性管理的对比以及二者之间的主从关系。与柔性管理相对应的自然是刚性管理。以泰罗在20世纪初所著《科学管理原理》为指导所建立的泰罗制[①]，可以看作刚性管理的典型。泰罗的主要贡献是促成了传统的经验管理向科学管理转变，开创了科学管理的新纪元，因而他被尊称为“科学管理之父”。然而泰罗制是一种以“生产”为中心的管理，其核心是提高生产和工作效率。为达到这一目的，要求事先通过时间研究、动作研究等来制订在一定客观条件下可以实现，同时又是最有效率的标准，以实现生产、工作各个方面高度的标准化。标准制订后，必须严格贯彻执行，不得越雷池一步。其指导思想是：只有管得严，效率才能高。这样的管理实质上是一种纵向的高度集权的专制独裁式管理，它把工人视为机器的附属品，工人只能适应机器的运转，机械地、被动地进行动作。这意味着，这样一种强调严格控制、高度集权的僵化管理，实际上已经把人机械化了，因而是一种非人性化的管理。

柔性管理与刚性管理似乎是两个极端。在现实经济生活中是不是应该

---

① 关于泰罗的科学管理学说，可参阅Claude S. George, Jr著，*The History of Management Thought*（2nd ed.）中的第6章：*Scientific Management*，Prentice-Hall，Inc，1972.

有一个折中的做法——把“以人为本”的柔性管理和“以规章制度为本”的刚性管理正确地结合起来，进行具体运用呢？这种认识自然有它的合理性，问题在于如何认识和把握它们之间的主从关系。

众所周知，现代化生产把千千万万的人集合在一起进行协同运作，完全没有一定规章制度的约束显然是不行的。问题在于：徒“法”（规章制度）不能自行。规章制度是一种外在的他律性因素，而通过人性激发所形成的主人翁责任感，则是一种内在的自律性因素。带强制性的他律性因素如果不与自觉性的自律性因素相结合，所能起的作用是极为有限的。因为规章制度规定再严、再细，心术不正的人同样可以搞“上有政策、下有对策”，把所定的规章制度变成徒具形式、徒有空名，而使其无法产生实际应有的效果。内在的自律性因素最可贵之处在于：它像一只“无形的手”，可以深入到人的内心世界，有效地规范和引导人的行为，对种种可能发生的行为失范现象形成一种“防患于未然”的机制。因而它显然是外在的具有强制性的他律性因素所无法取代的。由此可见，“以人为本”的柔性管理所依靠的虽然是一种看不见、摸不着的隐性或软性管理方式，但它所能激发的深层次的内在精神动力却是十分巨大的！

根据以上分析，笔者认为，在现实经济生活中，企业管理应以“以人为本”的柔性管理为主导，“以规章制度为本”的刚性管理只能起辅助作用。也就是：在管理实践中，应把主要精力放在促使广大员工形成一种与企业“风雨同舟、荣辱与共”的良好精神风貌上，只有在不得已的情况下，才对个别或极少数的“害群之马”按照有关规章制度严肃地进行纪律制裁。如此柔刚并济，才能有效地促进企业的生产经营长期健康地蓬勃发展！

2. 柔性管理赖以形成、发展的客观环境与条件

20世纪70年代以来，柔性管理的形成与发展并不是偶然的，其形成与发展具有客观历史必然性。其形成与发展的客观环境与条件，主要包括社会经济与科学技术等各个方面。

（1）在生产组织上，传统的“大量生产”向“顾客化生产”转变形成了生产柔性化发展趋势。这是生产组织上的一个历史性的重大转变。形

成这种转变的客观经济依据是：一个社会处于贫困状态，物资比较贫乏时，社会大众的消费行为比较容易满足。一旦进入富裕社会，社会大众拥有的财富多了，购买力强了，消费者的行为就会变得更具有选择性（更具有挑剔性），要求生产厂家及时提供更加多样化和更具明显个性、顺应潮流的产品。社会需求的这种变化，反映到生产组织上来，就是传统的、以追求“规模经济”为主要目标的“大量生产”为能对顾客多样化的、日新月异的需求迅速作出反应的“顾客化生产”所取代。

顾客化生产要求企业能在较短时间内生产出不同的新产品，以及时满足消费者多样化的需求。这种灵活、多变的“顾客化生产”与传统的长期稳定不变的“大量生产”相比，其显著的特点就是生产的柔性化程度大大地提高了。这可以看作当代生产发展的一种必然趋势。而企业生产组织上的这种巨大变化必然要反映到企业的管理上来，要求企业作相应的配套性改革，从而促使企业内部柔性管理形成与发展。

（2）在生产技术上，当代高新技术的蓬勃发展为经济有效地实施以顾客为中心、进行快速反应的柔性化生产提供了技术上的可能与保障。当代高新技术蓬勃发展并广泛应用于生产，形成了生产的高度电脑化、自动化，主要表现为电子数控机床和机器人、电脑辅助设计（CAD）、电脑辅助工程（CAE）、电脑辅助制造（CAM）和弹性制造系统（FMS）的广泛应用。其高级形式是电脑集成化制造系统（CIMS）的形成和应用，它从产品订货开始，依次经历设计、制造、销售等阶段，把所使用的各种自动化系统综合成一个整体，由电脑中心统一进行调控。它使生产的电脑化、自动化进入一个崭新的发展阶段。这就为企业对顾客复杂多变的需求进行灵活反应、发展柔性化的生产系统提供了技术上的可能与保障。以此为基础，形成柔性化的管理系统，也可看作是在现代市场经济中，技术、管理、经济相辅相成的具体体现。

（3）符合人类社会历史发展的总趋势。对人类社会历史的发展，马克思主义经典作家曾将其划分为五种社会形态，即原始共产主义社会、奴隶社会、封建社会、资本主义社会和共产主义社会（社会主义社会是共产主义社会的初级阶段）。与此相联系，也可从另一个角度，把人类社会的历史发展依次划分为权力社会、经济社会和智力社会。奴隶社会、封建社会都属于权力社会，由统治权力支配一切；资本主义社会是经济社会，是以经济为推动社会发展的核心力量；而共产主义社会则是以人的全面发展、人的潜能得以充分发挥为主要标志的社会，否则，怎么能实现“各尽所能，各取所需”呢？因而共产主义社会必定是人的智能已得到高度发展的社会。环顾当今世界，一些经济发达国家已开始从后经济社会向智力社会过渡；而许多发展中国家则尚处于从权力社会向经济社会过渡的阶段。但从总体上看人类社会历史的发展，一个社会在实现了权力社会向经济社会过渡以后，或迟或早地要进一步向智力社会转变，则是历史发展的必然趋势。

在智力社会中，智力、知识、信息将成为最核心的生产要素，由高度智慧结晶所形成的无形资产将比传统的有形资产在生产体系中发挥更大的不可估量的作用。高智力劳动具有超常性，富于个性，富于开拓精神、独创性与灵活性，为适应作为生产核心因素的高智力劳动的这些特点，只有实行“人本主义”的柔性管理，才能形成一种使每个人的聪明才智都得以自由发挥的机制和广阔的天地。在这种情况下，广大员工就可以做到“八仙过海，各显神通”，把自身的聪明才智转化为巨大的物质力量。无疑，这种柔性管理与人类社会历史发展的总趋势是一致的。

二、柔性管理在几个方面的具体表现

1. 管理决策的柔性化

管理的关键是决策，管理的柔性化首先体现在管理决策的柔性化上。

管理决策的柔性化可以从以下两个方面进行认识。

（1）决策目标从遵循最优化准则向遵循满意性准则转变。传统决策理论认为，决策目标的选择应遵循最优化准则，它所寻求的是在一定条件下的最优解，因而最优化准则是一种刚性准则。最优化准则的应用，只有在“决策时所有措施和方案都是已知的，而且第一方案所能取得的成果也是可以确定的，才能进行最优选择，作出决策。可是在现实生活中，决策者由于所处的环境和当时当地的条件，既不可能找到一切方案，也不可能比较一切方案，因而事实上不可能按最优化准则进行决策。最优化准则仅仅存在于逻辑推理之中，没有实践价值”①。

诺贝尔经济学奖获得者赫伯特·西蒙（Herbert A. Simon）教授有鉴于此，在其著名著作《管理行为》②一书中，提出了以满意性准则来代替传统决策理论中的最优化准则。他认为，无论在个人的日常生活经验中，还是在各类组织进行决策的实践中，将决策者看作“寻求满意的人”，而不是“寻求最优的人”，在决策中以“满意的选择”来代替“最优的选择”，会使决策更加符合（接近）客观实践。在决策中，决策者基于综合判断作“满意的选择”就有较大的弹性，而不像“最优的选择”要求唯一性。因而决策的最优化准则向满意性准则转变，实质上也就是从刚性准则向柔性准则转变。这是现代决策思想上一个重大转变，因而受到西方学术界的高度重视与赞誉。

（2）决策程序要求决策的科学化必须以民主化为基础。在决策中怎样正确处理民主化与科学化的关系可视为怎样正确处理“多谋”与“善断”的关系。其中“多谋”体现民主化，“善断”体现科学化。决策的科学化必须以民主化为基础，也就是决策中的“善断”必须以“多谋”为基础。因而组织中重大问题的决策决不能只凭“长官意志”，一个人说了算，而必须由“一言堂”向“群言堂”转变。

“一言堂式的决策”属于“刚性决策”，其最大的缺点是很难避免主观、片面、武断的错误，危害极大。“群言堂式的决策”是由相关人员生动活泼地议论风生，独立自主地自由发表意见和建议，再以此为基础，进

---

① 中国企业管理百科全书编委会：《中国企业管理百科全书》（上），北京：企业管理出版社，1984年，第142页。

② H. A. Simon. Administrative Behavior（2nd ed）. London：MacMillan Co.，1957.

行综合分析、择善而从。由此而形成的决策，称为“柔性决策”。柔性决策最大的好处就是可以尽量避免“刚性决策”可能造成的失误。因为任何一个人（即使是最具权势的人）都不可能是万能的。古语云“智者千虑必有一失，愚者千虑必有一得”，这正是“群言堂式的决策”优于“一言堂式的决策”的根本原因所在。

具体地说，为了在决策中较完满地体现“多谋”（民主化）与“善断”（科学化）的正确结合，现代管理科学认为，应建立“谋”与“断”相对分开、相互协作的现代决策体制。这种体制的主要特点，具体表现为平行地建立决策系统与决策支持系统这两个相对独立的系统，将后者作为前者的“外脑”，充分发挥“智囊团”的作用，助力决策系统进行最终的科学决策。

2. 管理信息的柔性化

前已指出，管理的关键是决策，而决策又离不开信息。因而决策的柔性化要有信息的柔性化与之相适应。

同上述“一言堂式的决策”属于刚性决策，“群言堂式的决策”属于柔性决策相联系，单一化的信息可称为“刚性信息”，灵活、多样化的信息可称为“柔性信息”。

由于柔性管理本质上是一种“人本主义”的管理，也可称之为“人性化管理”，它以全面调动人的主动性、积极性及其开拓、创新精神为基本的出发点，是一个极为复杂的过程，它涉及物质、精神的许多层面。因而柔性管理所需收集、加工、利用的信息就不可能是单一化的，而必须是灵活、多样化的。这种灵活、多样化的信息可从多种不同的角度进行观察，如把它们分为数量信息与质量信息、财务信息与非财务信息、静态信息与动态信息、内部信息与外部信息、物质层面的信息与精神层面的信息等。由于以上关于信息的分类是以观察问题的角度来分的，它们之间往往是交叉重叠的。同一种信息，从不同的角度来看，可同时归入多种不同的分类中。例如，用退货、返修次数反映的顾客满意程度既是数量信息，也是质量信息；既是内部信息，也是外部信息；既是物质层面的信息，也是精神层面的信息；它同时也属于非财务信息。因产品质量问题支付的赔偿金所反映的顾客满意程度，是数量信息、财务信息；同时既是内部信息，也是外部信息；既是物质层面的信息，也是精神层面的信息。而由于产品质量不佳、交货不及时，或没有认真地履行企业的社会责任而导致企业的信誉、形象受损，则属于质量信息、非财务信息；既是内部信息，也是外部信息；既是物质层面的信息，也是精神层面的信息（企业的信誉、形象作为顾客和社会大众满意程度的综合表现，是企业无形的重要精神财富）。又如，员工的思想道德品质，敬业乐业精神，人尽其才、才尽其用的程度以及人际关系的协调程度，等等，都属于质量信息、非财务信息、动态信息、内部信息和精神层面的信息。再如，企业在行业中的地位、在整个行业的发展前景，企业产品市场占有率的消长变化，以及企业与竞争对手的比较优势与劣势等，涵盖度更为广泛，包括以上5种信息分类的各个方面。

总之，柔性管理作为一种人性化的管理，必须善于综合运用灵活、多样化的柔性信息。尤其必须看到，为形成有效的行为激励机制，对于高素质的人来说，物质（金钱）绝不是万能的，对其激励更应侧重于精神层面。只有这样看问题，才能使我们的认识提高到一个新的境界！

3. 以“作业”为中心，实行分权式的民主化管理——“作业管理”（Activity-based Management，ABM）[①]

（1）作业管理是企业管理上的新突破。以“作业为基础的管理”（ABM，可简称为“作业管理”）是20世纪70年代以来出现的新事物。其理论基础是：把企业看作是为最终满足顾客需要而设计的“一系列作业”（a series of activities）的集合体，形成一个由此及彼、由内到外的作业链（activity chain）。每完成一项作业，要消耗一定的资源；而作业的产出（activities output）又形成一定的价值，接着被转移到下一个作

① 关于“作业管理”及其相关问题较详细的论述，可参阅余绪缨：《论当代管理会计面临新的重大突破》，《对外经贸财会》1995年第9、10、11、12各期连载。本文只着重论述柔性管理原理如何在作业管理中得到具体体现。

业，按此逐步推移，直至把最终产品提供给顾客，以满足他们的需要。最终产品，作为企业内部一系列作业的综合成果，它凝聚了在各个作业上形成而最终转移给顾客的价值。因而作业链同时也表现为价值链（value chain），作业的推移，同时也表现为价值在企业内部的逐步积累与转移，最终形成转移给企业外部顾客的总价值。从顾客那里收回转移给他们的价值（表现为顾客愿意支付的代价），形成企业的收入。收入补偿完各有关作业所消耗的资源的价值之和后的余额，成为企业在转移价值的过程中获得的利润。由于在企业生产经营的实践中，并不是所有作业都可以增加转移给顾客的价值，据此可将作业区分为两大类：一类是可增加价值的作业（value-added activities），另一类是不增加价值的作业（non-value-added activities）。企业管理深入到作业水平，有助于溯本求源，尽可能消除不增加价值的作业；对可增加价值的作业，也要尽可能提高其运作的效率，减少因完成它们而产生的资源消耗，提高其可从顾客方面回收的价值，从而促进企业经营目标（企业总价值最大化）的实现。

作业管理与传统管理最大的不同，在于它把管理深入到“作业”水平，以“作业”为企业管理的起点和核心，在层次上大大地深化了，可视为企业管理上一个重大的革命性变革。正如现代生物学深入到“分子”水平形成分子生物学是生物学上的一个重大突破一样。

（2）作业管理形成企业内部新的权力结构有助于将柔性管理原理落到实处。要充分发挥工作在生产经营第一线的广大员工的自主性和开拓创新精神，就要改变传统的企业管理的权力结构，从原来纵向的专制独裁式的集权化管理转变为横向的分权化的民主管理，以基层为管理权力的基点，真正确立广大员工的主体地位，赋予他们充分的自主权、知情权和发言权，即坚持员工本位的原则，以员工满意为顾客满意的基础和条件。实际上，在ABM体系中，“作业链”就是由企业内部一个相互联结的“供应人—顾客”关系网组成，工作在每一个作业岗位的人都具有双重性，每一个人既是供应人，也是顾客，即他对下一个作业来说是供应人，但他同时又是上一个作业的顾客，他们彼此之间从各自的主体地位出发，相互承诺形成相互遵循的权责关系，并具体化为一系列相互联结的内部契约关系，以此作为各自的行为规范。与此相配合，又以一套动态追踪式的瞬时信息沟通网络贯穿始终。

由此可见，ABM体系中的“作业链—价值链”同时表现为“契约链—信息链—行为链”，从而在其运作中形成一种以“自主管理”为基础的“自行调节”“自行控制”“自行适应”的机制，借以使任何“失衡”现象都得以及时自行纠正，以保持组织内部各个环节的协调运作与动态平衡，并使整个企业处于不断改进的状态中。这种以基层为管理权力的基点，在广大员工“自主管理”基础上形成的“自行调节”“自行控制”“自行适应”的机制，其最大特点是：较好地体现了柔性管理——人性化管理的基本原理，能使企业每个“细胞”的活力得到充分的激发，从而赋予整个企业强大的生命力，成为企业取得巨大竞争优势的无穷尽的力量源泉！这正是它大大优越于传统的高度集权的独裁式管理的根本原因所在！

三、柔性管理的思想文化渊源

柔性管理是20世纪50年代以来现代管理科学中“行为科学”派以“人为中心”的思想的扩展及其在企业管理中的具体应用，可见其形成、发展的时间并不长。但其思想文化却源远流长，无论从东方或西方看，都可以追溯到很久远的历史年代。

1. 从东方看

中国是一个具有五千多年文明历史的国家，闪耀着“东方智慧”的灿烂光辉，优秀传统文化博大精深，其中包含许多历久弥新、在我国当前的社会主义现代化建设中仍有重要意义的内容。

以柔性管理来说，它所强调的“人”在企业中占主体地位的思想，和我国古代“民为邦本”的思想是一脉相承的。我国战国时代的大思想家、孔子学说的继承人和开拓者孟子（公元前372—公元前289年）就说过：

"民为贵，社稷次之，君为轻。"孟子在"王权至上"的历史条件下，能提出"民贵君轻"的思想，是极为难能可贵的，对我国今天的社会主义现代化建设仍有很大的启迪意义。它说明：在任何社会或组织中，如果广大群众的主人翁地位得不到应有的尊重，那么，他们的主动性、积极性、智慧和创造力会因被当权者压制而无法得到充分发挥，那他们将一事无成。

柔性管理的核心思想就是要消除这种情况可能造成的消极影响，力求确立广大员工在企业中真正当家作主的地位，并为他们的主动性、创造力的充分发挥创造一片"海阔凭鱼跃，天高任鸟飞"的广阔天地。

2. 从西方看

柔性管理所强调的"以人为本"的原则，同西欧14—16世纪的文艺复兴运动（The Renaissance）和17—18世纪的启蒙运动（The Enlightenment）所倡导的"人本主义"（Humanism）和"天赋人权"的思想是一脉相承的。特别是同20世纪中叶以来在企业内部兴起的"产业民主运动"（Industrial Democracy Movement）有着直接的联系。"产业民主运动"认为，企业内部传统的专制独裁式的管理等级制度所形成的管理权力结构必须做出重大的、根本性的变革，使之与反映历史进步潮流的"以人为本"的管理思想相适应。即认为欧洲文艺复兴运动和启蒙运动所提出的"人本主义"（或称"人道主义"）和"天赋人权"的思想不仅要体现在整个国家的政治、社会生活中，同时也应体现在企业的内部管理中。广大员工在企业内部管理中处于无权的状况必须得到根本改变，要在企业内部实行"产业民主"，使员工和经理人员处于平等地位，享有同样的参与权，把人本主义、民主管理的思想贯穿于企业管理过程的始终，从而使企业真正成为一个民主的、人性化的组织（Humanized organization）。只有这样，才能使每个人的主动性和创造精神充分发挥出来，成为企业创造优良业绩无穷无尽的力量源泉！

（编者注：本文发表于《经济学家》，1998年第1期）

简论工业经济向知识经济转变及其对现代管理会计的冲击

总的说来，当今世界正处于历史性转变的时期，具体表现为经济发达国家正处于从工业经济向知识经济转变时期，这一转变将对社会经济和人民生活的各个方面产生深刻的影响。

一、人类社会历史发展所经历的经济阶段及其生产要素

回顾人类社会历史的发展，从经济上看已经历了农业经济、工业经济阶段，且现在有些经济发达国家已发展到从工业经济向知识经济过渡的阶段。

农业经济阶段，是以土地为主要的生产要素，也可称为生产的单要素阶段。

工业经济阶段又可大致分为两个依次继起的阶段——初级阶段和高级阶段。工业经济的初级阶段，是手工业工场和低机械化生产阶段，这一阶段的生产可称为“劳动密集型生产”，是以土地、劳力、资本为主要的生产要素，可称为生产三要素阶段。工业经济的高级阶段，是生产的机械化、自动化程度较高的阶段。这一阶段的生产，可称为“资本—技术密集型”生产。在这一生产阶段，由于社会经济环境、条件发生了重大的变化，生产要素除原有的土地、劳力和资本外，还需其他要素与之相配合，生产才能卓有成效地进行，因而这一阶段可称为生产的多要素阶段。所以，总起来说，工业经

济阶段，整体上看，可称为生产三要素和生产多要素阶段。

知识经济（Knowledge Economy）阶段是工业经济阶段进一步的发展和深化，其表现为以人类高度发展的知识（广义理解的知识）为最重要的生产要素，可称为生产的新要素阶段。

由生产的多要素阶段发展到生产的新要素阶段，体现了人类社会的发展实现了一个新的飞跃。

二、对各个经济阶段生产要素的理论认识

（一）关于生产的单要素说

西方封建社会的农业生产认为土地是唯一的生产要素，法国经济学家、重农学派的创始人弗朗瓦斯·魁奈（F.Quesnay，1694—1774）于1758年发表的重要著作《经济表》对此作了明确的说明。他为什么肯定土地是农业唯一的生产要素呢？这是因为当时的农业基本上是靠劳动者在土地上赤手空拳地进行耕作，并不需要用较多的劳动手段去装备他们，因而资本自然不被认为是一个独立的生产要素。那么当时农业生产既然主要是靠人去进行艰苦的劳动，为什么不把劳动作为一个独立的生产要素呢？这是由于当时的农业劳动者基本上还处于依附于土地的“农奴”的地位，庄园主只需像喂牛、喂马那样喂饱他们就行，根本谈不上正规地拿工资，自然也不会把劳动当作一个独立的生产要素。

封建社会向资本主义社会过渡，正是把农奴的解放，即使之变成不依附于土地的“自由民”（自己有权出卖自己劳动力的人）作为其前提条件。因为只有这样，资本家才有可能在劳动力市场上自由地雇用劳工去进行工业性的生产。

（二）关于生产的三要素说和多要素说

1. 概述

进入18世纪，西欧资产阶级开始取代封建阶级登上历史舞台，并致力于工业生产。它始于工场手工业生产，到18世纪60年代，英国首先发生

"工业革命"（Industrial Revolution）（或称"产业革命"），在生产方式上开始从手工业工场向使用机器的工厂制过渡，这一生产方式上的革命，在欧洲大陆经过1个多世纪始趋于完成；此后，总的发展趋势是由生产的"劳动密集型"向"资本—技术密集型"转变，从生产要素上看，是由生产的二要素向生产的多要素转变。

2. 对生产三要素说的传统认识

前已指出，在工业生产的"劳动密集型"阶段，土地、劳力、资本被视为生产的三要素，也就是劳动者在一定的场地上并不能赤手空拳地去进行较为复杂的工业生产，而必须由资本家出资购置必要的劳动手段去装备他们，生产才能顺利地进行。据此，西方学者认为，生产的成果——产品的价值扣除生产中物化劳动转移价值外所形成的新增加的价值（"净增值"），是由各个贡献主体（土地所有者、劳动力所有者和资本所有者）共同创造的，因而也应在他们之间共同分配——土地所有者得地租、劳动力所有者得工资、资本所有者得利润，以实现价值的创造与分配的统一。

我国学术界对上述生产的三要素说，自中华人民共和国成立以来，总体上持批判的态度，认为其最大的错误是背离了马克思的劳动价值学说。关于这一问题，本文在这里暂时存而不论。

3. 生产三要素说向生产多要素说的转变

随着社会经济和科学技术的发展，"劳动密集型生产"向"资本—技术密集型生产"转变就成为历史的必然。与此相适应，生产的三要素说又要为生产的多要素说所取代。这一转变的客观必然性是和企业内外的环境、条件发生了重大变化紧密相关的。

从企业外部看，市场扩大——国内市场向国际大市场转变；要素市场充分发展，金融市场在整个市场体系中确立主体地位；在世界市场体系中，企业之间的竞争更加激烈；高新科学技术蓬勃发展并大量运用于生产。

从企业内部看，企业为适应外部环境、条件的重大变化，使自己在激烈的竞争中处于不败之地，就必须不断改进生产技术，提高生产的机械化、自动化水平，因而需要从国内外的金融市场上取得大量资本，用于生产经营和研究开发；同时还必须突出企业家的主导作用，要求他们能面对世界性的复杂多变的市场体系，正确地、卓有成效地进行筹资、投资和生产经营决策，做到“运筹帷幄之中，决胜千里之外”，以促进企业长期、健康地发展。

首先，在变化的环境、条件下，资本作为一个生产要素的重要性和其在“劳动密集型生产”下的情况是根本无法比拟的。因为在新的历史条件下，一个企业如果无法取得足够的资本来不断提高生产的技术装备水平，并进行开拓性的研究与开发，就无法保持并不断提高它在世界市场上的竞争能力，最终将导致其在激烈的市场竞争中被淘汰。

其次，在新的历史条件下，随着企业家地位、作用的大大提高，必须突出地把管理作为一个重要的生产要素。因为没有企业家卓有成效的组织管理，不依靠他们的远见卓识驾驶企业的航船跨越世界大市场的惊涛骇浪，企业不仅将一事无成，而且还可能随时有灭顶之灾。

最后，在现代市场经济中，政府的地位、作用也大大提高了，除了一般所说的政府要为企业的生产经营提供基础设施、治安维护、文化教育服务等，还必须看到：现代市场经济是法治经济，市场规则的法治化，是保证现代市场经济正常、有序、有效运行的必要条件。也就是说，如果没有政府在立法、执法等方面提供强有力的法治保证，整个市场秩序将陷入混乱，企业的生产经营也无法正常地进行。从这里可以看到，政府作为一个重要的贡献主体，自然也成为一个重要的生产要素。

由此可见，在现代社会中，工业的生产要素由三要素向多要素转变是一种历史性的进步。

三、生产的多要素向生产的新要素转变标志着工业经济向知识经济转变

在工业经济高度发展的阶段，随着高新科学技术的蓬勃发展及其大规模运用于生产，形成了“资本—技术密集型”生产，产品（服务）生产中

科学技术的含量已大大提高。沿着这一趋势继续向前发展，量的积累必然引起质的飞跃，知识（广义理解的知识）因素在生产中的作用必然会高度地突显出来，成为最关键的居于主导地位的生产要素。这种以知识为核心生产要素的经济，就可称为“知识经济”。它是人类社会经济发展的必然结果。

“知识经济”这一概念是经济合作与发展组织于1996年在一份题为《以知识为基础的经济》的报告中首次提出来的。[①]

在知识经济体系中，高知识转化为高智力。高智力劳动的主要特点为具有超常性（不墨守成规），富于个性（独出心裁），富于开拓精神、独创性与灵活性。[②]这种高智力劳动转化为独特的策略、构思，进而形成种种具有开拓性的设计和发明、创造等，它们的定型化就形成独特的专利权等无形资产。在知识经济体系中，无形资产将比传统的有形资产（原材料、厂房、设备等）更能发挥无可比拟的作用，从而使经济的发展不再属于资源依赖型，而转化为知识依赖型（依赖于人的知识的发展程度），这就使经济的长期、持续、快速地发展成为可能。

知识经济不同于发达的工业经济，主要表现在：

（1）资产的组成以无形资产（专利权、商标权、商誉等）为主体。

（2）人员的组成以高智力的员工为主体。

（3）产品（服务）的生产以高科技含量的微软产品为主体，同时致力于对现有产品进行更新改造，提高其科技含量，使之进一步“软”化。

（4）投资取向以智力投资为主体，需有长远的战略眼光，在人才培养、科学研究、技术开发和新产品的研制等方面投入充足的资金，以确保企业长期的竞争优势。

（5）在竞争策略上，以智谋、创新取胜——尽可能做到：人无我有、人有我优、人优我奇（出奇制胜）。

① 杨福家：《知识经济意味着什么》，《文汇报》1997年10月27日。

② 余绪缨：《柔性管理的发展及其思想文化渊源》，《经济学家》1998年第1期。

（6）咨询公司在社会上的地位、作用大大提高：由高智力专家组成的咨询公司可以为企业提供高智慧的谋略，使企业可据以创造大量财富，增强竞争实力。

四、知识经济的形成对现代管理会计体系将产生重大冲击

主要表现在以下几个方面。

（一）提供的信息要由单一化向多样化转变

知识经济是以知识为其核心的生产要素，而人是知识的载体。形成一种能促使人的聪明才智和开拓、创新精神得以充分发挥的机制，是一个极为复杂的过程，它涉及物质、精神的许多层面。因而新型管理会计提供的信息不应是单一化的，而必须是灵活、多样化的，包括数量信息与质量信息、财务信息与非财务信息、静态信息与动态信息、内部信息与外部信息、物质层面的信息与精神层面的信息等，使之与知识经济的特点和要求相适应，并据以形成多视角的激励机制，在更高层次上激发员工的奋发创新精神，借以为知识经济的发展提供无穷尽的智力源泉。

（二）资产核算的重点要从有形资产向无形资产转变

在知识经济体系中，无形资产作为人的超常智慧的结晶，是企业创造超常效益的最基本的源泉。这是一种新型的无形资产，它的核算和处理，相比于传统意义上的无形资产必须有所创新，因而必须把它当作一个新的专门问题，从理论与实践的结合上深入地进行开拓性研究。

（三）投资方案效益的评价要从财务效益向全方位效益转变

现行管理会计对投资方案的效益评价，主要考虑财产效益，而且把重点放在寻求直接材料和直接人工的节约上。这种做法导源于劳动密集或低技术密集型的生产条件，从知识经济的要求看，无异于舍本逐末。知识经

济既然是以知识为核心生产要素的经济，自应以智力投资为基本的投资取向。与此相适应，投资方案的效益评价，应站在时代的高度，面向国际大市场体系，从整体观和长期观来观察、认识和处理问题，尽可能超前地在人才开发、科技开发和产品开发等方面投入充足资金，力争在这些领域超前地取得创造性成果。因为在知识经济体系中，人才的知识优势和创新精神是企业的生命。依靠深厚的人才、科技积累，谁能最先推出具有独创性的产品，因为它享有专利权，谁就可以最大限度地占领世界市场，从而为企业全面、长期地提高竞争力和发展能力奠定牢固的基础。由此而取得投资效益，是一种高屋建瓴式的全方位效益，它是传统的、狭隘的财务效益根本无法比拟的。因此在知识经济体系中，投资方案的评价与选优，应以方案可能产生的全方位效益为基本的出发点。

（四）经营成果计算的重点要从利润计算向增值计算

传统的定期进行的利润计算，以生产多要素中的股东权益为中心，着重反映其从生产经营成果中的受益情况，在利润表中以利润项目表示；生产多要素中的其他贡献主体（企业内部的劳动者、企业外部的债权人和政府）从生产经营成果中受益的份额，即劳动者所得的工资、债权人所得的利息和政府所得的税金，则分别被列为经营收入的减项，在确定属于股东权益的利润之前予以扣除。

进入20世纪70年代，西方开始定期编制除利润表之外的“增值表”，以总括的形式定期反映企业增值的形成及其在企业内外各个贡献主体之间的分配情况；以此为基础进行分析、利用，可以为进一步加强微观和宏观管理提供有用信息。①

但通过增值表所进行的增值计算，还只停留于定期地进行总括性的静态反映，这是完全不够的。因为仅做到这一点，并不符合知识经济的特点与要求。

---

① 余绪缨：《论增值表的编制原理及其分析利用》，《财会通讯》1996年第10期。

如前所述，在知识经济体系中，增值主要是由高智力的劳动创造的，在智力产品的价值组成中，物化劳动的转移价值所占的比重很小。高智力的员工可以把他们的发明、创造转化为专利权等无形资产对企业进行投资，凝结在这些无形资产上的超常智慧以及具体运作在企业生产经营各个环节的高智力员工就可创造出大量的增值。

对于作为企业生产经营总成果的增值，不仅要求通过增值表定期地进行静态的总括反映，同时还应通过新兴的“作业管理”（activity-based management，ABM）来动态地掌握它在企业生产经营的各个环节形成和积累的具体过程。也就是，在ABM系统中，作业链（activity chain）同时表现为“价值链”（value chain）；作业的推移同时表现为价值在企业内部的逐步积累与转移，并以一套动态追踪式的瞬时信息沟通网络贯穿始终，如发现作业之间有任何“失衡”状况，就可及时纠正，以促使企业的整个价值链处于不断改进的状态中。[①]沿着这个思路使增值的动态计算进一步具体化、明细化，就可突破现行增值表对增值进行静态计算的局限，更好地为知识经济的发展服务。

（五）要进一步提高管理会计师的综合素质

在知识经济的大环境中，企业员工的组成以高智力的员工为主体，说明企业员工的总体素质大大地提高了。管理会计师作为决策支持系统的参谋人员，要能为决策系统卓有成效地提供管理咨询服务，其综合素质不显著提升，显然是无法胜任的。怎样提高管理会计师的综合素质，以适应知识经济不断发展的需要，拟于另一文章较集中地进行论述，在这里不作进一步展示。

（编者注：本文发表于《财会通讯》，1998年第4期）

① 余绪缨：《论当代管理会计面临新的重大突破》，《对外经贸财会》1995年9、10、11、12期连载。

论管理会计的技术观与社会文化观

一、管理会计的研究不能局限于其技术层面，而必须同社会文化观相结合

在管理会计的形成、发展过程中，研究者往往把主要精力放在它的技术层面（技术方法）上。这种做法，在这一新兴学科的奠基和成形阶段，是必要的，也是相当重要的。否则，这一新学科具有鲜明特色的基本框架就可能建立不起来。

可是当它发展到一定阶段以后，为了使它向更深的层次、更高的水平发展，在社会经济发展中充分发挥其积极作用，研究精力就不能只停留在它的技术层面，而必须提高到社会文化的层面上来认识和处理有关问题。

众所周知，在会计领域，通过各种技术方法所形成的会计信息，并不是死的数字，而是社会经济活动的综合反映。会计信息怎样形成和使用，关系到社会成员、社会组织乃至整个国家的利害、得失甚至前途命运。[①]

可见，会计问题绝不是单纯的技术性问题。通过会计的技术方法进行收集、加工、综合、分析所形成的会计信息，要对社会经济的发展充分发挥积极作用，首要的问题是必须以正确的社会文化观为指导。

人类社会的文化可以从许多不同角度进行研究。一般认为，文化的

① 杨时展教授曾提出一句寓意深刻的名言："天下未乱计先乱，天下欲治计乃治。"杨时展：《杨时展论文集》，北京：企业管理出版社，1997年，第181页。

核心部分是人类在认识和改造客观世界与主观世界的长期历史过程中所形成的价值观念、道德风尚与行为准则。其中，价值观是人们对事物的深层次的认识，是形成一种社会文化的基石，在整个社会文化体系中居主导地位。一个人的价值观反映了他的最终追求和判别是非的标准，并由此形成特定的行为取向。因而可以说，在一定的社会环境、条件下，道德风尚与行为准则都是由价值观所驱动的。例如，一个人如果确立了这样的价值观：不愿意辛勤劳动而又要追求尽可能高的享受，在道德上就会损人利己；在行为上当达不到目的（追求尽可能高的享受得不到实现）而又别无其他选择时，就可能铤而走险，甚至谋财害命。在会计文献上有一个广为流行的说法，即“会计是经济活动的语言”。当然，它不是原始的语言，而是一种符号化的文字与数字、图表相结合的语言。但语言（不管是口头上的或书面上的）只是思维的外壳，它通过特定的形式，表现和传递人们一定的思想文化内容——包括人们的价值观、道德风尚和行为准则。会计的功能，不管会计文献上有多少种说法，归根到底，是行为功能（Behavioral Function）。会计的技术方法不管如何复杂、先进，如果它提供的信息不能有效地影响人们的行为（包括组织行为和个人行为），就不可能对社会经济生活发挥任何实际作用。而要使会计的行为功能得到充分发挥，不是单纯靠研究它的技术方法就能奏效的，还必须深入研究它的社会文化层面，使会计研究的技术观和社会文化观相结合。

更具体一点说，一个组织的领导人如果要通过“以权扰数”，达到“以数谋官”“以数谋位”的目标，并为此而要求会计部门按照他们的意志行事，那他们在道德上就不可能做到诚实守信，在行为上就会假账真算或真账假算，导致会计信息的严重失真。[①]这样的会计问题，就不是单纯依靠改进会计的技术方法能解决的，而必须探索问题产生的社会文化根源。在社会大环境中，从树立正确的价值观、道德风尚和行为准则入手，才能从根本上解决问题。否则，无异于舍本逐末。

---

① 余绪缨：《会计信息失真问题剖析》，《财会月刊》1996年第8期。

二、管理会计技术方法的形成与发展

1. 成本会计是管理会计的前身[①]

成本会计作为管理会计的前身，是工业化的产物。由于工业革命在生产方式上开始从工场手工业向使用机器的工厂制过渡，随着时间的推移，企业的规模越来越大，同时要求筹集大量资金用在昂贵的生产设备上，折旧费用大幅增长，加上生产的品种日趋多样化，间接费用的分配、吸收成为成本计算的一大难题。与此同时，竞争的压力又要求各产品提供较准确的成本数据，以实现成本计算与利润计算的直接联系。这在客观上要求成本计算的技术方法能够解决折旧费用的计算和产品间接费用的分配问题。在起始阶段，这种计算是在账外进行的；经过较长一段时间的实践，又由账外计算转入账内计算，使成本的形成、积累与结转，纳入复式簿记的框架，标志着成本会计的正式诞生。成本会计向纵深发展，从原始的实际成本计算发展到成本计算与成本控制（管理）相结合，具体表现为20世纪初期，配合泰罗制在实践中的广泛实施，“标准成本”“差异分析”和“预算控制”这些同泰罗的科学管理方法直接联系的技术方法开始被引进、应用到会计体系中来，形成独特的标准成本系统。它把严密的事先计算引入会计体系，实行事先计算、事中控制和事后分析相结合，为会计直接有效地服务于企业管理开创了一条新路。这是十分可贵的。

2. 20 世纪 50 年代以来管理会计的形成和发展[②]

管理会计是为企业的领导者和管理人员提供管理信息的会计。以泰罗制为基础形成、发展起来的标准成本系统，虽可视为管理会计形成的一个起点，并成为至今流行的管理会计的一个组成部分，但仅此一项还不能成为严格意义上的管理会计。管理会计的形成与发展，是和“二战”以后资本主义世界社会经济和科学技术的新发展直接相联系的。从20世纪50年代

---

① 余绪缨：《纵论现代会计的形成与发展》，《财会月刊》1993年第6期。

② 余绪缨：《管理会计》（修订本），北京：中国财政经济出版社，1990年。

起，资本主义世界进入所谓“战后期”，“战后期”资本主义社会经济和科学技术发展的新形势和特点，促进了现代管理科学的形成和发展。“管理的重心在经营，经营的重心在决策”，正是现代管理科学适应新的情况提出来的企业管理的新的指导方针，并由此而促成了管理会计的形成和发展。

简括地说，在新的历史条件下形成的管理会计的基本框架，是以“决策与计划会计”和“执行会计”为主体，并把“决策会计”放在首要地位。其中“决策会计”是以长、短决策的效益评价为核心，而计划（预算）则是决策所选定的有关方案的加工、汇总。“执行会计”是以责任会计为核心，着重于对经营活动的进程和效果进行评价与控制。

从技术层面看，经过较长期的实践，管理会计所用的多样化的技术方法已取得了丰硕成果，并更趋成熟和定型化。它主要包括成本性态与本—量—利分析；决策的相关成本与非相关成本的划分和短期经营决策方案的对比分析；长期投资决策方案评价方法和货币时间价值的应用；生产经营全面预算的编制方法；标准成本的制定和差异分析方法；存货的计划与控制方法；成本可控性的划分、企业内部转移价格的制定及其在责任会计中的应用；现代数学方法（如数学分析、数学规划、数理统计和矩阵代数等）的广泛应用；等等。上述方法可总称为分析性方法，其多样化和复杂程度，相比于财务会计所用的较为简单的描述性方法显现出更鲜明的特色。

从总体上看，一门学科的技术层面可以看作它的“硬件”，而相应的社会文化观则可看作它的“软件”，后者是前者的灵魂和生命。任何技术方法的应用，如果没有正确的社会文化观作指导，将无法对社会经济的发展产生积极的作用。管理会计自然也是如此。

三、管理会计技术方法的应用必须以正确的社会文化观为指导的具体论证

1. 决策的科学化必须以民主化为基础[①]

现代管理科学认为，管理首先是决策，决策是领导者和管理者的首要职能。因而以现代管理科学为指导所形成的管理会计，也把“决策会计”放在首位。

经过较长期的实践，在“决策会计”领域所形成的对决策（无论是短期经营决策还是长期投资决策）方案效益的评价方法是相当丰富而多样化的。但其具体运用，在决策程序中首先必须正确解决好决策的民主化与科学化的关系问题。

现代管理科学从决策是管理的首要职能这一基本认识出发，把一个完整的管理系统分为三个层次：一是决策系统；二是决策支持系统；三是执行与控制系统。与此相适应，管理人员也可分为三种不同类型：一是决策人员；二是参谋人员；三是执行人员。会计人员作为信息专家，属于决策支持系统中的参谋人员。

决策支持系统与决策系统的关系，实质上是“谋”与“断”的关系，即前者作为后者的“外脑”，为后者最终进行科学决策充分发挥“智囊团”的作用。“谋”“断”相对分开、相互协作，是现代决策体制的重要特点。这种决策体制最早是由军事科学提出来的。因为大量的战争实践和无数血的教训充分证明：不通过参谋部具体掌握有关方面大量的军事情报（信息），据以分析研究，制订各种科学可行的作战方案，然后由司令部作出正确的判断和选择，从中选取在一定条件下最可行的作战方案，要打胜仗是不可能的。甚至可以这样说：没有参谋部的“多谋”，就不会有司令部的“善断”，没有参谋部的运筹帷幄，就不会有司令部的决胜千里。

① 余绪缨：《对现代管理会计的基本认识》，《厦门大学学报》（会计学专刊）1991年6月。

因而现代军事科学十分重视参谋机构（人员）的作用。这种由军事科学确立的科学的决策体制，很快被推广应用到现代社会经济领域中来，并在经济管理实践中显示出强大的生命力。

由此可见，在决策程序中正确处理好决策的民主化与科学化的关系，就是正确处理好决策支持系统的“多谋”与决策系统的“善断”的关系。其中“多谋”体现民主化，“善断”体现科学化。这就意味着：“善断”必须以“多谋”为基础，否则，决策的科学化将成为一句空话。因为任何单位决策系统的领导人，即使是位高权重的领导人，也不可能是万能的。明智的领导者一定要有“海纳百川”的胸怀，善于主动、积极地为决策支持系统的参谋人员建言献策创造良好的环境和条件，即诚心诚意地鼓励他们讲真话，独立自主地发表意见，真正做到尊重知识、尊重人才。这是使决策支持系统中的参谋人员能正确地履行职责、充分发挥其聪明才智的关键所在。反之，如果决策系统中的领导人没有优良的品德和崇高的思想境界，不仅不让决策支持系统中学有专长的专家独立自主地、客观地发表意见，反而要求他们以某种形式的所谓科学论证来为自己的既定框框（长官意志）服务，使之披上科学的外衣，就会产生更大的迷惑性，这样的论证比不论证更坏。由此而导致决策的失误就不可避免。

因此，决策程序的指导思想和决策人的道德情操，对决策的成败，比相关的技术方法重要得多。

2. 预算管理（包括预算的编制及其贯彻执行）必须确立广大员工的主体地位

预算管理的重要性在于它对管理会计的两大组成部分——决策会计与执行会计起着承上启下的作用。它既是决策会计所定决策目标的具体化与协调化，又是对决策目标的贯彻执行落实责任与指导行为的重要规范。

也就是：预算管理首先要对按决策程序所定的决策方案进行加工、汇总，形成企业生产经营在一定期间的全面预算，以集中反映整个企业在该时期内要完成的目标和任务；为促进企业总体目标和任务的实现，还需进一步落实和具体化。为此，就要进行指标分解，形成各个“责任中心”的责任预算，使它们明确各自的目标、任务，并以责任预算所规定的目标作为开展日常经营活动的准绳；各个“责任中心”在日常经营过程中，通过“责任会计”对预算的执行情况进行系统的记录和剖析，将实际完成情况和预定目标进行对比，评价和考核各个“责任中心”及其有关人员的经营业绩，并通过信息反馈，及时对企业生产经营各个方面充分发挥制约和促进作用，以确保决策所定目标的顺利实现。

由此可见，预算管理的技术方法，通过较长期的实践，已经得到充分的发展并趋于定型化。问题在于它的社会文化层面。

实践证明：预算的制定和执行，是一种群体行为，工作群体内部的凝聚力越强，群体对预算目标的认同感就越强，取得的效果也就越好；反之，取得的效果就越差。群体动力充分发挥的最高境界是使之达到最佳的“竞技状态”，即使每一个职工目标一致，通力协作，充分发挥每个人的潜能，全力拼搏、奋勇争先。这样，就能自然而然地取得在可能范围内的最佳集体成果。要使预算管理达到这样高的境界，在企业管理的权力结构上，必须遵循新兴起的“产业民主运动”（Industrial Democracy Movement）的精神，作重大的、根本性的变革，将原来纵向的专制独裁式的集权式管理，转变为横向的分权式的民主管理，以基层为管理权力的基点，真正确立广大员工的主体地位，赋予他们充分的自主权、知情权和发言权，即坚持“员工本位”原则，以员工满意为顾客满意的基础和条件，以促进在生产经营第一线的广大员工的自主性和开拓、创新精神的充分发挥。

据此，在预算管理工作中，要注意如下两点：

第一，总预算指标的分解、落实，必须充分尊重下级预算执行者的独立自主精神，由过去从上而下颁发“强加性的分预算”改变为由广大员工亲自参与制定而形成“参与性分预算”。这样做会使分预算的执行者增强主人翁责任感，从而把所制定的有关分预算的执行看作“自己”义不容辞的责任，借以充分调动他们完成预定目标的主动性与积极性。

第二，预算的贯彻执行应当使执行者彼此之间从各自的主体地位出发，相互承诺，形成相互遵循的权责关系，并具体化为一系列相互联结的内部契约关系，以此作为各自的行为规范。从而使预算执行者在其运作中，形成一种以"自主管理"为基础的"自行调节""自行控制""自行适应"的机制；并依据一套动态追踪式的瞬时信息网络，相互沟通，如若发现任何"失衡"现象，及时予以纠正，以保持组织内部各个环节的协调运作与动态平衡，自下而上促进企业总体目标的顺利实现。

以上所述，是在预算管理领域，以正确的社会文化观为指导，使管理会计的行为功能得以充分发挥，使之向更深的层次、更高的水平发展的鲜明体现。

参考文献：

[1] 余绪缨. 柔性管理的发展及其思想文化渊源[J]. 经济学家，1998（01）：85−91+127.

[2] MACINTOSH N. The social software of accounting and information systems[M]. John Wiley & Sons，Inc.，1985.

（编者注：本文发表于《财会月刊》，1998年第7期）

论知识经济的社会文化观与现代管理会计

一、知识、知识经济问题的社会文化观

知识经济问题，是我国学术界当前正在讨论的热点问题之一。但总的说来，讨论的重点主要集中于它的技术层面，很少涉及它的社会文化层面。

什么是知识经济？现有相关文献的阐述大同小异，多是引用国际经济合作与发展组织（OECD）所下的定义。

笔者个人的认识是："知识经济是工业经济的进一步发展和深化，其基本特点表现为它是以人的创造性知识（广义理解的知识）为最重要的生产要素，……从而使经济的发展不再属于资源依赖型，而转化为知识依赖型（依赖于人的知识的发展程度）。由于地球上的资源总是有限的，而人的头脑中的知识却可源源不断地被开发出来，因而知识经济作为知识依赖型的经济，自然就可保持长期的持续发展。"[①]

现在的问题是，上述关于知识经济的界定中，广义理解的创造性知识怎样才能源源不断地被开发出来呢？这不是一个单纯的技术问题，而首

---

① 余绪缨：《论知识经济与创造性人才的培养》，《中国经济问题》1998年第4期。

先是一个社会文化问题，即涉及“非人性化”（dehumanized）与“人性化”（humanized）的问题。如果知识经济只涉及非人性化的技术问题，那就只能称之为技术经济，而不是知识经济。

为什么这样说呢？这是因为，创造性知识是人的创造性思维的结晶，是人的大脑的产物。但任何人都不是一个孤立的人，而是作为“社会人”以至“文化人”而存在，总是生活在一定的社会关系中。历史和现实都充分证明：人的大脑能不能独立自主、“精神焕发”地进行创造性思考，从而相应地产生创造性知识，是有条件的。也就是说，它首先同人们所处的大环境、人们所赖以生存的社会、经济条件有着直接的联系。这是因为，“创造性思维不同于一般思维，往往表现为具有超常性（不墨守成规），富有个性（独出心裁）、开拓性、独创性和灵活性”①。而要使真正具有上述特征的创造性思维得以自由驰骋，从而使异彩纷呈的创造性知识得以源源不断地大量涌现，又有赖于与此相适应的催人奋进的社会大环境的激发和孕育才有可能实现。这也正是至今仍有许多人总是带着极其美好和仰慕的心情，追思我国公元前春秋战国时期“诸子百家”争鸣的时代和西欧14—16世纪文艺复兴时代的根本原因所在。因为这是中、西文化史上的两个黄金时代，都是真正的“思想大解放，科学、艺术处于大变革、大发展、大创造的时代，也是科学、艺术上英才辈出、群星灿烂的时代”②。这两个中、西文化史上黄金时代所产生的许多出类拔萃的大师们所取得的伟大成就和闪耀的思想光辉，可以看作是他们所处的伟大时代精神的生动反映，至今仍熠熠生辉，令人无限敬仰。

关于创造性人才（具有创造性思维的人才）辈出与社会大环境的关系，我国晚清大学者龚自珍对此也有极为深刻的感受。从他所写的一首脍炙人口的著名诗篇“九州生气恃风雷，万马齐喑究可哀。我劝天公重抖

---

① 余绪缨：《论知识经济与创造性人才的培养》，《中国经济问题》1998年第4期。

② 余绪缨：《帕乔利对复式簿记的历史性贡献为此后会计科学的发展奠定了坚实基础》，《财会通讯》1994年增刊。

擞，不拘一格降人才”可以看到，前两句充分反映了他对封建社会末期的思想禁锢压抑了创造性人才成长的无限惋惜和哀叹；而后两句则充分表达了他强烈要求进行社会变革，为创造性人才茁壮成长创造良好的社会大环境的热切追求和无限向往。因而他的这首寓意极为深刻的诗篇，就是今天读来，也足以振聋发聩、发人深省。

从以上分析可以看到，发展以知识为基础的经济，由于知识是人的头脑的产物，是同每个人的精神状态紧密联系的，因而它就绝不可能是单纯的自然科学技术问题，而应首先看作是社会文化问题。发展知识经济，使它真正为人民造福，首先要尊重人的价值、尊重人格的独立和人的尊严，突出人的主体地位，做到以人为本、技术为用。只有这样，才能有效地激发每个人的创造性思维，为促进知识经济迅速而健康地发展，提供无穷尽的精神和智慧的源泉。

二、知识经济的形成与发展同宏观与微观经济管理体制之间的关系

（一）从宏观上看

首先要明确，在我国传统的高度集中的计划经济体制下，要形成和发展知识经济，是完全不可能的。我们可以设想，如果没有20多年来的改革开放，特别是如果没有1992年春邓小平南巡讲话的推动，加速了从传统的计划经济体制向社会主义市场经济体制的转变，扑面而来的以创造性知识为基础的经济将无法在我国生根、发芽和结果，从而使我国失去一次重大的历史机遇，即导致我国经济的发展将无法融入世界性知识经济发展的大潮流，而陷入步履维艰的困境。

那么，知识经济为什么必然会同我国传统的高度集中的计划经济体制水火不容呢？

从社会文化观看，须从经济与文化的关系谈起。

关于经济与文化的关系，正如毛泽东在其所著《新民主主义论》中说

的："一定的文化（当作观念形态的文化）是一定社会的政治和经济的反映，又给予伟大影响和作用于一定社会的政治和经济。"

1949年，中华人民共和国成立，标志着中国一个新时代的开始。在当时，经济上照搬苏联高度集中的计划经济体制，其主要特点是：采用国家所有制，所有企业除极少数属于集体所有外，都属于以国家为代表的"全民"所有，国家通过下达指令性计划进行"大统一"的直接管理；在财务上实行"统收统支，统负盈亏"，企业没有独立自主的经营权。经济体制上的"大统一"，要求文化上的"大统一"与之相适应。"大统一"的文化，在个人与社会的关系上，表现出一元性、依附性和驯服性的显著特点。

一元性强调"社会本位论"，个人作为社会整体的一分子，不应有独具"个性"的自我追求，个人的人格独立和正当利益得不到应有的尊重，要求每个人"毫不利己，专门利人"；否则，就会被诬为"个人主义"严重而受到批判。

依附性与一元性相联系，强调任何人都不能游离于一定的社会组织之外，其工作和生活必须依附于一定的组织，从而在全国范围内形成一个无所不包的层层依附于上级的金字塔式的依附网络。

驯服性是指强调个人对组织必须绝对服从，不容任何人在思想上和行动上有任何"越轨"之处。要求人们以做组织的"驯服工具"为荣。①

这种"大统一"的文化，一方面将每一个社会成员都应遵循的道德准则和社会成员中极少数先进英雄模范人物"无私奉献"的精神风范相等同，严重脱离社会客观实际，势必导致"假、大、空"风气的滋生和蔓延；另一方面，它对人的"个性"的扼杀，也对社会成员主动性和聪明才

① 大文学家、翻译家、世界著名记者、中央文史馆馆长萧乾先生临终时说过："解放之后，要知识分子做驯服的工具，我当时听了，心里就有一个问题。如果都成了驯服工具，我觉得对国家、民族的前途未必有利。……我觉得言论堵塞是很可悲的。一个国家如果只有齐声歌颂，而没有舆论监督，我觉得很可怕。"参见丁东："世纪的告别"，《南方周末》1999年4月2日。语云："鸟之将死，其鸣也哀，人之将死，其言也善。"笔者认为，萧老上述临终的谔谔之言，对我们今后的安邦治国，无疑具有深刻的教益。

智的发挥起到严重的窒息作用。[①]由此而形成的知识界“万马齐喑”的局面，怎么有可能为知识经济的形成与发展提供无限生机的精神动力与智慧源泉呢?

市场经济体制则与此不同。它是建立在自由而普遍的商品等价交换的基础上的经济。“等价交换”原则的基础是交换双方地位平等，并不因金钱或权力、地位的不同而有所差别。而市场经济优胜劣汰的竞争机制，又有利于调动人类可贵的开拓进取、不断创新的精神，即我国优秀传统文化中“天行健，君子以自强不息”（《周易·乾卦第一》）和“止于至善”（《大学·孔经》）的精神，这两个方面的结合，就表现为力求达到永无止境的更加完美境界的精神。经济生活中这种精神的发扬，有助于促进人的人本立场、主体意识和人性智慧的回归，从而可以为知识经济在我国的形成和发展奠定牢固的人文基础。

从以上关于知识经济形成与发展的宏观基础的分析中可以清楚地看到，它所涉及的首先是社会文化问题，而不是技术问题。对有关问题如果不从社会文化的大视野进行深层次的分析，就有可能使人们的认识陷入机械论或工具论的泥潭而不能自拔。

（二）从微观上看

再从微观上看，在企业内部建立合理的权力结构，实行真正民主的、人性化的管理，借以为知识经济在企业内部奠定微观基础，在西方经济发达国家，也走了一段很长的弯路。本来西欧14—16世纪的文艺复兴运动（The Renaissance）和17—18世纪的启蒙运动（The Enlightenment）所倡导的“人本主义”和“天赋人权”的思想，已经促成了资产阶级民主政治制度的建立，使广大公民（citizens）至少从理论上看，在社会政治生活中享有广泛的民主权利，如可参与议员和总统的直接选举等。可是，在企业内部，长期以来，所实行的仍然是纵向的专制独裁式的集权化管理，广大

① 余绪缨：《弘扬传统文化的精华，促进社会主义市场经济的健康发展》，《中国经济问题》1999年第4期。

员工仍处于无权的状态，他们所进行的一切活动都为等级森严的官僚体制所控制。广大员工在企业内部的主人翁地位得不到应有的尊重，他们的主动性、积极性以及智慧和创造力，因受到种种压制而无法充分发挥。

如不彻底改变这种情况，知识经济在企业内部的落实自然无从谈起。

20世纪中叶以来，在西方企业内部兴起的“产业民主运动”（Industrial Democracy Movement）正是以彻底改变上述违反历史进步潮流的情况为其基本出发点。“‘产业民主运动’认为，企业内部传统的专制独裁式的管理等级制度所形成的管理权力结构，必须作重大的、根本性的变革，使之与反映历史进步潮流的‘以人为本’的管理思想相适应。即认为欧洲文艺复兴运动和启蒙运动所提出的‘人本主义’和‘天赋人权’的思想，不仅要体现在整个国家的政治、社会生活中，同时也应体现在企业的内部管理中。广大员工在企业内部管理中处于无权的状况必须根本改变，要在企业内部实行‘产业民主’，将原来纵向的专制独裁式的管理转变为横向（扁平式）的分权化的民主管理，借以使员工和经理人员处于平等地位，享有同样的参与权力，把人本主义、民主管理的思想贯穿于企业管理过程的始终，从而使企业真正成为一个民主的、人性化的组织（Humanized organization）。只有这样，才能使每个员工的主动性和创造精神充分发挥出来。”①为知识经济在企业内部生根、发芽、结果奠定坚实的人文基础。

三、知识经济的形成与发展将对现行管理会计体系产生重大影响

（一）企业经营目标的多元化问题

企业经营目标是企业一切生产经营活动的出发点和归宿。管理会计，作为为企业生产经营提供信息和智力支持的“决策支持系统”，其一切活

① 余绪缨：《柔性管理的发展及其思想文化渊源》，《经济学家》1998年第1期。

动，也应以企业的经营目标为中心，力求能卓有成效地促进和服务于企业经营目标的实现。

应怎样界定企业的经营目标？国内外各相关学科的学者对这一问题的认识有一个逐步深化和发展的过程。笔者认为，其认识的深化和发展，又同人们对人性（personality）的认识有着直接的联系。

大家知道，美国学者马斯洛是研究行为科学的先驱者之一，他在20世纪40年代提出了著名的“需求层次理论”（Hierarchy of Needs Theory），该理论认为人的需求可以分为5个等级，依次是：①生理的需求：指衣、食、住等人的基本生活的需求。②安全的需求：指人的生活及其生命、财产能得到安全保障的需求。③友好与归属的需求：指人进入组织后，组织成员之间相互信任、友好相处，成员对所在组织形成归属感的需求。④尊重的需求：指人应受到尊重，在组织中形成自重、互敬的良好气氛，进而激发人们对所从事的工作产生自豪感的需求。⑤自我实现（Self-actuality）的需求：指人对完成自己矢志献身的创造性事业，可从中得到最大自我满足的需求。这种自我实现是一种最高的精神境界。以上5个层次的需求，形成一种金字塔式的结构。①

笔者认为，对马斯洛的理论，也可从另一角度来领会，据以把人依次分成三种类型，即经济人（Economic man）、社会人（Social man）和文化人（Cultural man）。意思是可粗略地认为：侧重于第1、2层次的人属于“经济人”；侧重于第3层次的人属于“社会人”；而侧重于第5层次的人属于“文化人”；而第4层次则介乎第3层次与第5层次之间，既同“社会人”有关，也同“文化人”有关。

对人的类型作这样一种分类，有什么重要意义呢？笔者认为，它可以作为确定企业员工的个人目标和由员工组合而成的企业整体经营目标的客观依据。

① 余绪缨：《试论现代管理会计中行为科学的引进与应用问题》，《厦门大学学报》（哲学社会科学版）1990年第4期。

具体地说，在工业经济发展的前期，20世纪初以泰罗为代表的管理学家认为，企业的组成人员都是在一定环境和条件下进行活动的“经济人”。企业整体的生产经营，也遵循“经济人”的行为准则。因而企业整体的经营目标是“利润的最大化”。对员工的激励也主要运用经济激励机制。

当工业经济发展到较高级的阶段，行为科学家则认为，不能把企业的组成人员看作只寻求经济利益的“经济人”，而应把他们看作具有感情、思想、需求、爱好和主动性、能动性的“社会人”。因而，企业作为一个社会单位，是一种社会的有机联合体。在这种社会有机联合体中，不存在像“利润最大化”这样一个单一的可以普遍适用的经营目标。从长远的观点看，应把企业的长期健康发展看作它的总体目标。为有利于企业长期健康的发展，必须努力消除因以“利润最大化”为单一目标而可能导致企业侧重短期行为的种种消极因素。除利润之外，还必须同时在科技开发、产品开发、产品的市场占有率、人才开发、生产安全、技术装备水平、生活福利设施等各个方面下功夫，才有可能为企业长期的健康发展创造有利条件，奠定牢固的基础。与此相联系，企业的员工作为“社会人”，不是单纯“经济人”，他们的个人目标也是多样化的，应包括心理、社会和经济需要等各个方面，并不会以单纯追求经济利益作为其唯一目标。因而，对人们的激励因素也不能局限于经济因素，而应同时包括心理、社会和经济等各个方面。①

当工业经济进一步向知识经济转变，企业的组成以高智力的员工为主体，他们已经达到“文化人”的崇高精神境界，企业作为由文化人组成的集体，生产经营当然不会以工业经济后期“企业本位”的多元化指标为经营目标，更不会以工业经济前期所采用的“单一的利润最大化”为经营目标，而会适应“文化人”的特点和需求，以服务于“社会本位”的更高层次的多元化为经营目标。这种更高层次的多元化指标，从根本动力

① 余绪缨：《试论现代管理会计中行为科学的引进与应用问题》，《厦门大学学报》（哲学社会科学版）1990年第4期。

上看，必然是以非功利性指标为主导。这是因为以“文化人”为主体组成的知识经济社会，是高度文明的社会，根植于这种大环境的企业，自然会以更广阔的视野、更恢宏的气度，力求应用它所拥有的巨大优势，不断为其赖以生存的社会创造尽可能多的新价值，借以为解决社会面临的诸如资源、环境、教育等众多问题，促进社会的全面进步，做出尽可能大的贡献。

总括地说，企业的经营目标，从“单一的利润最大化”，到“企业本位的经营目标的多样化”，再到“社会本位的经营目标的多元化”，反映了一个由低层次到高层次的发展过程。其中，财务会计能最直接有效地为实现较低层次的企业经营目标——“利润最大化”服务，而管理会计则有更广阔的活动空间，即可为实现较高层次的企业经营目标——“企业本位的多样化的经营目标”和“社会本位的多元化企业经营目标”服务。特别是能更有效地为较高层次的根植于知识经济社会的“社会本位的多元化企业经营目标”的实现服务。

（二）“决策支持系统”从为“金字塔式”的“决策系统”服务转变为同时为“倒金字塔式”和“金字塔式”的“决策系统”服务

我们曾较早地撰文论述管理会计是“决策支持系统”的一个子系统，其首要职能是从事决策的研究工作。问题在于：我们原来在这一方面所作的论述，是以纵向的金字塔式的集权化管理模式为基点的。因而对“决策支持系统”如何进行决策的研究，把重点放在了如何为企业最高领导人进行最终决策的金字塔式的“决策系统”提供信息与智力支持上。[①]这种认识显然是很不全面的。因为它既不符合“产业民主运动”的要求，也同知识经济形成与发展的总趋势不相适应。因为知识经济既然是以人的创造性知识为最重要的核心生产要素，而知识又是深藏于广大员工大脑中的精神

① 余绪缨：《再论现代管理会计的特性》，《财会通讯》1999年第6期。

财富，是不可能依靠外力的强制（如通过上级的发号施令）把它挖掘出来的。唯一的办法是形成一种新的有效的机制，从内心深处来激发每个员工自身的主人翁责任感和乐于奉献的精神动力，使他们每个人头脑中的知识宝库都能转化为企业取之不尽的创造源泉。而要做到这一点，就必须改变企业管理原来的权力结构，即从纵向的集权化、控制性的管理转变为横向的、分权化的民主管理，以基层为管理权力的基点，真正确立广大员工的主体地位，赋予他们充分的自主权、知情权和参与权，即坚持员工本位的原则，使每个员工在各自的工作岗位上都有权依据他们直接了解的情况，审时度势，适应情况的变化自行进行决策，形成“倒金字塔式”的决策体系，并在其运作中形成一种以“自主管理”为基础的“自行调节”“自行控制”“自行适应”的机制。只有这样，才能从整体上极大地提高企业对客观环境、条件变化的灵活反应能力，从根本上弥补在集权化管理模式下凡事都要层层请示汇报才能采取行动，势必贻误稍纵即逝的时机而造成损失的严重缺陷。

在建立了“倒金字塔式”决策机制以后，企业的高层领导应怎样实现其领导职能呢？笔者认为，宜实行较为超脱的、富有感情色彩的“鼓舞性领导方式”（Inspirational leadership）或称“支持性的领导方式”（Supporting leadership），进而收到“官闲民乐”的效果。这里所说的“官闲”，并不是指采用了“倒金字塔式”的决策机制，企业的高层领导就可以无所事事，而是指他们应尽量避免去直接干预其所属各层次、各单位广大员工所从事的日常具体事务，而应集中主要精力去研究企业发展的全局性、长远性、战略性的大问题，从宏观上对企业整体性的发展进行高屋建瓴式的谋划；而“民乐”，则指广大员工在遵循企业总的经营规范的前提下，可以独立自主、心情舒畅地开展工作，而不致经常受到外来的种种无谓的干扰。这样，就可以为企业生产经营创造一种充满无限生机与活力的环境，有助于促进广大员工在各自的岗位上，各尽所能，才思泉涌，从而创造出尽可能优良的业绩，为企业整体的健康发展做出尽可能大的贡献。

管理会计，作为决策支持系统，应怎样做才能同上述新的决策机制的要求相适应呢？笔者认为，上述新的决策机制对“决策支持系统”的要求不是降低了，而是更高了。因为前者要求后者：

既眼睛向下——为企业生产经营第一线的广大员工提供动态追踪式的瞬时信息沟通网络，为他们进行日常经营决策提供信息、智力支持；

又眼睛向上——为企业高阶层领导进行全局性、长期性、战略性的决策提供信息、智力支持。

这样上下结合，使全局与局部、长远与当前、战略与战术互相贯通，就可收到最优的整体效果。

（三）管理会计将从“财务会计”的“二维结构”向“三维结构”转变，走上自己独立发展的道路

会计的发展变化同它所依存的社会经济环境条件的发展、变化和科学技术的发展水平有着密切的联系。对会计发展史作简单的回顾可以看到，从基本结构上看，它已经完成了从“一维结构”向“二维结构”的发展，即从“单式簿记”向“复式簿记”的发展，这一发展历程，是同从基本上属于自给自足的农业经济向以生产社会化为基础的工业经济的发展相适应的。现在我们面临从工业经济向知识经济新时代的转变。由于知识经济是以创造性知识为其核心生产要素，进一步深化和发展了原有的工业经济，于是出现了许多新问题，这些问题，从会计上看，依靠财务会计原有的“二维结构”模式是无法解决的。因此在工业经济向知识经济转变的时代趋势中，管理会计要突破财务会计“二维结构”的既定框框，转变为在“三维结构”模式的基础上走独立发展的道路，这已成为历史的必然。

较具体地说，从历史上看，以自给自足为基本特征的农业经济，生产出来的东西被消费以后，如果还有剩余，则以“资产”的形式存在，不管是农民，还是地主，只会把所占有的资产积存起来，甚至把它埋在地下。也就是说，他们只会存钱，不会用钱，更不会把所拥有的资产拿去投资，使资产转化为资本，因为当时还没有出现像“资本”或“投资”这样的经济概念。在这种情况下，占有资产的人要利用会计记账，只要用“一维结

构”的单式簿记就够了，因为要掌握资产占有量的增减变化，只需要了解期初原来存了多少，本期新收到了多少，本期用掉了多少，最后得出期末还存多少即可。用公式表示，就是：旧管+新收-开除=实在，十分简单明了。

笔者在1994年写的纪念帕乔利“复式簿记”发表500周年的题为《帕乔利对复式簿记的历史性贡献为此后会计科学的发展奠定了牢固基础》的文章中，把会计体系比作“一棵枝繁叶茂、繁花似锦的大树”①。现在再以此为基础作进一步展开。笔者认为，从会计结构的发展看，可以这样来说明：农业经济社会的会计，作为“一维结构”的单式簿记，好比是一棵生长在山上或平原上的树，它的各个部分——树干、树枝、树叶都是看得见、摸得着的，其增减变化是简单明了的。

到了工业经济社会，情况就不同了，经济上自给自足的成分少了，经济的社会化程度高了，商品货币关系迅速发展了，资产可以通过投资转化为资本，资本作为运动中的价值，不仅可以保值，还可以增值。（钱被埋在地下是静止的，只能保值，而资本则可通过运动——循环周转而增值），于是出现了许多如产权、利润和债权、债务等抽象化概念。采用“二维结构”的复式簿记由此而产生。

再以树作比喻，“二维结构”的复式簿记不同于“一维结构”的单式簿记，在于它不是一棵生长在山上或平原上的树，而是生长在河边或湖边的树，既有岸上的树的本体，还有水中的树的“倒影”。其中，资产有如树的主体；负债、资本有如树在水中的“倒影”，于是有了“资产=负债+资本”的公式。资产作为树的本体，是看得见、摸得着的；负债和资本作为树的“倒影”，是看得见、摸不着的（如股票作为一张“产权”的凭证，是看得见的，而股票的价值是100元、1000元，还是10000元，所写的只是一个符号，是摸不着的，因为它们代表的不同价值摸起来都一样，毫

① 余绪缨：《帕乔利对复式簿记的历史性贡献为此后会计科学的发展奠定了坚实基础》，《财会通讯》1994年增刊。

无差别）。还有一点是树体和水中“倒影”的关系，当风平浪静的时候，树体和水中的“倒影”是一致的；当风暴一来，波涛汹涌的时候，水中的“倒影”就完全变形了。这也可以用来说明：在市场经济中投资、借债都有一定的不确定性和风险性。

再说，工业经济向知识经济发展，情况又会怎样呢？知识经济之所以不同于工业经济，在于它是以人的创造性知识为其核心的生产要素；它是以知识为企业创造新的价值，从而增强企业巨大竞争优势的最重要的源泉。

仍以树作比喻，在知识经济社会，管理会计又怎样表现为“三维结构”呢？大家知道，知识从总体上看，都是“既看不见、也摸不着”的，它好比生长在河过或湖边的树的根部。树根埋藏并扩展于地层的深处，为整个树的发育、成长吸收和输送养分。一棵树根深才能花繁叶茂。在知识经济社会，管理会计将以其特定的方法（不同于财务会计的方法）着重进行知识资源（包括显性知识资源和隐性知识资源）的研究。仍以树作比喻，它研究的领域，既包括对看得见、摸得着的树的本体的研究，也包括对看得见、摸不着的树在水中的倒影的研究，还包括对既看不见，也摸不着的树的根部的研究，从而由“二维结构”扩展为“三维结构”。我们这样来论述这一问题，也可以简称为会计演化的“树形理论”。还有一点，即使是现行的管理会计，从研究的时间跨度上看，也和财务会计不同，属于“三维结构”，即“既研究过去，也研究现在和未来”（特别是其中的决策研究，都是面向未来的，而财务会计则主要研究历史记录）。

（四）“知识资源”（包括显性与隐性知识资源）研究的方法论问题

大家知道，知识资源是深藏于人的大脑中的。因而知识资源，并不像物质资源、财务资源等那样，可以直接进行量化，并按照一定的规则纳入数学模型进行定量分析。人，作为“社会人”乃至“文化人”，其学识、经验、修养、能力、心理等因素极其繁杂、多变，难于甚至无法进行量化，进而纳入数学模型进行定量分析。因此，对有关对象的量化问题，不能作绝对化的理解，量化本身并不是目的，它只是决策研究人员为决策者正确地进行决策提供相关的参考信息。数量信息只是信息的一种形式，但并不是唯一的形式。对于难于量化的对象，决策研究者只要将有关情况较完备地进行收集、分类、整理，并据以进行由此及彼、由表及里地分析研究，洞悉其中所隐含的内在联系及其发展、变化的一般趋势和基本规律，亦足以为决策者正确地进行决策提供重要依据。而且即使是可以量化的对象，如果脱离活的情况，而只提供死的数据，其作用也是极为有限的。越是涉及高层次，具有全局性、战略性的决策，越有赖于决策研究者全面提供相关材料（包括量化和非量化的相关材料），为决策者最终有效地进行高屋建瓴式的综合判断服务。由此可以看到，对知识资源的研究，要求充分做到数量因素与质量因素并重、货币计量与非货币计量并重、数量计算与综合判断相结合。显然，这是与财务会计的研究方法大相径庭的。

管理会计要在知识资源研究中取得新的突破，决策研究人员要大力提高自己对相关信息的洞察力与感悟力，并将科学性与艺术性相统一的原则，贯穿于信息处理过程的始终。

这里所说的科学性，主要是指要破除传统思维定式的束缚，坚持用系统观、长期观和动态观来分析、研究有关问题，对多样化的相关信息所显示的各种数据、信号和征兆获得深层次的规律性的认识。

这里所说的艺术性，是指决策研究人员对多样化的相关信息所显示的各种数据、信号和征兆，能善于慎思明辨，触类旁通、见微知著，从整体上加深对有关信息的认识。

以上两个方面的结合，最终能使信息处理的结果成为科学精神和艺术修养相统一的产物。

（编者注：本文发表于《财会月刊》，1999年第9期）

管理特性的转变历程与知识经济条件下管理会计的人文化趋向

一、随着时间的推移，管理从物本管理向人本、智本管理发展，也就是从“硬管理”向“软管理”发展，这一发展方向标志着管理的特性已从科学趋于艺术

（一）管理从物本管理向人本、智本管理发展

大家知道，由工业经济转变为知识经济，实际上是意味着由资源依赖型经济转变为知识（智力）依赖型经济。工业经济作为资源依赖型经济，在其初期发展阶段，以材料、能源为主要内容的物的因素居主导地位，产品生产是集成资源。与此相适应的管理，就是物本管理，即按照物质运动的规律来进行管理。20世纪初期，泰罗创立的科学管理就是最典型的物本管理。因为科学管理基于“经济人”假设，把工人看作是机器设备的附属品，泰罗倡导的时间研究、动作研究就是把人依附于机器，把人性物化，把人也当作物来管理。因而，科学管理实质上是一种非人性化的物本管理。

20世纪30年代以后，随着人际关系理论、行为科学等的形成与发展，人们开始认识到把人看作只会打工挣钱、养家糊口的单纯的“经济人”，未免太简单化了。除了经济因素外，还必须充分考虑人的思想感情和心理、社会等方面的因素，把人如实地看作是“社会人”，企业作为“社会

人”的集合体，必须尊重人在企业生产经营中的主体地位。于是产生了“人本管理”思想的萌芽。到20世纪中叶以后，人本管理的思想在理论上更趋成熟，在实践上也广为流行。

21世纪知识经济时代到来，人的智力成为最关键的居于主导地位的因素，而广大员工作为高度发展的智力的载体，在企业生产经营中的主体地位进一步提升，人们还认识到“人本”的关键在于人的智力。在这种情况下，对物的管理，也是通过对人的管理来实现。因为从根本上说，在新的情况下，只有人的智能充分发挥，物的潜在价值才能被深度开发出来，即人尽其才（能）是物尽其用的基础，产品生产不再是集成资源，而是集成知识（智力），产品的知识（智力）含量越高，价值就越大。由此而形成了比一般所说的“人本管理”更高一个层次的以人的智力为核心的“智本管理”，它是一种以尽最大可能促进知识创新为中心任务的管理。

（二）管理从“硬管理”向“软管理”发展

“物本管理”遵循物质运动的客观规律，因此以物为本的管理系统，在很大程度上属于可以精确化的机械系统，具有规范化（标准化）、定量化、可优化的特点。精确方法的核心是建立数学模型，并通过求解数学模型引出基本结论。由此可以看到，物本管理带有明显的精确、清晰、确定性的特点，因而人们将它归属于“硬管理”范畴；人（智）本管理与物本管理有质的不同，以人（智）为本的管理系统是复杂的社会系统，是动态的有机体，所涉及的人的心理、社会层面、丰富的感情世界以及复杂的人际关系，具有很大的灵活性和不确定性，是难以用精确的数据来表现的。这就使精确的定量化方法在人（智）本管理中失去了使用的前提。人（智）本管理鲜明的人文性，要求管理者深入到人的心理、社会层面和丰富的感情世界，从员工对自己行为的自主性和人际关系的和谐性出发，来充分调动广大员工个人和各种组织群体的积极性和创造性，人（智）本管理的这种人文性、灵活性、非规范性（非标准化）和不确定性使人们将它归属于“软管理”的范畴。

（三）管理的特性从科学趋于艺术

物本管理的精确性、规范性和定量化，使人们认为管理是一门科学，认为它趋近于研究客观世界物质运动规律的自然科学。而人（智）本管理的人文性、灵活性、非规范性和不确定性，使人们认为管理是一门艺术。当代管理大师彼得·德鲁克（Peter Drucker）就把管理视为一种“自由艺术”[①]，即不把管理看作是一种刻板的机械化的工作，而认为其思想的自由度是较大的。既然把管理视为一门艺术，因此在学科的分类上，人们认为它趋近于研究以人为主体的社会发展运动的人文科学，特别是其中的文学、艺术门类的学科。

二、运用不同的思维方式，研究不同类型的管理

思维是人脑的机能活动。人的一切有意识的行为，都受人的有意识的思维的支配。管理行为自然也不例外。

如前所说，在管理系统中，物本管理具有精确、清晰、规范、确定性和可量化的特点。与此相适应，人们常用抽象（逻辑）思维[②]对这种类型的管理进行分析、研究。抽象（逻辑）思维，也称科学思维。这是因为抽象（逻辑）思维是一种链条式、环环相扣的递进式的思维方式，它借助于分类、比较、分析、综合、归纳、演绎等逻辑方式来实现。最终可以得出清晰的条分缕析的结论，这正是物本管理所要求的。具有精确性的抽象（逻辑）思维可以用定量化的形式来表述，可以编成严密的程序，用计算机来模拟再现。

人（智）本管理不同于物本管理，在于人（智）本管理的核心因素是

---

① 彼得·德鲁克：《现代管理宗师德鲁克文选》（英文版），北京：机械工业出版社，1999年。

② 关于抽象（逻辑）思维、形象（直觉）思维和灵感（顿悟）思维的划分及其有关的阐述，可参见钱学森《关于思维科学》一文，载钱学森主编：《关于思维科学》，上海：上海人民出版社，1986年7月第1版。

人。按照行为科学理论，人总有自己的需要和追求，有自己的感情和意志。人的行为总是在一定的思想观念的指导下进行的，具有主动性、创造性的特点，因而在人（智）本管理中，人的因素、精神因素和文化因素总是起主导作用的。这些都具有不确定性、灵活性、模糊性的特点。与此相适应，人们常用自由度较大的形象（直觉）思维和灵感（顿悟）思维①来对这种类型的管理进行分析、研究。形象（直觉）思维、灵感（顿悟）思维不同于抽象（逻辑）思维，它们不追求条分缕析地刻画事物，而着眼于事物的整体特征和主要方面，寓理于形象，用形象来勾画事物的轮廓，作出近似的、有灵活性的结论。这样做，符合人本，特别是智本管理的特点。由此可以说，形象（直觉）思维、灵感（顿悟）思维不同于抽象（逻辑）思维，在于前者的自由度大，后者的精确度大，同把后者称为科学思维相对应，应把前者称为艺术思维。艺术思维不同于科学思维的主要特点，在于它遵循艺术创作的规律，不仅不要求绝对的精确，反而要求具有一定的模糊性，以便给人以较大的想象空间。可以说，这是艺术思维的精髓所在。

脑科学发展为我们对人的思维方式取得较深刻的认识提供了可贵的生理学基础，脑科学的研究成果说明，人的大脑在左、右两个半球的思维功能是有差别的、各有侧重的：左脑主要完成语言、逻辑、计算等的思考和行为，长于条理化思维，在抽象（逻辑）思维方面占优势；右脑主要完成综合、想象、虚构等的思考和行为，在形象（直感）思维、灵感（顿悟）思维方面占优势。

计算机可以承担人的左脑的工作，通过输入相关的程序，计算机可以进行逻辑思维计算并显得十分出色，比人做得更快、更好。而创造的功能则主要依赖右脑，其直觉和顿悟是创造的重要源泉，当然，真正完成一项创造，还必须进行语言的描述和逻辑的检验，并非单纯依靠右脑就能完

① 关于抽象（逻辑）思维、形象（直觉）思维和灵感（顿悟）思维的划分及其有关的阐述，可参见钱学森《关于思维科学》一文，载钱学森主编：《关于思维科学》，上海：上海人民出版社，1986年7月第1版。

成。因此，左、右脑的协同是创造力的真正基础。

三、知识经济要求管理会计向人文化的方向发展

知识经济时代的智本管理的特性从科学趋于艺术，不能不引起人们对管理会计特性的重新认识。这是因为，管理会计是融管理和会计于一体的一个专门领域，其形成就是要为企业的管理者有效地改进企业的生产经营活动提供管理信息，其特性自然是依管理的特性为转移，并随着管理特性的发展而发展。据此，笔者认为，知识经济条件下管理会计的新发展，一个重要的表现是管理会计从同“物本管理”相适应的传统管理会计向同“智本管理”相适应的管理会计人文化的方向发展。

这样说，会不会同当前风起云涌的数字化浪潮相矛盾？笔者认为不矛盾。因为数字化浪潮，实质上是计算机化浪潮，是扩展人的左脑功能的浪潮，扩展左脑功能，的确能大大提高工作效率，但不能进行严格意义上的创造。人文化浪潮则重在扩展人的右脑功能。历史和现实都证明，只有扩展人的右脑功能，开启创造的闸门，才能取得丰硕的创造性成果！

（一）管理会计人文化的组织基础与思想、文化基础

1. 组织基础

从纵向的集权化、控制性的管理转变为横向的、扁平式的分权化管理，以基层为管理权力的基点，在组织成员之间形成一种平等的伙伴式关系，确立广大员工的主体地位，赋予他们充分的自主权、知情权和参与权，使每个员工在各自的工作岗位上都有权依据他们直接掌握的信息，审时度势，适应情况的变化自行进行决策，并在其运作中形成一种以“自主管理”为基础的“自行调节”“自行控制”“自行适应”的机制。这种不是靠权力而是靠信息来维系的组织结构，是管理会计人文化的组织基础。

2. 思想基础

在企业内部实行“产业民主”，使员工和经理人员处于平等地位，享

有同样的参与权，把人本主义民主管理的思想贯穿于企业管理过程的始终，使企业真正成为一个民主的、人性化的组织（humanized organization），借以从人的内心深处来激发每个人的主人翁责任感和乐于奉献的精神动力，使每个人头脑中的知识宝库都能转化为企业取之不尽的创造源泉。这种尊重人的人格独立、权力平等的民主化思想，是管理会计人文化的思想基础。

3. 文化基础

以价值观和相应的道德风尚、行为准则为核心的文化，是一种内在的自律性因素，它像一只“无形的手”，可以深入到人的内心世界，有效地规范和引导人的行为，能在处理各种复杂的社会关系中充分发挥其“社会软件”的作用。企业作为由广大员工组成的有机联合体，在组织与成员之间形成一种风雨同舟、患难与共的企业文化，有助于增强广大员工对企业的内聚力和对企业目标的认同感，进而实现组织目标与组织成员个人目标之间的协调一致性，并促使企业的生产经营充满生机与活力。这是管理会计人文化的文化基础。

（二）管理会计人文化可以为企业提供多层次的智力服务

传统管理会计一般只能为企业的管理者提供管理信息，即为企业改善生产经营管理提供信息支持。但在新的历史条件下，只要求管理会计为管理提供信息支持，已经远远不够了，应进一步从广度、深度上扩展，除了从信息层面提供支持外，还应从知识、智慧层面为管理提供智力支持。这意味着在知识经济条件下，企业管理对管理会计提出了更高的要求。

1. 数据、信息、知识和智慧这几个概念之间的区别和联系

数据具有原始性，一项数据通过同其他数据相联系，按照一定的要求进行组合，赋予它认识上的意义，就成为信息。例如：料、工、费是成本的组成部分，一件产品的料、工、费是多少，只是数据；把它们按照不同的要求进行组合，形成固定成本、变动成本、直接成本、间接成本、可控成本、不可控成本，就有认识上的意义，就转化为信息了。

信息是知识的原料和基础，信息通过精化（去粗取精）和内化于人的头脑中，形成知识。信息可以来自书本（书本是信息的载体），也可以来自经验（从经验的积累中探索并领悟规律），通过内化和系统化而成为一个人的知识。

知识和信息还有一点不同：信息是客观的，知识是主观的。如一本书包含的信息是客观的，因为它已经物化了。但不同的人读它，可以有不同的感受，而获得不同的知识。

智力是知识的活化，是能用来分析、研究、解决实际问题的知识，早在400年前，英国哲学家弗朗西斯·培根就说过“知识就是力量”的名言。但并不是任何知识都能表现为力量，只有已经活化的知识，才有解决实际问题的力量，没有经过活化，即食而不化的知识，只是死知识，是不会表现出什么力量的。

智慧比知识、智力更高一个层次。它侧重洞察与感悟，善于从整体上掌握事物的基本特征及其发展变化的规律性。

2. 管理会计人文化可以使它为企业管理提供的信息支持提高到一个新的水平

管理会计为企业管理提供信息支持，要求它对所掌握的信息通过“去粗取精、去伪存真、由此及彼、由表及里”的加工改造过程，使原始信息转换成能在管理工作中实际应用的系统化信息形态。

在新的历史条件下，管理会计师为使信息加工工作卓有成效，要遵循艺术思维规律，对有关信息显示的各种征兆和信号能慎思明辨、触类旁通、见微知著，从整体上加深对有关信息的认识。例如，顾客满意程度是企业生产经营中一个很重要的指标，它有多种表现形式：顾客发现企业发送的产品质量有问题，要求派人去检修，是顾客对企业产品不满意的一种表现；同样地，顾客原样退回企业发送的产品，顾客对企业信任感降低并减少新的订货，顾客对企业丧失信心且不再进行新的订货，甚至撤销已签署的订货合同，顾客对企业怀有恶感，使企业在市场上的声誉受到连锁性的负面影响，都是顾客对企业产品不满意的表现。以上几种情况，都

表明顾客对企业的产品不满意，但程度上却有很大的差别，不能停留于简单化的认识。也就是：对顾客满意程度的消长变化，要慎思明辨、见微知著，其问题的关键，并不是完全靠计算就能直接掌握，深层次的问题要靠“悟”——“悟”出在深层次起作用的企业经营思想上的方向性问题，认真进行改进，才能从根本上消除对顾客满意程度造成负面影响的种种因素。

其他如企业的偿债能力、盈利能力都是关系到企业生产经营盛衰成败的重要综合性指标，但其消长变化的趋向和前景，都不是依靠机械的数字计算，而是必须依靠对企业内外因素微小变化所显示的各种征兆进行综合判断，才能掌握的。在这里，显然是悟性思维而不是理性思维在起主导作用，这也正是管理艺术观的具体体现。

3. 管理会计人文化可以更好地掌握企业内各成员知识类型的转变，为促进企业的知识创新服务

（1）关于知识类型的转变。如前所说，知识经济条件下的智本管理，是以尽最大可能促进知识创新为其中心任务。知识创新是一个社会过程，新知识一般不是某个人单独创造的，而是在一个组织内通过团队（一个群体）中的各个成员共享知识而产生。知识创新的关键，是发掘员工头脑中潜在的想法、直觉和灵感，并综合起来加以运用，最终转化成对企业整体有价值的知识。在这里，碰到的最困难的问题在于：一个人的知识有显性与隐性之分，显性知识具有规范化、系统化的特点，易于同企业内其他成员沟通和共享；而隐性知识是高度个人化的只可意会、不可言传的知识，难于同企业内其他成员沟通和共享。所以知识创新，是以隐性知识为起点，并通过知识类型的转变而实现。显性、隐性两种知识类型，可以形成如下四种形式的转变：①从隐性知识到隐性知识；②从显性知识到显性知识；③从隐性知识到显性知识；④从显性知识到隐性知识。[①]从以上知

① 较详细的论述，请参见野中郁次郎的《知识创新型企业》一文，载彼得·德鲁克等：《知识管理》，北京：中国人民大学出版社，1999年11月第1版。

识类型四种形式的转变，可以看到：知识资源不同于物质资源的一个重大特点在于，知识资源并不会因为由更多人分享而减少，反而会增加，即一个人的知识同别人分享了，别人受益，自己也无损。

（2）设计一种指标多样化的瞬时信息卡，掌握企业各成员四种形式的知识转变。如前所说，隐性知识是无形的，是深藏在人的头脑中，既看不见，也摸不着的。而知识类型的转变是发生在人的内心深处的活动，怎样运用信息卡来掌握每个人知识类型的转变呢？

对于这个问题，笔者的总的思路是：知识类型转变的过程确实是无法捉摸的内心活动，但知识类型转变的结果却是有踪迹可循的。有迹可循，就可以为人所掌握。那么，是怎样有迹可循呢？

假如有一个极其高明的面包师[①]，他拥有一种与其他面包师不同的诀窍，他做出的面包有一种特殊的深受消费者喜爱的风味，其他人无法模仿，他自己也无法用明确的、系统的方式说出一个所以然来，他的这种诀窍，是作为一种隐性知识存在。后来另一成员向他拜师学艺，他言传身教，学徒也有所领会，手艺有很大提高，做出的面包也很受欢迎，但学徒也无法明确表述其中的奥妙，这种手艺对学徒来说，也是一种隐性知识。这就意味着：原来一个人的隐性知识转变成了两个人的隐性知识，表现为从隐性知识到隐性知识的转变；再经过较长期的实践，师徒双方或其中的一方，认识上出现了一个飞跃（思想上豁然贯通了），可以把所拥有的诀窍明确、系统地表述出来，写出完整的、有可操作性的面包制作方案，甚至可据以生产出特种类型的面包机。这样，就实现了从隐性知识向显性知识的转变。

以上两个阶段的转变，怎样有迹可循呢？笔者认为：转变的结果是有迹可循的。其中第一阶段知识类型的转变，表现为由师傅一人的隐性知识转变为师徒二人的隐性知识。对这一转变的成果进行差量分析：设师傅授徒时仍然照常进行生产操作，其产出品（面包）的产量、产值可以存而

① 本例参考上引野中郁次郎的《知识创新型企业》一文。

不论；产出差量表现在学徒学艺取得的新知识会融入他制作的产出品（面包）上，相应地表现为产量、产值的增加。其中第二阶段知识类型的转变，表现为除了师徒二人仍拥有原来的隐性知识而照常生产的产出品可以存而不论外，产出的差量表现为隐性知识显性化而形成的一项新的面包制作方案，这是一项新增的无形资产（因为可按规定程序取得专利权）。

可见，知识创新的成果，可以用为企业形成的产出增量来表现。但这里所说的“产出”，应从广泛的意义上来理解，可以是有形的，也可以是无形的；可以是物质层面的，也可以是精神层面的，不能局限于上例中所说的有形的物质的“产品”和“资产”的产出。对知识创新成果（表现为产出）作广泛意义上的理解，对生产性企业整体来说，可以考虑以下方面：在生产成果上表现为产值增加、产品质量改进、新品种的投产等；在生产条件上表现为生产安全情况的改进，生产弹性程度的提高，适时制与全面质量管理的实施更有成效等；在生产储备上表现为科技开发、人才开发、产品开发等的超前性提高等；在企业内部的人际关系上表现为生产经营各个环节之间、成员与成员之间协作配合情况的改进等；在企业与外界的关系上表现为顾客满意程度、供产销协作配合、环境保护、社会责任履行情况的改进等。

由此可见，通过上述各个方面的消长变化来反映以“产出”表现的知识创新的成果，说明知识作为一种无形的精神财富，是可以渗透、融入企业生产经营的主要方面和主要过程的。从这里，我们可以得到这样一个基本认识：企业生产经营的作业链、行为链，同时表现为知识链、价值链。也就是在完成各项作业的行为中，新知识的融入，导致凝聚在所完成的作业上价值的增加，而产品作为各作业的总集成，各有关作业上价值的增加，自然也会凝集在最终产品上，表现为产品总价值相应地增加。由此可以看到，企业生产经营的作业链、行为链、知识链和价值链的统一。它充分说明：在知识经济条件下，对生产性企业来说，知识创新是产品增值最重要的源泉。

为使以上多样化的指标体系纳入管理会计日常运作系统，首先要打

破传统会计思维定式的束缚。这里所说的“传统会计思维定式”实质上就是财务会计人员长期以来严格遵循、认为不可逾越的“货币化、精确、平衡”七字经。管理会计不打破它，就不能适应时代前进的潮流，走上自己独立发展的道路。管理会计在打破传统财务会计的思维定式后，应遵循艺术思维的规律，开创出认识上的新的方法论。新的方法论可归结为三个“重于”、三个“并重”。

三个“重于”是指：（1）“衡量”（measuring）重于“计算”（counting），当代管理大师彼得·德鲁克（Peter Drucker）就提出过这样的看法。[①]（2）认知性重于精确性，认知性重在整体的质的把握，精确性重在细节的量的描述。（3）悟性重于理性，是上述第（2）点的进一步概括，重整体的质的把握，属艺术思维；重细节的量的描述，属科学思维；艺术思维重悟性；科学思维重理性。

三个“并重”是指：（1）量化与非量化并重，即对于可以量化的因素进行量化，难于进行量化的因素不强求量化，可以采用其他形式进行反映。（2）量化的各种形式并重，可以量化的因素也可以采用多种形式进行量化，如权数、等级值、可信度等[②]，并不一定要拘泥于传统的量化形式。（3）量化的各种形式中，货币计量与非货币计量并重，也就是不应把货币计量定于一尊，在管理活动中，许多因素从深层次看，是不能或不宜于进行货币计量的。如生产安全情况、顾客满意程度等，是不能完全采用货币计量形式的。

从上述多样化指标体系的组成和认识上的新方法论，可以看到，它们共同体现了管理会计的人文性，即人的因素、精神因素和文化因素在其中的主导作用，符合“软管理”的要求。

上述多样化的指标体系可按企业内部各个组成单位的工作任务，各有

① 彼得·德鲁克：《现代管理宗师德鲁克文选》（英文版），北京：机械工业出版社，1999年。

② 余绪缨：《先进技术设备投资决策 效益评价的特点及例解》，《财务与会计》1998年第12期。

侧重地纳入各个组成单位的“瞬时信息卡”，并可参照我国20世纪50年代曾广泛实施过的“班组核算”的做法，由各个组成单位以一定的基数为底数，自行逐日按人进行差量反映（反映在原有基数上新发生的增减变动情况），然后，由管理会计师定期（周或旬）进行综合性的分析研究，借以全面掌握知识创新在整个企业生产经营活动上的具体体现。

4. 知识经济条件下的新型管理会计师在智慧层面分析研究问题可将所从事的工作提高到一个新的境界

前面说过，智慧比知识、智力更高一个层次，知识经济条件下的新型管理会计师要达到在智慧层面分析研究问题，就要求他们不但要有丰富的知识，还要有超群的智慧，而有超群智慧的人往往是善于从大处着眼、从深处探索的人，因而是既有广阔的视野、战略的眼光，又脚踏实地、一丝不苟的人，因而研究问题既能高瞻远瞩、胸怀全局，又能分析入微、言之有据。以这样的素质和修养为企业的智本管理进行高层次的智力服务，就不会就事论事，停留在程序性、技术性层面，而会提高到思想、理论和战略的层面，以艺术家的气质，在广阔的想象空间中，充分发挥主观能动性，灵活地、创造性地认识、分析、研究相关问题，将所从事的工作提高到气度恢宏的新境界，这和过去有的人所说的“会计只是一种打打算算的雕虫小技”是完全不可同日而语了！

（编者注：本文发表于《财会通讯》，2001年第10期）

从“商业语言”的特性看管理会计的人文性

一、科学语言与人文语言

众所周知，会计界有一个广为流传的说法，认为“会计是商业活动的语言”，可简称为“商业语言”。“商业语言”不是“自然语言”，而是“人造语言”。“人造语言”是由“自然语言”演化而来。原始意义上的“自然语言”是一种有声语言——一种只能由听觉掌握、稍纵即逝、无法保留的语言。人类把原始意义的“自然语言”进一步符号化，形成了可以用视觉掌握的文字，这是人类不同于其他动物而成为“万物之灵”的根本之处。因为只有语言符号化，形成了文字，人类才能突破时空的限制，来保存、传递、交流思想，形成人类特有的文化模式，并通过文化的积累，在认识和改造客观世界和主观世界中得以不断地发展和进步。由此可见，语言，从它的本质看，既是思维的外壳，又是文化的载体。

从总体上看，世界是由“人的世界”和“物的世界”组成。“人造语言”的两大分支——“人文语言”（“商业语言”是“人文语言”的一个子系统）和“科学语言”就是为了实现对“人的世界”和“物的世界”的认识而形成、发展起来的。“精确的定量”是“科学语言”的基本特征；“思辨的定性”是“人文语言”的基本特征。深化对“人的世界”的认识，便发展出人文精神；深化对“物的世界”的认识，便发展出科学

精神。与此相联系，可以看出，人文、社会科学和自然科学的最大不同在于：自然科学的研究对象是物，研究的目的在于最大限度地挖掘物的有用性；人文、社会科学的研究对象是人，研究的目的在于最大限度地调动人的积极性、创造性。为此，就要加强社会整合，在人与人之间形成最佳组合，力求在不同层次的社会系统中实现最佳的“综合效应”，即“整体大于各个部分之总和”的系统效应。

二、物本管理与人本管理

具体到管理上，管理者如把现实世界当作“物的世界”来把握，所形成的管理就属于“物本管理”；如把现实世界当作“人的世界”来把握，所形成的管理就属于“人本管理”。

（一）物本管理

管理者的视角把现实世界看作是“物的世界”，所形成的管理属于“物本管理”。从管理发展史看，20世纪初期泰罗创立的科学管理就是最典型的物本管理。因为泰罗基于“经济人”假设，把工人看作是机器设备的附属品，泰罗倡导的时间研究、动作研究就是把人依附于机器，把人性物化，把人当作物来管理。因而泰罗创立的科学管理，实质上是一种非人性化的物本管理。“物本管理”遵循的是物质运动的客观规律，因此以物为本的管理系统，运用以“精确的定量”为基本特征的“科学语言”进行管理，使物本管理具有规范化（标准化）、定量化、可优化的特点。精确方法的核心是建立数学模型，并通过求解数学模型引出基本结论。由此可以看出，物本管理带有明显的精确、清晰、确定性的特点，因而具有硬管理的属性。

（二）人本管理

管理者的视角把现实世界看作是“人的世界”，所形成的管理属于

"人本管理"。"人本管理"不同于"物本管理"，在于前者认为管理者首先不应把人看作单纯的"经济人"，而应如实地把人看作是"社会人"以至"文化人"，从而在尊重人的人格独立与个人尊严的前提下，确立人在生产经营中的主体地位。而且随着知识经济时代的到来，人们进一步认识到人本的关键在于人的知识和智力，进而在管理中确立知识本位、能力本位制。在这种情况下，对物的管理也要通过对人的管理来实现，因为从根本上说，只有人的智能充分发挥，物的潜在价值才能被深度开发出来，即人尽其能是物尽其用的基础。由此可见，人本管理与物本管理有质的不同，"以人为本"的管理系统是复杂的社会系统，所涉及的人的心理、社会层面、丰富的感情世界以及复杂的人际关系具有很强的灵活性和不确定性，是难以用精确的数据来表现的。这就使精确的定量化方法在人本管理中的使用受到了极大的限制。人本管理认为，不可能从员工的屈从中得到真正的创造力。因而要求运用以"思辨的定性"为基本特征的"人文语言"进行管理，借以深入到人的心理、社会层面和丰富的感情世界，从员工对自己行为的自主性和人际关系的和谐性出发，来充分调动广大员工个人和各种组织群体的积极性和创造性。人本管理的这种灵活、非规范（非标准化）和不确定的特性，说明它具有"软（柔性）管理"的属性，实质上就是其人文性的体现。

三、"人本管理"的人文性在"管理决策"层面的体现

一般认为，管理首先要决策，决策是领导者、管理者的首要职能。由此可见，管理决策在整个管理体系中占据重要地位，起着主导作用。

从管理发展史看，管理体系中的决策模式也随着环境、条件的变化和人的认识水平的提高，经历了一个由低级向高级的发展过程。

1. 经验型决策模式

在手工或半手工式生产时代，手工业工场生产规模不大，经济活动和经济关系都比较简单，管理上主要是由管理人员深入现场，靠经验、直觉

进行决策和管理，主观随意性较大。

2. 根植于“物本管理”的决策模式

“物本管理”主要运用以“精确的定量”为基本特征的“科学语言”进行管理，反映到“管理决策”层面，表现为：决策目标遵循“最优化”准则，要求决策者从“客观的理性”出发，寻求在一定条件下目标函数唯一的“最优解”。为此，就要求建立复杂的数学模型，进行严密的数量分析，从而把决策模式的重心放在分析性的技术方法上。

诺贝尔经济学奖的获得者赫伯特·西蒙教授对这一决策模式提出严厉的批评，认为这样做“为的是产生那些非常动人的数学模型，用来表示简化的世界。在这方面，近年来人们已经提出疑问，怀疑那些假说是否与人类行为的事实相距过远，以至根据那些假设所得出的理论同我们所处的现实状况已经不再有什么关系了”。也可以这样说，“最优化准则仅仅存在于逻辑推理中，没有实践的价值”[①]。

3. 根植于“人本管理”的决策模式

如前所述，“人本管理”主要是运用以“思辨的定性”为主要特征的“人文语言”进行管理，反映到“管理决策”层面，表现为决策目标以“满意性准则”取代“最优化准则”，认为决策者是从“主观理性”出发，在决策中寻求的是主观上认为“满意的解”，而不是基于一定客观条件所产生的唯一“最优解”。这是现代决策思想上的一个重大转变，得到理论界与实务界的高度评价，在现实经济生活中，遵循满意性准则进行决策，并不要求进行过多的、繁复的数量计算与分析，而更重视人的认知领悟，更重视决策人员和决策支持人员的智能与判断，从而将管理决策推进到一个层次更深、境界更高的人文化阶段。

① 中国企业管理百科全书编委会：《中国企业管理百科全书》，北京：企业管理出版社，1984年。

四、“人本管理”的人文性在管理会计上的体现

管理会计是融管理和会计于一体的一个专门领域，其特性自然是依管理的特性为转移，并随着管理特性的发展而发展。

管理会计是企业管理信息系统中的一个子系统，是决策支持系统的重要组成部分。管理会计师，作为决策支持系统中的参谋人员，主要从事决策的研究工作，为决策系统中的决策者正确有效地进行决策提供咨询服务。

适应”管理决策”的要求，决策支持在不同的决策模式下具有不同的特点。

1. “物本管理”条件下的决策支持

根植于“物本管理”的管理决策，决策目标遵循“最优化准则”，要求运用以“精确的定量”为基本特征的“科学语言”，寻求目标函数在一定条件下的“最优解”。与此相适应，作为决策支持系统中的参谋人员——管理会计师，自然要把工作的重点放在：根据所研究问题的具体特点，对有关资料进行加工、改制，找出存在于有关变量之间的相互依存、相互制约的关系，建立相应的数学模型，即借助于模型，对所研究的对象进行严密的定量描述，以掌握有关变量之间的相关性；进而把数学模型和最优化方法（技术）结合起来，确定有关变量在一定条件下的最优数量关系，为决策者寻求最终决策目标的“最优解”提供依据。在计算机信息处理技术高度发展的今天，这一类型的工作很多是可以用机器来做的。

2. “人本管理”条件下的决策支持

根植于“人本管理”的管理决策，决策目标以“满意性准则”取代“最优化准则”。“满意性准则”是一种自由度较大的准则，它不要求“精确定量”，而要求“思辨定性”。因而要求决策支持系统的参谋人员——管理会计师，围绕决策目标，拟订多种可供选择的方案，并通过相关人员生动活泼地、独立自主地自由发表意见，对多个备选方案进行分析、论证，权衡利害、比较得失；再以此为基础，进行综合分析，帮助决策系统中的决策者择

善而从，做出令人满意的选择，最终得到决策目标的“满意解”。这一决策程序较好地体现了人本精神。决策支持系统对管理决策的支持，不局限于信息支持，还扩大到层次更深的知识支持和智慧支持，人的创造性思维在其中起着极为重要的作用。思维科学的研究表明：人脑的思维方式有两大类，一是逻辑思维，二是形象思维和灵感思维。逻辑思维具有严密性的特点，而创造性思维则是自由度更大的形象思维与灵感思维的结合与升华。遵循逻辑思维的规则进行定量的信息处理，计算机信息处理技术可以比人脑做得更快、更好；但在创造性思维方面，今天的计算机处理技术尚无能为力，还得依靠专家的智能。正如管理大师彼得·德鲁克所说：“不管后资本主义社会计算机信息处理技术如何先进，它不能取代管理者的决策行为，只能是一种管理工具。”由此可见，管理决策面临的问题层次越高、情况越复杂，决策支持人员和决策人员的远见卓识和敏锐的洞察力就越重要。这是不依任何人的意志为转移的。可见，管理上的人文化趋向体现了当代的历史潮流，也体现了管理会计的发展方向。

参考文献：

［1］赫伯特·西蒙. 现代决策理论的基石[M]. 北京：北京经济学院出版社，1989.

［2］彼得·德鲁克. 现代管理宗师德鲁克文选[M]. 北京：机械工业出版社，1999.

［3］余绪缨. 柔性管理的发展及其思想文化渊源[J]. 经济学家，1998（01）：86-92.

［4］余绪缨. 半个世纪以来管理会计形成与发展的历史回顾及其新世纪发展的展望[J]. 财会通讯，2001（01）：3-7.

［5］余绪缨. 管理特性的转变历程与知识经济条件下管理会计的人文化趋向[J]. 财会通讯，2001（10）：3-7.

（编者注：本文发表于《财务与会计》，2002年第9期）

论人文主义思潮与管理会计的发展趋势

一、人文主义思潮的兴起

（一）自然科学研究的对象是“物的世界”，它提供的工具（技术）理性解决不了对人的终极关怀问题

“唯科学主义”可导致“技术统治论”（Technocracy），使人成为技术的附属、权力的工具。自然科学是以数学为基础的硬科学，是关于“事实”的科学，没有国界，它所提供的工具理性，在认识自然、改造自然方面获得了巨大成功，促进了自然科学、技术的长足发展，为社会带来了大量的物质财富，于是对人的关怀被对科学技术的崇拜所淹没，科技文化成为主导文化，甚至导致“唯科学主义”的产生。“唯科学主义”（即科技至上主义）认为，科技世界是社会的主体，整个社会就像钟表一样，是一个巨大的“机械装置”，是围绕以科技为轴心而运转的社会控制系统。由此而使科学技术成为既是人支配自然的工具，也是人统治人的工具，科学技术对自然控制力的提高，也表现为对人控制力的提高。这种情况在一些专制独裁国家（如纳粹德国）表现得最为明显。这些国家在当政者的专制独裁统治下，广大人民群众成为技术的附庸和统治权力的驯服工具。由此使人一方面看到了科学技术的迅速发展；另一方面，也看到了人的精神世界的失落与苦难。面对这种可悲的情况，我们一定要坚决反对当代社会中

物的主体化与人的物化、异化现象的发生，在发展高科技过程中，复兴和发扬人文精神。

（二）人文科学研究的对象是“人文世界”，它是以人为本的“软科学”，是关于“价值”的科学

人文科学提供的价值理性表现在：尊重人的自由、幸福和权利，反对功利主义和“技术统治论”，把促进人的全面发展和自我实现作为社会追求的最终目标，它所确立的伦理标准、道德规范，对自然科学成果的社会应用具有导向（为其指引人道主义方向）的作用。例如，核能若被用来制造大规模杀伤武器，将给人类带来空前浩劫；而和平利用核能则可为人民造福。第二次世界大战，正是在原子弹的爆炸和千千万万人呼天抢地的哭喊声中结束的。第二次世界大战给人类带来的空前浩劫和永远无法抹平的伤痛，促进了人文主义思潮在现代的兴起。对此，当代伟大的科学家爱因斯坦曾沉痛地说过：如果我知道我的理论最终能导致生产出大规模杀伤的核武器，我宁可不研究它们，而甘于终生做一个默默无闻的“钟表修理匠”。正是在这里，可以清楚地看到一个伟大的自然科学家的高风亮节和极其可贵的悲天悯人的人文情怀！

二、科学思维方式与人文思维方式的对比

（一）科学思维（理性思维，或称逻辑思维、抽象思维）[①]具有推理严谨、定量分析严密等特点

“精确定量”是“科学语言”的基本特征，思维是人脑的机能活动。科学思维是一种链条式、环环相扣的递进式的思维方式，具有推理严谨、定量分析严密等特点。它是近代在自然科学的研究、探索中形成、发

① 钱学森：《关于科学思维》，载钱学森主编：《关于思维科学》，上海：上海人民出版社，1986年第1版。

展起来的，因而通称为科学思维。人类要改造世界，首先要认识世界。认识（Cognition）是人的大脑对客观现实世界的感知，感知形成观念（Conception），以语言为其表现形式（有发达的语言系统，是人不同于一般动物的重要标志）。从认识论看，语言是认识的工具。“科学语言”是自然科学家认识“物的世界”的重要工具。“精确定量”是“科学语言”的基本特征。因为自然科学向来被称为精密科学，其“精密”之处就在于：可以借助于严密的定量分析，得出相应的结论。可见，“科学语言”是“科学思维”的外壳。

（二）人文思维包含形象（直觉）思维、灵感（顿悟）思维[①]，“思辨定性”是人文语言的基本特征

人文思维不同于科学思维，因为它研究的“人文世界”不同于“物的世界”，它涉及“精神世界（Mental world）”不具物质实体的许多复杂多变的方方面面，如人的思想、情感、意志、伦理等，这些都是难于甚至无法直接从量上进行把握的。因而对于它们，并不追求条分缕析地进行刻画，而是着眼于对象的整体特征，寓理于形象，通过慎思明辨，综合权衡，达到对研究对象整体性质的把握，这是人文思维与科学思维的重大差别。

三、人文主义思潮促使管理与管理会计的发展趋向人文化

（一）在物本管理向人本管理的转变中体现

管理者把现实世界当作“物的世界”来把握，所形成的管理属于“物本管理”；反之，则属于“人本管理”。

---

① 钱学森：《关于科学思维》，载钱学森主编：《关于思维科学》，上海：上海人民出版社，1986年第1版。

1. 物本管理的主要特点

物本管理把人看作单纯的管理对象和生产操作的工具，最多把人看作是“经济动物”，把尽可能提高生产效率作为管理工作追求的首要目标，因而物本管理是一种单纯以效率和物质利益为中心的管理。

从管理发展史看，20世纪初期，泰罗创立的科学管理就是典型的物本管理。因为泰罗基于“经济人”（Economic man）假设，把工人看作是机器设备的附属品，他倡导的“时间研究”“动作研究”就是使人依附于机器，把人性物化，把人当作物来管理。因而泰罗创立的科学管理，实质上是一种非人性化的物本管理。物本管理遵循物质运动的客观规律。因而以物为本的管理系统，要求管理人员运用以“精确定量”为基本特征的“科学思维”，深入到企业生产经营的主要方面和主要过程，去认识、分析和研究相关问题，从中取得一些规律性的认识，并采用数量化方法进行描述，从而使物本管理显现出规范化（标准化）、定量化、可优化等特点。精确方法的核心是建立数学模型，并通过求解数学模型引出基本结论。由此可以看出，物本管理带有明显的精确、清晰、确定性的特点。

2. 人本管理的主要特点

人本管理强调人在管理中的主体性，并认为人的存在，在一定意义上是一种精神存在，即人不能没有物质生活，更不能没有精神生活，这是人区别于一般动物的根本出发点，因此，不能把管理看作是单纯的物质技术过程，而应更重视它的社会文化层面。据此，人本管理认为，管理者首先不应把人看作是单纯的“经济人”，而应如实地把人看作是“社会人”（Social man）以至“文化人”（Cultural man），从而在尊重人的人格独立与个人尊严的前提下，确立人在生产经营中的主体地位。

由此可见，人本管理与物本管理有质的不同。“以人为本”的管理系统是复杂的社会系统，所涉及的人的心理、社会层面、丰富的感情世界以及复杂的人际关系，具有很强的灵活性和不确定性，是难以用精确的数据来表现的。这就使精确的定量化方法在人本管理中的使用受到了极大的限制。人本管理认为，不可能从员工的屈从中得到真正的创造力，因而要求管理人员运用以“思辨定性”为基本特征的“人文思维”，深入到人的心理、社会层面和丰富的感情世界去认识、分析、研究相关问题，力求从员工对自己行为的自主性和人际关系的和谐性出发，来充分调动广大员工个人和各种组织群体的积极性和创造性。人本管理的这种灵活性、非规范化（非标准化）和不确定的特性，是人本管理的重要特色。

3. 管理和管理会计发展的人文化趋向在物本管理向人本管理的转变中体现

一般认为，管理首先要决策，决策是领导者、管理者的首要职能。由此可见，管理决策在整个管理体系中的重要地位和主导作用。管理会计是融管理和会计于一体的专门领域，是企业信息系统中的一个子系统，是决策支持系统的重要组成部分。因而其特性自然是依管理的特性为转移，并随着管理特性的发展而发展。管理与管理会计之间的这种内在交融性，使我们有必要，也可能将二者共同的发展趋向——人文化趋向紧密地结合起来进行阐述，并以贯穿于管理全过程的“决策”为论述的重点。

（1）从决策准则的转变，看“管理决策”发展的人文化趋向。从现代决策理论的发展可以看到，同“物本管理”相适应的管理决策，即决策目标遵循“最优化”准则，要求决策者从“客观的理性”（Objective rationality）出发，寻求在一定条件下目标函数唯一的“最优解”（Optimal solution）。为此，就需要建立复杂的数学模型，进行严密的数量分析，从而把决策模式的重心放在分析性的技术方法上。诺贝尔经济学奖的获得者赫伯特·西蒙教授对这一决策模式提出了严厉的批评，他认为这样做“为的是产生那些非常动人的数学模型，用来表示简化的世界。在这方面，近年来人们已经提出了疑问，怀疑那些假说是否与人类行为的事实相距过远，以至根据那些假设所得出的理论同我们所处的现实状况已经不再有什么关系了”[①]。也可以这样说，“最优化准则仅仅存在于逻辑推

① 赫伯特·西蒙：《现代决策理论的基石》，杨砾，徐立译，北京：北京经济学院出版社，1989年3月第1版。

理中，没有实践价值”[①]。

随着现代管理从“物本管理”向“人本管理”转变，决策目标以“满意性准则”取代“最优化准则”就成为历史的必然。现代管理大师西蒙教授提出的以“有限理性”与“令人满意”准则取代微观经济学原来奉行的“完全理性”与“最大化原则”，是其决策理论的核心。其优越性，“我认为，我提出的‘寻求满意的人’这一模型同那种‘寻求最优的人’的古典概念相比，在有关经济行为的经验研究中获得了多得多的支持”[②]。在现实经济生活中，遵循满意性准则进行决策，适当地应用数学模型进行定量分析，是完全必要的，问题是不能把它强调过了头，不能见物不见人，把定量分析推向极端。以数学模型的定量分析为基础，决策者要善于运用自己的学识、经验和直观判断能力对模型输出的结果进行全面的分析和评价，将自己的智慧和推断同定量模型的解析相结合，借以获得更深刻、更全面的认识。在社会经济系统中，人的因素总是居于主导地位的。决策的层次越高、涉及面越广、情况越复杂，战略性、非规范性、不确定性越强，决策人员和决策支持人员的远见卓识和非凡的洞察力及由此而形成的高屋建瓴式的综合判断能力就越能发挥其根本性作用。管理决策达到这样的水平，意味着它已被推进到层次更深、境界更高的人文化阶段。

（2）从管理决策支持模式的转变，看管理会计发展的人文化趋向。管理会计师，作为决策支持系统中的参谋人员，主要从事决策的研究工作，为决策系统中的决策者正确有效地进行决策提供咨询服务。为适应“管理决策”的要求，决策支持在不同的决策模式下具有不同的特点：

①“物本管理”条件下的决策支持。根植于“物本管理”的管理决策，决策目标遵循“最优化准则”，要求运用“精确定量”的“科学语言”，寻求目标函数在一定条件下的“最优解”。与此相适应，决策支

① 中国企业管理百科全书编委会：《中国企业管理百科全书》，北京：企业管理出版社，1984年。

② 赫伯特·西蒙：《现代决策理论的基石》，杨砾，徐立译，北京：北京经济学院出版社，1989年3月第1版。

持系统中的参谋人员自然要把工作的重点放在：根据所研究问题的具体特点，对有关资料进行加工、改造，找出存在于有关变量之间的相互依存、相互制约的关系，建立相应的数学模型。即借助于模型，对所研究的对象进行严密的定量描述，以掌握有关变量之间的相关性；进而把数学模型和最优化方法（技术）结合起来，确定有关变量在一定条件下的最优数量关系，为决策者寻求最终决策目标的“最优解”提供依据。

②“人本管理”条件下的决策支持。根植于“人本管理”的管理决策，决策目标以“满意性准则”取代“最优化准则”。“满意性准则”是一种自由度较大的准则，它不要求“精确定量”，而要求“思辨定性”。因而被要求作为决策支持系统参谋人员的管理会计师，围绕决策目标，拟订多种可供选择方案，并通过相关人员生动活泼地、独立自主地自由发表意见，对多个备选方案进行分析、论证，权衡利害、比较得失；再以此为基础，进行综合分析，帮助决策系统中的决策者择善而从，作出满意的选择，最终得到决策目标的“满意解”。在现实经济生活中，遵循满意性准则进行决策，更重视决策人员和决策支持人员的智能与判断，意味着整个决策程序已开始推进到层次更深、境界更高的人文化发展阶段。

（二）在人本管理向智本管理的转变中进一步体现

1. 智本管理的人文观

21世纪知识经济时代的到来，人文的知识（智力）成为最关键的居于主导地位的因素。人们开始认识到，人本的关键在人的智力。人尽其才（能），是物尽其用的基础。产品生产不再是集成资源，而是集成知识（智力）。产品的知识（智力）含量越高，价值就越大。这种情况反映到管理上来，就是“人本管理”向“智本管理”的转变。“智本管理”是一种以尽最大可能促进“知识创新”为中心任务的管理，是“人本管理”的进一步深化和提高。

怎样有效地促进知识创新？进入21世纪的知识经济时代，经济的发展、财富的增长，更有赖于人的创造力得到自由、充分的发挥。而人的创造力的自由发挥，又以人的各种基本自由得到充分尊重和保障为前提，以人作为人能享有本身应有的尊严和价值为前提。这就要求形成一种机制，以促进人的人本立场、立体意识和人性智慧的回归，从而为知识经济不断向前发展，奠定牢固的人文基础。更具体地说，知识是高度个人化的、深藏在人的大脑中的精神财富，是不可能依靠外力的强制（如通过上级的发号施令）把它挖掘出来的。而通过知识类型的转变，实现知识创新，则是一个知识社会化、共享化过程。只有在认识一致、感情共鸣、价值取向相同的基础上，让人们自觉地形成乐于奉献的精神——“力恶其不出于身也，不必为己”的精神，知识创新才有可能实现。为此，就必须在企业内部实行产业民主，使员工和经理人员处于平等地位，享有充分的自主权、参与权、知情权，把人本主义民主管理的思想贯穿于企业管理过程的始终，使企业真正成为民主的、人性化的组织。只有这样才有可能从人的内心深处激发每个人的主人翁责任感，并在组织与成员、成员与成员之间形成一种“风雨同舟、患难与共”的共同理念。这是促使每个人头脑中的知识宝库能转化为企业取之不尽的创造源泉的微观基础和条件。

2. 管理特性的新认识

关于管理的特性，一般认为：管理既是科学，也是艺术，即二者兼而有之。但强调面不同，就会得出不同的认识。强调管理的科学性，必然强调计算的精确性，强调管理决策的最优化，强调复杂的数学方法在管理中的应用等，这些都是与“物本管理”的要求相适应，并在“物本管理”中得到广泛应用的。

“物本管理”向“人本管理”，再进一步向“智本管理”转变，更加突出人的因素、人的智力因素在管理中的作用。管理特性的强调面也更多地从科学趋于艺术，更多地强调管理是“自由度很大的艺术（Liberal art）”[①]。因为人的因素特别是人的智力因素涉及很多人的精神层面的因

① 彼得·德鲁克：《现代管理宗师德鲁克文选》（英文版），北京：机械工业出版社，1999年。

素，它们是无实体的复杂多变的“精神世界”的东西，同有实体的“物质世界”的东西具有质的不同，是不能用“精确定量”的方法去认识和掌握的。确认“管理是自由度很大的艺术”，并把这一理念用于“知识管理”，能有效地激发人们自觉地进行知识创新，为企业提供取之不尽的创造源泉！这是因为：人只有在具有很大的思想自由度的环境中，内心世界才会有活力，才有可能创新，在绝对化的没有任何思想自由度的情况下，是根本不可能有什么创新的。艺术上是如此，管理上也是如此，因而称自由是艺术的灵魂。自然科学家在科学研究中应用的主要是理性思维或称逻辑思维、抽象思维。而艺术家在艺术创作中应用的主要是形象（直觉）思维、灵感（顿悟）思维。同前者通称为“科学思维”相对应，后者可称为“艺术思维”。艺术思维不同于科学思维的主要特点，在于它遵循艺术创作的规律，不仅不要求绝对的精确，反而要求具有一定的模糊性，以便给人以较大的想象空间。也可以说，这是艺术思维的精髓。由此可以看到，艺术思维不同于科学思维，在于后者的精确度大，前者的自由度大。但艺术家应用艺术思维进行创作实践，也要严格遵循局部服从整体的原则。也就是：艺术作品既要有生动细节上的描述，更强调系统整体性的把握；细节的描绘服从和服务于整体性主题的体现。如《黄河大合唱》，由许多音符组合起来，能唱出黄河奔腾澎湃整体的雄伟气势，才算是成功的作品；又如画家作《登泰山图》，可以从不同的方面、方向取景，最终要能体现出“会当凌绝顶，一览众山小”的宏伟气势，才能算是成功的作品。艺术家是如此，管理学家也应是这样。由此可见，适应知识经济新时代的到来，确认管理的特性由科学趋于艺术，要求不是降低了，而是大大提高了！可以说：这是一个由量变到质变的合乎时代潮流的发展。

3. 管理会计新方法论的主要特点

为适应知识经济时代“智本管理”的要求，基于对管理特性的新认识，管理会计遵循艺术规律，开创出认识上的新的方法论，即三个“重于”、三个“并重”。[1]

三个“重于”是指：（1）“衡量”（Measuring）重于“计算”（Counting），管理大师彼得·德鲁克（Peter Drucker）就提出过这样的看法。[2]（2）认知性（Cognition）重于精确性（Precision），认知性重在整体质的把握，精确性重在细节量的描述。（3）悟性重于理性，这是上述第（2）点的进一步概括，重整体质的把握，属艺术思维；重细节量的描述，属科学思维。艺术思维重悟性，科学思维重理性。强调这一点有什么实际意义呢？例如，关于顾客满意程度消长变化的分析，并不是完全靠计算就能直接掌握的，深层次的问题要靠“悟”——“悟”出在深层次起作用的企业经营思想上的方向性问题，认真进行改进，才能从根本上消除对顾客满意程度造成负面影响的种种因素。

三个“并重”是指：（1）量化与非量化并重。即对可以量化的因素进行量化，难于量化的因素不强求量化，可以用其他形式如文字说明等进行反映。（2）量化的各种形式并重。考核学习成绩，百分制是一种量化形式，五分制也是一种量化形式。五分制是把学习成绩分成3个档次。按百分制，认为得76分的人比得75分的学得好一些，是很牵强的。按五分制，认为得80分的人比得70分的学得好一些，更符合客观实际，因为80分和70分属于不同档次。（3）量化的各种形式中，货币计量与非货币计量并重。也就是不把货币计量定于一尊，在管理活动中，许多因素从深层次看，是不能或不宜进行货币计量的。如成员之间的协作配合情况、生产安全情况、满意程度等，是不能完全采用货币计量形式的。

上述认识上的新方法论及其在知识管理中的应用，蕴含着人的因素、精神因素和文化因素并在其中起主导作用，体现了管理会计发展的人文化趋向。

---

① 余绪缨：《管理特性的转变历程与知识经济条件下管理会计的人文化趋向》，《财会通讯》2001年第10期。

② 彼得·德鲁克：《现代管理宗师德鲁克文选》（英文版），北京：机械工业出版社，1999年。

参考文献：

［1］赫伯特·西蒙. 现代决策理论的基石[M]. 北京：北京经济学院出版社，1989.

［2］彼得·德鲁克. 现代管理宗师德鲁克文选[M]. 北京：机械工业出版社，1999.

［3］余绪缨. 柔性管理的发展及其思想文化渊源[J]. 经济学家，1998（01）：85-91+127.

［4］余绪缨. 论知识经济的社会文化观与现代管理会计[J]. 财会月刊，1999（09）：3-8.

［5］陈嘉明. 人文主义思潮的兴盛及其思维逻辑——20世纪西方哲学的反思[J]. 厦门大学学报（哲学社会科学版），2001（01）：42-48.

（编者注：本文发表于《财会通讯》，2003年第11期）

智力资产与智力资本会计的几个理论问题[1]

本文首先纠正了论坛上长期以来对“人资源”的不正确认识，并在认识上使之进一步深化了；接着对怎样培育创新能力，激活“智力资源”作了较深入的论述；进而对智力资产与智力资本进行了经济学剖析；最后探讨了怎样对智力资产与智力资本的计量进行方法论上的创新及其具体应用。

关键词：人资源；智力资产；创新能力；市场评价机制

一、对“人资源”构成要素认识的深化

长期以来，我国出版的相关论著（包括专业性的与非专业性的），都把“Human Resources”称为“人力资源”，这显然是不对的。正如将“Human Rights”通称为“人权”一样，也应理所当然地将“Human Resources”称作“人资源”。

在人类文明高度发展的今天，对“人资源”的认识必须进一步深化和细化（层次化）。语云：“人生两个宝，双手与大脑。”可见从原始意义上看，人力来自与生俱来的两个方面：“体力”（manual power）

① 本文是教育部人文社会科学重大研究项目（02JAZJD630007）的阶段性成果之一。

直接来自人的双手，“脑力”（brain power）来自人的大脑。这是“人力”构成的两个基本层次。可见现实世界的资源构成，可分为“物资源”（Material Resources）与“人资源”两大部分；其中“人资源”又可进一步分为“体力资源”与“脑力资源”两部分。人的存在是一种社会存在。劳动是人类社会赖以维持和发展的基本要素。主要依靠双手（一般的工具可视为双手的简单延伸）进行的劳动，属于体力劳动，从事这种类型工作的劳动者，属于体力劳动者，他们形成人类社会的劳动力资源。主要依靠脑力进行的劳动，属于脑力劳动，从事这种类型工作的劳动者，称为脑力劳动者，他们构成社会的知识资源。随着人类的进化、社会的发展和文化的积累，体力劳动在社会经济发展中的地位、作用，相应地不断降低，脑力劳动的地位、作用则相应地不断提高。

知识是人类思维的结晶，是人的大脑对客观现实世界认识活动的“成果”。它生成于大脑，并以大脑为初始的载体。一个人知识的获得及其丰富、发展的程度，同先天的素质、受教育的程度、社会文化环境的熏陶、实践中的磨炼以及主观上的努力等多方面的因素都有密切的联系。由于不同的人的主客观条件、所处环境不同，掌握知识的广度、深度和难度往往也是不同的。一个人如果掌握的知识属于一般水平，依靠它进行脑力劳动，属于一般性脑力劳动。这类脑力劳动者构成社会的一般知识资源。一个人掌握的知识如果进入了超常的水平，依靠它进行脑力劳动，属于高级的复杂脑力劳动。这类脑力劳动者构成社会超常的知识资源——人才资源（Talent Resources）。

随着知识经济时代的到来和对知识认识上的深化，新的知识观又将知识分为显性知识与隐性知识两种类型。

（1）显性知识（Explicit Knowledge）。指可以用语言、文字或图形等有形的东西进行系统化处理和传播的各种传统和现代知识。这一类知识可以用计算机进行编码和加工处理，因而也被称为“可编码的知识”。如人的发明创造，可以写成方案或制成图纸，取得专利权；人的头脑中的创意可以写成论文、著作，取得版权。它们都是深藏于人的头脑中的知识的外现而物化为具有一定实体性的“显性智力资产”。瞬间即逝的声响语言和行为语言，如教师的授课、歌唱家的演唱、舞蹈家的轻歌曼舞，也属于显性知识。

（2）隐性知识（Tacit Knowledge）。指深藏于人的头脑，属于经验、诀窍、灵感、创意等的那一部分知识，是一种只可意会不可言传因而难以量化的知识。这一部分知识不可能用计算机进行编码和加工处理，因而称为“不可编码的知识”（non-codified knowledge）。它们是人类知识中的精华，是最有活力的部分。

综上所述，可将“人资源”的构成要素，用下图列示。

- 现实世界
  - 物的世界——物资源
  - 体力资源——劳动力资源
    - 人的世界——人资源
    - 脑力资源——知识资源

- 显性知识资源
  - 一般知识资源
    - 知识资源
    - 隐性知识资源
  - 显性知识资源
    - 超常知识资源——人才资源
    - 隐性知识资源

图 1　“人资源”的构成要素

二、培养创新能力，激活“智力资源”

首先，必须正确认识知识、智力、素质和能力的关系。知识是形成智力、素质和能力的基础。但知识并不等同于智力、素质和能力。智力是知识的活化，是能用来分析、研究、解决实际问题的知识。只有已经活化的知识，才能表现为智力，没有经过活化，即食而不化的知识，只是死知识，是不可能表现为智力的。素质是智力的升华，即智力渗透到人的内心世界得以进一步升华，才能转化为可持续起作用的素质。而能力则是素质在一定实践条件下的外显（外在表现）。

由具有超常智力的人才组成的“人才资源”，是“智力资源”的核心部分。“人才”之所以可贵，在于他们比一般脑力劳动者更能以“已知”为起点，由此及彼、由表及里地进行推陈出新，不断取得创新的成果。而人才的创新能力的培养和提高，又有赖于创造性思维和综合素质的培养与提高。

先从第一方面看。思维是人脑的机能活动，是人类心理活动的高级形式。人的智力的各个侧面——观察力、记忆力、想象力、洞察力、判断力与推理力等，最终都依赖思维的整合、提炼、类比、联想和顿悟，进而形成认识和把握世界的智力和潜能，因此，创造性思维是人类进行创造性活动的活的精神源泉。

创造性思维不同于常规性思维，在于“创造”无论作为一个过程还是作为一种成果，可分为三种情况：发现、发明和发展。

“发现”作为一种创造性活动，其特点在于：被发现的对象原是一种客观存在，只是尚未被人们所认识。有志者通过创造性思维将它揭示出来，使之纳入人类已知的领域。因而，发现是对已存事物的开创性认识。

“发明”是指以已存文明成果为依托，创造出原来并不存在的新事物。发明的成果不局限于有形的物质的东西，也可以是社会文化层面的无形的东西。

“发展”是对既存的物质及精神文明成果进行系统化的创新。发展型的创新可以是对已有成果的改进、修正，也可以是对已有成果的进一步的丰富和完善。

由此可见，创造性思维不同于常规性思维，在于它对现实的“超越”。超越性是创造性思维的根本属性，也是创新能力的精髓。

再从第二方面看，由于创新能力是一种综合能力，要使人才保持旺盛的创新能力，必须从提高“综合素质”入手。一个人的“综合素质”，包括人文素质、科学素质、身体素质等各个方面，具体表现为：思维的精确性和缜密性；工作方式的科学性、有序性；对内外环境变化反应的灵敏性；独立工作能力和相互协作精神；稳定的心态和不断超越自我的意识；

强烈的求知欲和创造欲；不迷信权威、勇于探索以及顽强拼搏的精神等。以上种种表现，有些属于人“智商”方面的因素，更多地属于“情商”方面的因素。其中人文质量居于十分重要的地位。人文质量主要是指人格、气质及修养，它们同“情商”方面的因素有着更多的直接联系。一个人无论从事哪一方面的工作，人文素质越高，必然思路越开阔、思想越活跃，感悟能力也越强，从而越能提高思维的创造能力，不断取得创造性的丰硕成果。

创造性思维和综合素质的培养，要从加强人类优秀文明成果（文化、历史、哲学、文学、艺术等方面的成果）的教育入手，通过知识传授、环境熏陶、实践锻炼等方式，使优秀文明成果的精华渗透到人的内心世界，并使之进一步升华，逐步形成稳定的综合素质和创造性思维能力。这样，就能有效地激活组织的智力资源，并使其中的优秀人才能百折不挠地从大处着眼，往深处探索，不断超越现有水平，作出原始性的发现，进行事业上的创新，从而为保持和发展组织的长期竞争优势提供无穷尽的智力源泉！

三、智力资产与智力资本的经济学剖析

从经济学上看，资本是能带来价值增值的价值，价值形态是其存在的形式。智力资本也是这样。根据劳动价值论，体力劳动者在生产中进行体力为主的劳动，掌握一般知识的脑力劳动者从事较简单的脑力劳动，也是可以带来价值的增值（即带来大于他们以工薪表现的价值）的。但进入知识经济时代以后，关于智力资产与智力资本问题的探讨，对涉及体力资源和一般知识资源的问题，可以存而不论，可把重点放在超常知识资源——人才资源所引发的相关问题上。

智力资本，从总体上作为能带来价值增值的价值，从数量上看，它是与依存于一定的载体而存在的各种形式的智力资产的总价值相对应的。在资产负债表上，表现为全部智力资产总价值的“产权”（Equity）。

一个组织的智力资产包括隐性和显性两大类。

1. 隐性的智力资产

隐性的智力资产是指“人才资产”，是深藏在具有超常智力的人才大脑中属于经验、构想、诀窍、灵感、创意等方面的精神财富。它们如果不进行脑外物化表达，外人无法感知，因而也不可能用计算机进行编码和加工处理，属于不可编码的资产。

2. 显性的智力资产

显性的智力资产，又可大致地分为两大类。

一类是个体化的由人才的超常才智物化在某种物质性载体（如书稿、光盘、实物等）中的显性智力资产，如版权、专利权、专有技术、计算机软件等。

另一类是组织化的由较长期的集体经营而形成的独特优势。它可进一步区分为以下几个小的类别：

（1）市场资产，是企业生产经营以市场为导向而形成的经营优势，包括品牌、顾客的忠诚与满意度、可靠的销售网络以及同上下游企业协作配合的稳定性协议等。

（2）基础性结构资产，是保证企业整体上得以高质量有效运行的员工权责规范、企业内部各个环节的运作程序以及合情合理的奖惩制度等。

（3）企业文化，是企业长期经营中形成的共同的价值观和行为规范。它既是在企业内部形成亲密无间的凝聚力的精神财富，也是企业向社会展示良好形象和信誉（商誉）的精神源泉。

上述显性智力资产的第一类，由于具有一定的物质性载体，是可以运用计算机进行编码管理的；而第二类中的很多方面属于软性的精神层面的东西，是不可编码的智力资产。

用智力资源来经济有效地开发、利用物质资源，使“物尽其用”建立在“人尽其才”的基础上，是知识经济的一大特点。

进入知识经济时代后，企业生产经营中“智力资产”的运用，也必须同“物质资产”（厂房、设备、材料等）、“财务资产”（现金、证券、往来账款等）的运用相结合，彼此相互配合，使之发挥整体效应。物质资源与智力资源的不同之处在于：物质资源在生产经营中被消耗以后，企业要遵循“等价交换”的原则从企业外部不断得到补充，才能保证再生产活动的正常开展。按照经济学原理，物质资料在生产中消耗，只能转移价值，不会增加新的价值。而各类资产综合运用使企业整体价值增值，就只能认为智力资源是其增值的源泉，否则，企业整体价值的增值就成为无源之水、无本之木了。前已指出，具有超常智力的人才是智力资源中最有活力和创新能力的核心部分。正是依靠他们卓越的综合素质和旺盛的创新能力，企业才能够不断实现技术创新、产品创新、组织和管理创新，才使企业可以适应迅速发展的时代潮流，及时提供能满足广大消费者日新月异的个性化、多样化产品和服务，从而为企业创造更多的整体价值。这也是知识经济时代精神的一种体现。

从社会经济的发展来看，工业经济的发展，源于“利益驱动”。虽也提倡“君子生财，取之有道”，但直接的功利性还是很明显的。知识经济是比工业经济更高一个层次的社会经济形态，知识社会是以知识精英（包括科技精英、文化精英、管理精英等）为主体的社会。知识经济的发展，是不是还源于“利益驱动”呢？应该看到，知识社会的知识精英的思想应已进入“文化人”的境界，按照行为科学家马斯洛（A. H. Maslow）的“需求层次理论”，他们的需求应已进入最高的层次——“自我实现”（Self-actuality）的境界！“自我实现”是一种什么样的境界？是一种如孔子所说的“朝闻道，夕死可矣！”的境界。达到这样境界的人，是不会有太多的功利性追求的。可以认为，由工业经济发展到知识经济，经济的发展将由“利益驱动”转变为“文化驱动”，这也可以看作是人类社会的一大进步。

四、智力资产与智力资本的计量特性

（一）计量智力资产与智力资本的新的方法论

知识、智力都是无形的不具物质实体的东西，它们的难于计量，是长期困扰这一领域许多探索者的一大难题。怎样克服这个难题，看来是必须认真对待的。在这里，问题的关键，是不能只从技术方法上去探求，首先必须进行方法论的变革。因为方法论的变革源于思想观念上的变革，更具有根本性。在这一领域，计量方法论的变革，主要包括以下两个方面。

1. 摆脱财务会计资产计价模式的束缚，从计量投入转变为计量产出（Measuring outcomes，not inputs）

财务会计对物质资产的计价，是以投入价进行计量的，如材料、固定资产都是按"购入价"入账，它们的账面价值被视为"尚未摊销的费用"。这种计价原则，对"智力资产"是完全不适用的。试想：一个才华横溢的专家，怎么能用支付的货币报酬（薪金和各种补贴）来衡量他的"价值"呢？他们用聪明才智为企业的生产经营进行各种形式的创新，为企业保持和发展竞争优势所做的贡献（产出），即所取得的"效益"，很多是可以看得见、摸得着的（当然部分也表现为"无形效益"）。虽然，人才的超常才智是属于精神层面的东西，是无形的、难于直接计量的，但他们通过复杂的脑力劳动所取得的劳动"成果"，却是可以采用适当的方式进行计量的。也就是借助于无形的（不可计量的）东西，是可以产生有形的（可计量的）的成果的。

2. 超越财务会计账册，引进市场评价机制

超越会计账册，进行资产价值的评估，既是计价方式上的重大变革，也是会计思想观念上的重大变革。这也从一个侧面反映了管理会计与财务会计有质的不同。对智力资产、智力资本，引进市场评价机制进行价值评估，是一种以系统观为指导的社会评价。其客观性在于：市场既是经济范畴，也是历史范畴，是人类社会发展到一定历史阶段的产物。在成熟的市场中，参与活动的人都是平等的，地位是对称的。供需双方自由竞争形成的价格，是基于整个经济运行过程中各行业、企业供给和需求的复杂关系，由千万人独立自主地进行市场自由选择的结果。而且市场价格机制还是一个动态机制，不仅涉及过去和现在，还涉及对未来的预期，使它能保持广阔的视野，这是任何个人的主观评估无法企及的。

（二）新方法论的具体应用

1. 企业整体价值的评估

前已指出，企业整体价值的增值，是企业在生产经营中综合运用物质资产和智力资产取得的成果，其中智力资产是企业整体价值增值的源泉。而智力资本则是全部智力资产总价值的综合表现，在资产负债表上，表现为企业总价值扣减会计账册上全部物质资产总价值后的差额。因此，智力资产与智力资本的总价值，可以市场评估所得到的企业整体价值为基础进行计量。

较具体地说，在国际上得到较广泛认可的方法中，有一种“脑力资本化”（Capitalizing brain power）法，该方法认为在企业整体的“账面价值”（book value）与“市场价值”（market value）之间，存在着一种“神秘价值”（mysterious value），它是一种“被隐藏的价值”（hidden value）——被会计账册所遗漏的价值（missing value）。这部分价值之所以被遗漏，是因为在会计的账册和报表上只反映“物质资产”（physical assets）的价值。当然用企业整体的“市场价值”与“账面价值”之差表现的“神秘价值”不可能是无源之水、无本之木。这种超过“物质资产”总价值的价值，只能是“智力资产”创造的经济价值（economic value）。据此可以看出，在完备的金融市场的条件下，通过企业公开发行的股票价值的市场评估，来确认企业“智力资产”与“智力资本”的价值，不失为一个较为可行的方法。

2. 杰出人才个体价值的评估

具有超常智力的杰出人才为企业提供专业性服务而给企业带来的“增值”即为企业提供服务的价值，自然会异于一般人员。一般来说，“增值”的大小，取决于专业性服务对改进和提高企业生产经营“有效性”的大小。“有效性”的大小也可用“独特性”或“可替代性”的大小来体现。意思是，越是非程序性的、独特的、高智能的创造性工作，可替代性越弱，专业性的服务价值越大；反之，反是。对事物的可替代性，人们普遍的感受是，一个东西，当你拥有它时，往往并不觉得它可贵；当你失去它时，就会感到它的可贵了（如一个人身体健康时，往往并不会感受到健康的可贵，一旦失去它，就会痛切地感受到它的弥足珍贵了）。由此，可以引申出杰出人才个体价值的“机会成本评价法”，即杰出人才的个体价值，可通过失去他的机会成本来衡量。例如，假设一家大酒楼有一位杰出的厨师，他做菜，在色、香、味上有绝招（一招鲜，吃遍天），在顾客中享有盛誉，具有完全不可替代性。他的服务价值自然会大大超过其他一般厨师的服务价值。当他正常提供服务时，大家都会习以为常，往往并不会感到有什么特别可贵之处。但当失去他时，他的个体价值就会立即显示出来，即可用丧失他的专业服务的“机会成本”（机会代价，如减少客源导致门庭冷落，使酒楼的经营利润大幅度减少等）来衡量。这也可以看作是“市场评价法”的一种具体运用形式。

参考文献：

［1］LYNN BERNADETTE. Intellectual Capital[J]. CMA Magazine，February，1998.

［2］VANDERKAAY S. Measuring the Vital Signs of Intellectual Capital[J].Cma Management，2000.

［3］PANGARKAR A M，KIRKWOOD T. Capitalizing on brain power：Tapping into your human capital network[J]. Cma Management，2002（1）：24-27.

（编者注：本文发表于《经济学家》，2004年第4期）

论体验经济与管理及管理会计创新①

摘要：社会经济的发展，使社会需求由物质层面向精神、文化层面提升，人们理性的物质形态消费向感性的“体验消费”转变；消费者选择消费对象，追求的是能使他们产生“体验效应”，并在精神上得到满足的“文化价值”，而不仅是对象的物质价值。“体验经济”条件下形成的以“文化价值”为主体的价值运动，导致企业以至社会的价值体系产生实质性的重大变化。为此，在管理和管理会计领域要进行相应的创新。

关键词：体验经济；体验效应；文化价值；管理创新

一、体验经济的基本特征

（一）人的快乐（幸福）感与物质性享受的关系

古往今来，“避苦趋乐”是人类生存欲望的永恒主题，也是指导人类行为的基本准则。

快乐是一种愉快（pleasure）和满足（contentment）的感觉。长期都比较快乐，就是幸福（good fortune）。幸福是一种个性化的来自内心深处的感受，同时也是人的生存状态的最高境界！应怎样认识幸福与财富的关系？幸福与财富的占有及物质性享受当然有关系，但不能等同。

① 基金项目：教育部人文社会科学重大研究项目（02JAZJD630007）。

环顾世界，经济最发达的国家，并不一定是人民幸福度最高的国家。据英国《新科学家》周刊报道，社会学家对世界65个国家的公民进行调查，发现贫穷的非洲国家尼日利亚人是世界上最快乐的，而生活安逸的美国人在排行榜上却居于第16位。[①]

在一个国家内部，也是这样。最富有的人群，并不一定是最幸福的人群。当人们对衣、食、住、行的基本需求（basic needs）得不到满足时，他们不太可能感到幸福，所谓“贫贱夫妻百事哀”，说的就是这种情况。但当人生活上的基本需求得到满足之后，物质财富的增加，并不意味着一定会相应地带来幸福的成比例增长。因为物质性财富并不是一切。

那么，快乐（幸福）从何而来？

2002年诺贝尔经济学奖获得者美国普林斯顿大学心理学教授丹尼尔·卡尼曼（Daniel Kahneman）和乔治·梅森大学经济学教授弗农·史密斯（Vernon L. Smith），把心理研究的悟性和洞察力与经济学融合到一起，以实证的方式证明了幸福和痛苦的体验效用也可测度[②]，在经济学界引起了轰动。其巨大的理论影响，使在此之前出版的有关实践经验总结的《体验经济》一书[③]，也得到了更加广泛的重视。

《体验经济》一书认为，体验经济提供的不是产品、不是服务，而是“快乐”这种“体验”，体验可以创造价值。也就是说，美好的、赏心悦目的东西，通过一定的感性载体对人产生体验效应，实现“商品化”（commoditized），可以形成经济价值。突出“体验”这个主题，是该书的最大特色。

其实，“体验”并不是一个新的话题。“体验”作为深入到人的内心世界的精神活动，是人所共有的，只是过去没有引起足够的重视，因而也

① 理查德·恩斯贝格尔：《富有未必幸福，贫穷未必不快乐》，《参考消息》2004年8月1日。

② 秦朔：《跨越快乐鸿沟——关于快乐的历史观察》，《南风窗》2004年第10期。

③ B. Joseph Pine Ⅱ，James H. Gilmore. The Experience Economy. Cambridge：Harvard Business School Press，1999.

没有对此开展较深入的研究。

中国是一个具有优秀文化传统的国家，“体验”可带给人们难以忘怀、回味无穷的精神上的满足和美好的感受，从中国的古典诗词里，可以得到许多有益的启示。①

（二）“体验经济”是知识经济在社会再生产的流通和消费领域的具体体现

如所周知，工业经济的发展使社会物质财富极大丰富，在经济发达国家，已开始出现物质财富的相对过剩。知识经济是工业经济的进一步发展和深化。进入知识社会，“知识精英（包括科技精英、文化精英、管理精英等）成为社会主体，人的自由、全面的发展达到了前所未有的高度。”②同时，社会经济的发展正在由以供给、生产为中心，转变为以满足人的需求与消费为中心。人的需要正从物质领域扩展到非物质领域，消费的重点已从理性的物质形态的消费向非理性或有限理性的感性消费（“体验消费”）转变。

理性的物质形态的消费，消费者侧重考虑的是消费对象的使用价值及其功能与价格的比例关系，贯彻的是客观的实用性原则。非理性或有限理性的感性消费，消费者把他们对消费对象的直观、感觉、情感和主观偏好等作为选择的原则。可见，“体验消费”是指能带给消费者个性化感受，能使消费者在思想、情感上产生共鸣，从而产生“体验效应”，满足人的精神层面需求的消费方式。

① 例如，唐代著名学者柳宗元作的一首题为“江雪”的诗：“千山鸟飞绝，万径人踪灭。孤舟蓑笠翁，独钓寒江雪。”表面上看，该诗是写冬天的雪景，而令人可以感受到的思想、文化内涵，却是十分丰富的。人们可从中感悟到作者一种“众人皆浊我独清，众人皆醉我独醒”的高尚情操，以及不屈服于权势，虽在险恶的境遇中处于孤立地位仍无所畏惧的斗争精神。这短短的四句诗，古往今来曾引起多少人心灵上的共鸣而感叹不已！这可以看作是“体验效应”的一种上乘境界！

② 余绪缨：《智力资产与智力资本会计的几个理论问题》，《经济学家》2004年第4期。

在这种情况下，消费者的消费行为，已深入到心理层面，进而转化为属于精神层面的文化行为。当经济发展所提供的物质财富大大超越了人的物质性的需求以后，超越于物质层次之上的精神和文化上的需求就会自然而然地凸现。这也正如美国著名心理学家马斯洛（Abraham H. Maslow）的“需求层次理论”所说，人的需求的满足和对“避苦趋乐”主观感受的追求，从物质层面向精神、文化层面递进，是人的发展，也是社会发展的一种必然趋势。

体验经济就是能为社会大众实现“体验消费”创造条件的经济形态。如前所说，“体验”是消费者个人化的主观感受。因此，“体验经济”的运行，首先考虑的是消费者的个性化需求。在体验经济条件下，消费者完全可以自主地、创造性地选择自己的消费方式。可见体验消费的个性化必然是同多样化并存的。而知识经济条件下高智力脑力劳动者创造性的生产劳动，也完全可以不断地生产出具有高科技、高文化含量的“知识产品”，以满足广大消费者层出不穷的体验性消费的需要。这就表明：体验经济是知识经济从生产领域到流通和消费领域的自然延伸，从而实现了在新的历史条件下，知识经济与社会再生产过程各个领域的融合和贯通，人们可借此对知识经济这一新的社会经济形态得到一个较全面而完整的认识。

二、体验经济形成与发展的社会经济背景

前已指出，知识经济的形成与发展，不仅促成了社会物质财富的极大丰富，也促使人的全面、自由的发展达到了新的境界。人的消费需求和对“避苦趋乐”的追求，已开始从物质的层面转向超越物质层面的精神和文化层面，借以实现人性的复苏和精神上的自由自在，进而达到心旷神怡、物我两忘的人生境界！

但上述目标的实现，需具备一些较具体的主、客观条件。它们是：社会成员受过良好教育，具有较高的文化素养；社会发展已开始从小康进入富裕，人们在满足基本生活需求之外，还有富余的经济资源和时间，可用

于满足非物质性的需求，即能较自由地进行感性化的体验消费，包括各种休闲性、审美性、娱乐性、享受性的消费，借以不断扩大生活空间，提高生活质量，最终达到感悟生命的真谛，进入自我价值实现的最高境界！

美国《时代》杂志曾预言，2015年前后，发达国家将进入“休闲时代”，专门提供休闲服务的产业在美国国民生产总值中将占有一半的份额，新技术和其他一些趋势可以让人把生命中50%的时间用于休闲。[①]我国虽属发展中国家，但“城镇居民恩格尔系数从1995年49.9%下降到2002年37.7%”，这表明“人们开始追求一种精神与文化质量更高的生活和消费”[②]，以期在消费过程中享受快乐、愉悦心情，得到更大的精神和心理上的满足。现在越来越多的人开始认识到：良好的生命质量源自身心的和谐、心灵的宁静。快乐是一种内心悠然自得的境界！显然，一个人假如日夜沉醉于“天下熙熙皆为利来，天下攘攘皆为利往”的物化世界，经常在不安与恐惧中疲于奔命，是绝无快乐（幸福）可言的。

我们还应看到，人的心境还与生活的环境有关。生活在城市中的人，即使住的是高楼大厦，吃的是山珍海味，行的是高速公路，由于整日被困在由钢筋水泥构筑成的大森林中，过着一种紧张而单调的生活，得不到心灵的慰藉，也是不会有快乐（幸福）感的。如果你走出城市这个喧闹无比的地方，到山野中去仰望蓝天、白云，置身于高山流水、柳浪闻莺这种如诗如画的情景中，“惟江上之清风，与山间之明月，耳得之而为声，目遇之而成色，取之无禁，用之不竭”[③]，就会使你宠辱俱忘、悠然自得，因享用大自然的赐予而倍感生命的多彩多姿，从而感奋不已！这是人文因素融入生命中，使物质升华为精神，使人的心灵进入陶醉状态的具体体现。这也是促进当今世界各国文化旅游蓬勃发展的根本原因和深层次的精神动力。

---

① 章以：《体验与财富》，《经济日报》2002年11月5日。

② 陈圣来：《从文化伸向经济的一只无形之手》，《文汇报》2004年1月21日。

③ 苏轼：《前赤壁赋》，载《古文观止》（下册），南京：中华书局，1959年。

三、与体验经济的要求相适应的管理创新问题探讨

（一）综述

前已指出，“体验消费”是满足人们精神层面需求的消费方式，消费者的消费行为，已深入到心理层次而转化为属于精神层面的文化行为。因而“体验消费”也可称为以文化产品为消费对象的文化消费。一个社会的文化产品总体上可以分为两大类，即“纯文化产品”和“准文化产品”。

“纯文化产品”是纯文化部门（如文学、艺术、科学、教育部门等）的精神产品，它致力于培养和提高人民大众的人文素质，发扬优秀人文精神，提高全民族的综合创新能力——以“已知”为起点，在人文社会科学、自然科学技术的各个领域，进行推陈出新，提出新理论、新学说，创造（发明、发现、发展）新成果的能力。它们是全社会精神产品的灵魂，也是形成一个国家居于核心地位的“软力量” 的关键所在。

“准文化产品”，是适应“体验经济”时代人们日益增长的文化消费的需要，把人的思想、情感、文化创意等融入一定的物质载体中，借助于一定的物质载体来体现其文化价值的产品。对于这一类产品来说，物质产品的存在，主要是为了突出凝聚在其中的“文化价值”，而非其物质价值本身。进入体验经济时代， 这类“准文化产品”在人们衣、食、住、行等各个方面是普遍存在的。人们喜爱“准文化产品”，并不是为了满足衣、食、住、行等物质层面的需要，而主要是用于满足其精神、文化层面的需要。

先从衣着看，服装与时装就有显著的不同。[①]前者主要是用来满足人的物质层面的需要，而后者则主要用来满足人的精神层面的需要。可以设想，一个“白领丽人”选择时装，必然会提出许多个性化的需求，如要求根据她的肤色、体态、年龄、职业、地位、用途等提出多样化的设计与制作上的要求，以适应她内心自我满足的需要。

---

① 刘诗白：《论现代文化生产（上）》，《经济学家》2005年第1期。

再从住的方面看，成功人士选建高级别墅，他们必然会根据自己的身份、地位、学识和文化素养等，对别墅的选址、设计、装修以及家具和装饰品的配置等提出多样化的要求，以期在文化形象上彰显鲜明特色，以满足他们自己及其家人独特的“体验消费”（在精神上得到满足）的需要。这同一般人对住宅的要求已完全不可同日而语了。

本文以下仅就“准文化产品”生产企业的经营管理创新问题展开讨论。

（二）“准文化产品”生产企业的生产管理创新问题探讨

“准文化产品”独特的文化内涵，要以产品为载体，通过一定的形象进行外显，才能为人所感知、理解和品评，甚或勃然心动而产生“体验效应”。这是一个由物质升华为精神、科技创新提升为人文境界的过程。而“体验价值”则是由“体验效应”转化而来。可见“体验价值”的增长来源于人的智力，而非物质资料本身。这意味着：“准文化产品”生产企业进行产品生产，大力增加产品的文化含量，使消费者能更好地得到精神上的满足，是提高产品的“体验效应”，进而提高其“体验价值”的根本路径。为此，就要在产品的策划和设计阶段，实行重大的变革，既要进行传统的与实用性相关联的“功能设计”，更要进行与体验性相关联的“文化设计”。[①]

本文认为，文化设计是指把丰富多彩的“文化创意”（cultural creative idea）融入产品的构想、设计、造型和款式中，借以最大限度地提高产品的“体验价值”。这意味着：企业的生产经营应把主要精力放在产品的文化内涵、文化特色的开创上，并将此作为企业在激烈的市场竞争中出奇制胜的法宝。[②]因而文化设计在企业策划、设计的整体框架中应居主导

① 庄志民：《注重对“心”经济的研究》，《文汇报》2002年10月8日。

② 余绪缨：《关于杰出管理人才“核心能力”培养问题的探讨》，《财会月刊》2005年第2期。

地位。与此相适应，企业由科技精英、文化精英、管理精英组成的管理群体，不能只长于工程技术和善于进行常规性的管理，而首先应是具有丰富想象力和艺术探索精神的“创意人”。

不仅如此，在“体验经济”的大环境中，“准文化产品”生产企业必须以最大限度地提高产品的“体验价值”为中心来组织全部的生产经营活动，并通过采用先进管理的形式和方法，如“目标成本制”（Target Cost System）、“适时生产系统”（Just-in-time Production System）、“全面质量管理”（Total Quality Control）以及“以作业为基础的管理”（Activity-based Management）、“作业成本计算”（Activity-based Costing）等，使这一核心管理理念在企业生产经营的各个环节得到具体的贯彻和落实，才能使企业的生产经营充满生机和活力。为保证企业上述经营目标的顺利实现，必须对企业的管理群体在素质上，特别是文化素质上，提出更高的要求。因为“体验效应”的激发和“体验价值”的增长，涉及许多人“精神世界”（mental world）中的思想、情感、道德、情操、心理、爱好以及审美观、价值观等深层次的个性化的复杂因素。它们是属于“精神世界”的“人文层面”（humanistic level）的东西，具有复杂多变、难以捉摸的特点。这就要求企业的管理群体必须拥有高境界的哲学思维所带来的超常智慧与洞察力，以及深厚的人文底蕴和艺术修养所带来的超常的想象力和感悟能力[①]，才有可能既洞察入微，又随机应变地去促进“体验价值”的形成和实现，达到不断提高企业生产经营的经济效益和社会效益的目的。

（三）“准文化产品”生产企业的营销管理创新问题探讨

1. “准文化产品”营销策略的新特点

前已指出，“准文化产品”是借助于一定的物质载体来体现其内含

① 余绪缨：《关于杰出管理人才“核心能力”培养问题的探讨》，《财会月刊》2005年第2期。

“文化价值”的产品。其独特的文化内涵要通过一定的形象进行外显，为人们所感知而产生“体验效应”，才能形成消费者认同的“体验价值”（experience value）。而“顾客价值”（customer value）则是顾客基于主观感受对产品内含“文化价值”而形成的“认知价值”（perceived value），即顾客为购置产品愿意支付的代价。

由此可见，“准文化产品”为使凝结在其中的“文化价值”顺利转化为“顾客价值”，需要通过有效的营销活动才能实现。

在营销过程中，为使内化于产品中的“文化价值”能顺利地转化为“顾客价值”，首先要将“文化价值”符号化，升华为消费者易于感知的“文化符号”。“文化符号”在市场的汪洋大海中，展示不同产品不同的文化内涵和文化特征，充分发挥文化信息的传递功能，就可深入到人们的心理层次，激发“体验效应”，诱导消费行为，达到尽可能实现更多“顾客价值”的目的。

由此可见，在“体验经济”条件下，产品的“顾客价值”，是顾客对产出物文化内涵的主观感受而形成的“认知价值”，而不是投入物的物质价值。这意味着它是把“产出的效益”而不是“投入的消耗”作为收取回报的基础。这种情况，在纯粹的文化产业中看得更清楚。如艺术家创作的字、画，难道能将所消耗的笔墨价值作为定价的基础吗？ 而在工业经济时代，产品的“顾客价值”则是将生产产品投入的生产要素形成的产品价值作为产品销售定价的基础。这是“体验经济”条件下的营销策略不同于工业经济条件下的营销策略的显著特点。

2. “体验经济”条件下，“顾客导向”营销策略的运用

企业的营销要以顾客的需求为导向，在工业经济时代也是这样。只是在“体验经济”条件下，“定制化”（customized）程度的进一步提高，使“顾客导向”营销策略的运用得到进一步加强。因为“体验效应”以消费者的“个体化感受”为基点。企业要使它生产的产品体验化，就必须针对顾客的特点，为顾客提供定制化的“量体裁衣”式的产品，来满足他们心理上、情感上的特殊要求，使他们能更好地得到精神上的满足，从而形

成更高的“体验价值”。企业也可由此而获得更多的回报。

由此可见，在“体验经济”条件下，“顾客导向”营销策略的运用，已从物质层面深入到精神、文化层面，要求是大大提高了。

3. “体验经济”条件下“超顾客导向”营销策略的运用

在经济发展迅速、科学技术日新月异的时代，企业“顾客导向”营销策略越来越显出其局限性。因为即使是个性化的“定制”，也只是适应顾客现有的体验需求，具有较大的被动性。而且，人的“体验消费”是一种基于非理性或有限理性的情感消费，是变幻无常并不断发展的。因此，突破“顾客导向”的局限而进入“超顾客导向”，也是时代发展的要求。

“超顾客导向”是指不仅满足顾客需求，更重要的是要创造顾客需求，即企业应比顾客看得更远些。企业必须不断创新，不仅满足顾客的现有需求及可预知的需求，还要善于创造需求，引导需求，即善于对潜在需求、可预见的在较短期间内以至在较长期间内可能出现的需求进行创造性营运、权变性营运。[1]可见，由“顾客导向”转变为“超顾客导向”，对企业生产经营管理的要求大大地提高了。这要求企业的管理群体具有广阔的视野，敏锐的洞察力，能洞察社会经济文化的发展趋势，熟悉不同地区、不同类型、不同层次的社会成员的受教育程度、文化素养、审美观念、宗教信仰、风俗习惯等的现状，及其在一定期间可能的发展变化，并善于用系统观、长期观和动态观来分析、研究相关问题，进而在产品的策划、设计、生产和营运的各个领域，见微知著、由表及里、由此及彼地开展自主性的创新活动，通过多种多样动人心弦的文化符号，以展示巧妙的构思、精心的设计、具有独特魅力的造型，以及别出心裁、令人喜闻乐见的广告宣传等，使之有针对性地深入到社会各类人员、各个阶层的心理层次，去唤醒、启发、诱导或强化他们的体验需求，就能为企业不断扩大经济和社会效益提供无穷尽的源泉！正如“得人心者得天下”一样，企业

① 陈应龙、刘巨钦：《顾客导向的局限性与超顾客导向》，《管理现代化》2003年第2期。

也可由此实现“得顾客之心者得市场”的巨大成功。这正是“超顾客导向”策略大大优越于“顾客导向”策略之处。

四、与体验经济的要求相适应的现代管理会计创新问题探讨

（一）对管理会计对象问题的新认识

一般认为，对象问题是学科建设中的基本理论问题之一。20世纪80年代初期，笔者曾撰文指出：“一门学科的对象，是其特定领域有关内容的集中和概括，是贯穿于该学科的始终的。从这个认识出发，应如实地把现金流动（cash flow）看作是现代管理会计的对象。”因为，“现金流动具有最大的综合性，通过现金流动的动态，可以把企业生产经营的主要方面和主要过程全面、系统并及时地反映出来。”①当然，“现金流”只是外在的形式，其实质是企业生产经营形成的价值运动。

1. 因社会经济形态的转变而形成的管理会计对象的新特点

前已指出，知识经济是工业经济的进一步发展和深化，其主要特征是：人的知识（智力）成为核心的生产要素，产品的生产不再主要是集成资源，而是集成知识（智力），实现资源依赖型经济向知识（智力）依赖型经济转变。在社会发展的工业经济阶段，经济的发展、财富的增长，主要是依赖物质资源、体力资源和一般性脑力资源的投入和使用，在生产经营过程中人的劳动（包括体力劳动和一般性脑力劳动）作用于物质资料（劳动手段与劳动对象），生产出物质产品，产品价值由生产中物质资料耗费转移的价值和人的劳动耗费新创造的价值组成，其中人的劳动耗费新创造的价值又包括以劳动报酬的形式（工资、各种补贴）支付给体力劳动者、一般性脑力劳动者的补偿价值和为社会创造的国民收入两个组成部

---

① 余绪缨：《现代管理会计中几个基本理论问题的探索》，《厦门大学学报》（哲学社会科学版）1984年第4期。

分。由于工业经济从总体上看是资源依赖型经济，产品价值的组成以物质资料耗费转移的价值为主体，体力劳动者和一般性脑力劳动者劳动耗费新创造的价值减除其补偿价值后也没有很多的剩余。这是资源依赖型经济条件下，企业生产经营形成的价值运动的特点。

可是，随着社会的发展，资源依赖型经济向知识（智力）依赖型经济转变，“体验经济”的兴起及其在广度和深度上的发展，社会经济的发展和财富的增长，主要不是依靠物质资源、体力资源和一般性脑力资源的投入和使用，而主要是依靠卓越的脑力劳动者创造能力的自由发挥。在新的历史条件下，知识产品，特别是文化含量高的“准文化产品”，其物质生产过程同时也是精神生产过程，生产劳动不再只是简单的体力劳动和一般性脑力劳动，而是要求以高层次脑力劳动者进行的创造性脑力劳动为主体，并表现为创造性脑力劳动过程与文化价值形成过程的统一。因而对于文化含量高的“准文化产品”来说，富有文化创意的脑力劳动所创造的巨大“文化价值”自然构成产品价值中最主要的部分，生产中消耗的物质资料的转移价值和体力劳动与一般性脑力劳动支出新创造的价值便变得微不足道了，这必然会导致企业生产经营形成的以“现金流”为其表现形式的价值运动的实质性内容发生重大的变化，因而要求对管理会计对象有关问题重新进行认识。

2. 高度复杂的创造性脑力劳动具有巨大的价值创造功能

为什么高度复杂的创造性脑力劳动具有巨大的价值创造功能呢？这是因为脑力劳动不同于体力劳动。“体力劳动的价值大小取决于劳动时间的长短，脑力劳动价值的大小取决于其能动性和创新程度，创新程度越高，价值量越大。”[①]脑力劳动巨大的创新能力从何而来？这是一个值得深思的问题，必须从历史、人文、心理、思维等各个层面较细致地进行剖析。

首先，高级脑力劳动者复杂的脑力劳动是为高深的知识所武装的劳动，他们所掌握的高深知识具有深厚的历史积累性，可使其劳动的创新能

---

① 季正松：《从体力劳动价值论到脑力劳动价值论》，《经济学家》2005年第2期。

力得到空前提高，因而其劳动支出能产生异乎寻常的效果。正如牛顿所说："我之所以有成就，是因为站在巨人的肩上。"[①]（实际上是站在一代又一代进行传承的众多巨人的肩上）知识的历史积累性，是高级脑力劳动者超常智力之源！

其次，高度复杂的脑力劳动是异常艰辛的劳动，不仅需要高度专注，还需要创作激情，当高度复杂的脑力劳动进行到紧张阶段时，就会像艺术家进入创作高潮一样，工作与休息是很明确区分开的，因为进入高度活跃状态的思维活动是很难遵循通常的作息时间的。基于"日有所思，夜有所梦"，甚至在做梦时，也会突然"闪现出一个'创意'来"。[②]它充分说明这种性质的劳动的高强度性。

最后，高度复杂的脑力劳动的创作过程往往具有不可重复性。因为"创造性的脑力劳动是高度个性化的心智活动，同劳动主体瞬时的心境、情绪等有着密切的联系。因而他们可贵的创意、灵感、顿悟的涌现，往往具有突发性和随机性"[③]，是转瞬即逝，难以重复的。这是创造性脑力劳动与一般性（重复性）脑力劳动的根本差别。

高度复杂的脑力劳动的上述特点，充分说明其价值创造功能同体力劳动和一般性脑力劳动是有天壤之别的。它自然成为在新的历史条件下，深入发展"体验经济"无穷尽的智力源泉！

（二）在新的历史条件下，管理会计如何掌握以"文化价值"为主体的企业价值运动

前已指出，"准文化产品"内含的"文化价值"，是顾客对其文化内涵的感知、认可而愿意为取得、享用它支付的代价——"顾客价值"。不

① 朱富强：《有效劳动价值论》，北京：经济科学出版社，2004年。

② 余绪缨：《知识经济条件下管理柔性化等问题研究》，《中国经济问题》2004年第5期。

③ 余绪缨：《简论当代管理会计的新发展——以高科技为基础、同"作业管理"紧密结合的"作业成本计算"》，《会计研究》1995年第7期。

同顾客对同一产品的文化内涵的感知、欣赏和认可程度有所不同，因而形成的顾客价值可能有一定甚至很大的差异，这也是很自然的。但最终实现的以“现金流”表现的顾客价值，还是取决于企业外部的市场评价机制，这是由众多市场的参与者在市场的互动中自主、自由选择的结果。由于市场既是经济范畴，也是历史范畴，是人类社会发展到一定历史阶段的产物，因而具有较大的客观性。[①]

本文总体上以“市场评价机制”为基础，进一步探讨管理会计在新的历史条件下，如何从动态和静态上具体掌握以“文化价值”为主体的企业生产经营形成的价值运动。

1. 从动态上看

“准文化产品”生产企业的生产经营活动，用智力资源来创造性地运用物质资源，以促进“文化价值”最大化的实现，这是其主要特点。也就是，在企业生产经营过程中，智力资源的运用必须同物质资源（厂房、设备、材料等）、财务资源（现金、证券、往来账款等）的运用相结合，使之发挥整体效应，企业的经营目标才能实现。

“准文化产品”生产企业的智力资源，包括隐性和显性两类。[②]

隐性的智力资源是指“人才资源”，它是深藏在具有超常智力的人才大脑中的属于经验、构想、诀窍、灵感、创意等方面的精神财富，是智力资源中最有活力和创新能力的核心部分。

显性的智力资源，又可大致分为两大类。

一类是个体化的由人才的超常才智物化在某种物质性载体（如书稿、光盘等实物）中的显性智力资产，如版权、专利权、专有技术、计算机软件等。

另一类是组织化的由较长期的集体经营而形成的独特优势，包括品

① 余绪缨：《智力资产与智力资本会计的几个理论问题》，《经济学家》2004年第4期。

② 余绪缨：《智力资产与智力资本会计的几个理论问题》，《经济学家》2004年第4期。

牌、顾客的忠诚与满意度、可靠的销售网络，以及同上下游企业协作配合的稳定性协议等 。

物质资源与智力资源的不同之处在于：物质资源在生产经营中被消耗以后，企业要遵循“等价交换”的原则从企业外部不断得到补充，才能保证再生产活动的正常进行。按照经济学原理，物质资料在生产中消耗，只能转移价值，不会增加新的价值。而各类资产综合运用的结果，导致企业整体价值的增值，就只能认为智力资源是其增值的源泉，否则，企业整体价值的增值就成为无源之水、无本之木了。

企业生产经营过程中综合运用各类资源形成的“价值流”，在现实经济生活中是用企业与市场互动形成的“现金流”来表现的。企业生产经营同市场进行经济交易的结果，就具体体现在所实现的“现金流量”（流入量与流出量）中。因此，管理会计运用其特有方法追踪企业现金流入与流出的全过程，也可从动态上掌握企业以“文化价值”为主体的价值运动。

较具体地说，企业以“适时制”（JIT）为基础，建立“作业成本计算”系统（ABC system），它“作为一种明细化的非积累性成本信息系统，可以区分不同产品，对所有作业活动进行动态反映，自始至终追踪其现金流入与流出的全过程”[①]。也就是企业作为“为最终满足顾客需要而设计的‘一系列作业’的集合体，形成一个由此及彼、由内到外的作业链。每完成一项作业要消耗一定的资源，而作业的产出又形成一定的价值，接着又被转移到下一个作业，按此逐步推移，直到最终把产品提供给企业外部的顾客，以满足他们的需要。最终产品，作为企业内部一系列作业的集合体，它凝聚了在各个作业上形成而最终转移给顾客的总价值”。[②]企业出售产品取得“现金流入”，就意味着以“文化价值”为主体的产品价值在市场上的实现。

---

① 余绪缨：《简论当代管理会计的新发展——以高科技为基础、同“作业管理”紧密结合的“作业成本计算”》，《会计研究》1995年第7期。

② 余绪缨：《以ABM为核心的新管理体系的基本框架》，《当代财经》1994年第4期。

2. 从静态看

生产经营在一定期间的终了，企业的总体价值是用“资产负债表”进行列示的，“资产”方列示的物质资产、财务资产可按传统上以成本计价的“账面值”进行列示。但由于“适时制”（JIT）通常是同“零存货制”（Zero inventory）结合使用的，因而“在产品”“产成品”的期末存货可以不予考虑。在这里，问题的关键在于：智力资产和与之相对应的智力资本应怎样进行价值评估？智力资产中的显性智力资产实质上都可归属于传统意义的“无形资产”，它们应如何计价，历来是相关学科研究的重点和难点，至今尚未得出可以普遍适用的有效方法。至于隐性智力资产，因为它们如果不进行脑外物化表达，外人就无法感知，连把它们在账册上进行数量反映都不可能。但它们具有巨大的价值创造功能，又是无可置疑的。

面对这一困境，笔者的一个思路是：智力资产和与之相对应的智力资本的价值评估，应采取“大而化之”方法，着重从总体上把握，而不追求细节上的描述。为此，首先要明确：智力资本，作为从总体上能带来价值增值的价值，从数量上看，它是与依存于一定的有形或无形的载体而存在的各种形式的智力资产的总价值相对应的。在资产负债表上，表现为全部智力资产总价值的“产权”（equity）。当我们从总体上采用“市场评估机制”，先从动态上具体掌握以现金流入体现的以“文化价值”为主体的产品全部价值，则由此而形成的企业的巨额盈利，期末就自然而然地会体现在企业“产权”的“增值”中，列于“资产负债表”的右方。以“资产负债表”右方列示的企业总价值扣减其左方列示的全部物质资产、财务资产价值之和，其差额就可看作显性与隐性智力资产的总价值。这样，就可使上述“市场评价机制”在企业价值流量与存量上的运用相互结合起来，使之具有逻辑上的一贯性。

（编者注：本文发表于《厦门大学学报》（哲学社会科学版），2005年第4期）

余绪缨先生在“当代管理会计新发展”国际研讨会上作学术报告

摄于 2005 年

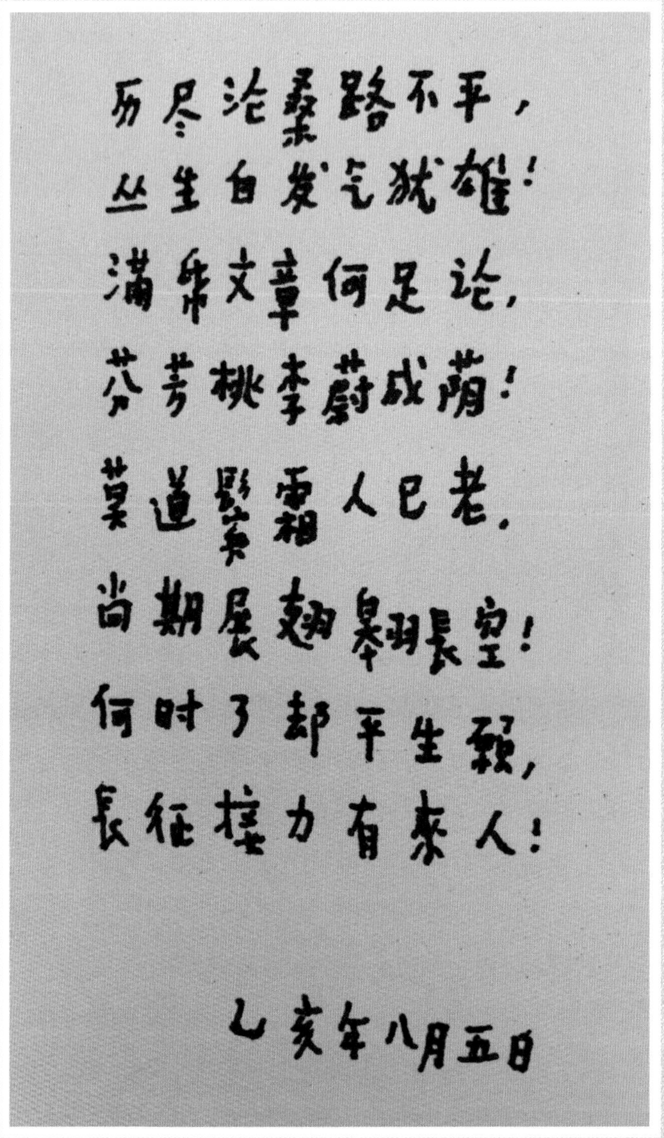
历尽沧桑路不平，
丛生白发气犹雄！
满纸文章何足论，
芬芳桃李蔚成荫！
莫道鬓霜人已老，
尚期展翅翱長空！
何时了却平生願，
長征接力有來人！

乙亥年八月五日

余绪缨先生手迹

第四辑

管理会计人才培养

论知识经济与创造性人才的培养

摘要：知识经济是继高度发达的工业经济之后新的社会经济形态，它是以具有创造性的知识为其核心生产要素，但知识经济中知识的涵义，应作广义的理解，不把它局限于自然科学技术知识，而应树立“大科学”概念，充分发挥包括哲学、人文、社会科学在内的科学的整体功能，克服长期形成的“重理轻文”的错误倾向。本文对易于混淆的知识与信息的关系、知识经济与信息经济的关系作了较明确的说明；最后，为适应知识经济发展的需要，对创造性人才培养所需的外部环境以及创造性人才本身如何进行自我修炼也作了具体说明。

自从1997年以来，“知识经济”已成为我国学术界探讨的大热点问题之一，许多著名学者已为此发表了不少相关论著。笔者个人也于1998年初结合专业特点写了一篇文章①，谈谈自己的一些初步认识。

一、对知识经济的基本认识

（一）综述

本文是以前文为基础，拟对知识经济的相关概念和范畴作进一步的陈

① 余绪缨：《简论工业经济向知识经济转变及其对现代管理会计的冲击》，《财会通讯》1998年第4期。

述和展开，以期对知识经济这一新兴的社会经济形态有一个较全面的理解和认识；进而对如何进行创造性人才的培养，谈一些个人的看法，以期为我国跨世纪知识经济的全面发展提供重要的人才保证。因为创造性人才是创造性知识的载体，因而从今天开始大力培养、造就大批创造性人才就可为我国21世纪迅速发展知识经济，以迎头赶上世界经济发展的大潮流，奠定牢固的基础。

回顾人类社会历史的发展，从经济上看已经历了农业、工业经济阶段，现在有些经济发达国家已发展到从工业经济向知识经济过渡的阶段。

知识经济是工业经济的进一步发展和深化，其基本特点表现为它是以人的创造性知识（广义理解的知识）为最重要的生产要素，从而体现了人类社会的发展实现了一个新的飞跃。

正如英国哲学家弗朗西斯·培根（1561—1626）[①]早在300多年前说过的一句至今仍家喻户晓的名言："知识就是力量！"在知识经济体系中，高知识转化为高智力。而高知识又是创造性思维的结晶。创造性思维与一般思维不同，往往表现为：具有超常性（不墨守成规），富有个性（独出心裁）、开拓性、独创性与灵活性。[②]这种创造性思维转化为独特的策略、构思，进而形成种种具有开拓性的设计和发明、创造等，它们的定型化，就形成独特的专利权等无形资产。在知识经济体系中，无形资产将比传统的有形资产（原材料、厂房、设备等）发挥无可比拟的作用，从而使经济的发展不再属于资源依赖型，而转化为知识依赖型（依赖于人的知识的发展程度）。由于地球上的资源是有限的，而人的头脑中的知识却可源源不断地被开发出来，因而知识经济作为知识依赖型的经济，自然就可保持长期的持续发展。这是知识经济相比于传统的工业经济的一大特点。

其次，知识经济是以知识（广义理解的知识）为最关键的居于主导地

① 马克思曾称培根是"英国唯物主义的和整个现代实验科学的真正的始祖"。参见《马克思恩格斯全集》第2卷第163页。

② 余绪缨：《柔性管理的发展及其思想文化渊源》，《经济学家》1998年第1期。

位的生产要素，具有无形化的特点，由此而形成的无形资产是企业活力和竞争力的无穷尽的源泉，其作用远比传统的有形资产（原材料、厂房、设备等）重要得多。

再次，知识是无国界的，而且在当今的信息时代，先进信息技术可以近似于光速在全世界各地广泛传播，从而使经济活动突破国与国的界限而成为全球化的活动，因而使世界性的经济竞争达到前所未有的激烈程度，企业的生存、发展自然也由此承受着前所未有的巨大压力。面临着这一全球性的新形势，任何企业如果不能争分夺秒地进行各种形式的创新（包括体制创新、管理创新、科技创新等），要取得“以智取胜”的效果是根本无法实现的。

以上是笔者对知识经济基本特征的初步概括。

（二）关于知识与信息的关系、知识经济与信息经济的关系

就目前已接触到的有关知识经济的文献，在两对关键性的概念之间似乎存在着混淆不清的情况，如果这些概念得不到正确的澄清，对知识经济这一新兴的概念就难于有全面而科学的认识。

这里所谈的两对关键性的概念，指知识与信息的关系和知识经济与信息经济的关系。

关于第一个问题，有的文献把这两个概念相混淆，有的甚至把二者等同起来，这显然是不对的。

关于知识（思维形成知识）与语言的关系，从原始的意义上说，语言是最初出现的信息技术，在这一点上，人和动物没有什么差别，因为动物也有思维，也各有特定的语言，用于表达它们的喜怒哀乐和行为导向等。“人之所以能成为万物之灵”，关键在于：人类能把只能用听觉掌握的语言（这是一种稍纵即逝、无法保留下来的语言）进一步符号化，形成可以用视觉掌握的文字，这是人类社会不同于动物社会的根本特点。因为语言符号化了，形成了文字，人类才能突破时空的限制，来保存、传递、交流思想内涵，形成人类社会特有的文化模式，并通过文化的积累，在认识和

改造客观世界和主观世界中不断地发展和进步。因此可以说，语言符号化并形成文字，可以称之为人类信息技术的第一次革命。而印刷术和印刷机的发明，则可称为人类信息技术的第二次革命，因为文字用手进行书写和用印刷机进行印刷无论从数量上还是从传播的久远程度上看，都是不可同日而语的。而以现代科学技术为基础形成的电子化信息技术的出现，更是人类信息技术上的一个翻天覆地的变化，它对人类生产、生活等各个方面影响的广度和深度更是过去历次信息技术革命无法比拟的。但尽管如此，“语言是思维的外壳”（外在表现形式）这一基本原理并未过时。用今天的话说，“知识经济中的知识通常是用信息表现出来”[①]。由此可见，即使在信息技术高度发展的今天，知识和信息这两个概念仍然是不可以混淆或等同的。它们之间的关系可以看作是内容与形式的关系。但这种关系具有动态性，既互为条件，又相互转化。

从更深的层次看，知识还有显性知识与隐性知识之分，前者可以用计算机进行存储，后者则不然，因为它是深藏于人的头脑中根据经验和已有知识所进行的探索和取得的相关方面的规律性的认识。因而这是一种活的尚未物化的知识。[②]

这一层意思也可以用一种类似的语言来表达：“知识可以分为编码型知识和意会型知识。前者可以用计算机进行处理；后者是头脑中属于经验、诀窍、灵感的那部分知识，被称为隐含经验类知识，是难以编码化和度量的。”[③]

据此，知识与信息的关系问题，就可以更加明确而具体了。

关于第二个问题，即关于知识经济与信息经济的关系问题。在相关文献上，“信息经济”一词的出现远早于“知识经济”。后者只是近年来

① 李义平：《关于知识经济的思考》，《光明日报》1998年4月10日。

② 参见美国《福布斯》杂志（1998年4月22日）：《迎接知识经济》，《参考消息》1998年4月26日译载。

③ 缪其浩、姚诗煌：《知识革命：通向知识经济之路》，《文汇报》1998年4月10日。

才较频繁地出现在相关文献中。由于它们之间存在着比较密切的联系，因而这二者之间也存在相互混淆甚至相互等同的情况，这种认识，在笔者看来，也是似是而非的。

严格说来，信息经济是指信息产业部门的经济，并不涉及同时存在的工、农等非信息产业部门，但信息技术作为一种公共的社会财富，在这些非信息产业部门也得到了广泛的应用。

而知识经济则是继工业经济之后的一种社会经济形态，它固然是将高度发展的信息产业作为社会的支柱产业，但它也力图以先进的知识“武装”同时存在的其他各产业部门，以求最终实现全社会各产业部门的知识化（“软化”），从而使整个社会经济形态进入一个崭新的历史发展阶段。从这里可以看到，信息经济与知识经济在广度上确有很大的不同，并非仅仅改一个较为新颖的名词而已。

再从深度上看，如前所说，即使是最现代化的先进信息技术也只能处理人类知识的一部分——即其中的显性知识部分；而人类知识中最精华、最具活力的部分——隐性知识部分，由于难以进行编码和量化，因此超越于现代信息技术之外。但从知识经济的发展看，隐性知识却比显性知识重要得多，因为通过有效途径把它们尽量“释放”出来，就可成为知识经济不断向前发展的无穷尽创造力的源泉。

（三）理论认识与政策措施

如前所说，“知识经济”的提出，意味着知识已成为最关键的生产要素，知识在产品（服务）价值的形成和实现中已居于主导地位。这一点，国内外许多有识之士在理论上达成了共识。可喜的是，知识经济这一全新的经济形态在我国也很快得到了热烈的反响，一些经济比较发达的地区（如上海）已开始进行策划，并拟尽快付诸实施。这对我国21世纪经济的高速发展无疑是一件大好事！

笔者认为，现在的问题是：理论认识必须同政策措施的具体落实正确结合起来。十五大既然提出了可按生产要素进行分配，那么，知识作为知识经济中最核心的、起主导作用的生产要素，知识的载体——为企业的生产经营付出了艰辛的创造性劳动并取得了突出成果的知识分子，在生产成果（社会财富）的分配中就应取得尽可能大的份额，以实现财富的创造与分配的统一以及知识既是力量也是财富的统一。这样做，由于体现了社会财富分配的公平性，就可自然而然地激发无数志士仁人的拳拳报国之心，在各自的岗位上尽职尽责、呕心沥血，为祖国光辉灿烂的未来，做出有益的贡献！

当然，作为知识分子个人来说，单纯的财富追求并不足以构成其奋发有为的精神动力。但众多的正直之士对社会分配的公平性却怀有特殊的敏感性和敏锐的洞察力，如果社会上常有不平事令他们扼腕而叹，又怎能期望他们会义无反顾地为这样一个社会而尽心竭力进行艰苦卓绝的奋斗呢？

在这里，还有一个值得指出的问题：如今将进入知识经济时代，中国知识分子如果还拘泥于所谓“君子固穷”“穷而后功”“清贫自守”等几千年流传下来的传统，似乎就有点不合时宜了。苏东坡云“苟非吾之所有，虽一毫而莫取”，这当然是对的。但在知识经济时代，“各尽所能，各取所值”是理所当然的。因而对苏东坡的话理直气壮地反其意而用之，认为“苟属吾之所有，虽百万而可取”，也是顺理成章的。因为这样做，并没有违背“君子生财，取之有道”的基本原则，于己可无愧于心，于他人也无可非议。而且这样做还可在全社会形成一种在公平竞争的基础上，人人各显所能、奋勇争先的良好社会风尚，以促进社会的全面进步！至于中国知识分子中的许多有识之士并不把对财富的追求作为主要精神动力，对财富的占有欲向来看得很淡，那么，他们也可将所得的合理、合法的高收入部分用于社会公益事业，取得有百利而无一害的效果！可见促使中国知识分子中许多高洁之士实现这一思想观念上的转变，使之与当代的时代精神相适应，也是十分必要的。

二、知识经济中“知识”涵义的广义观

近年来，许多由自然科学家撰写的有关“知识经济”的文章，往往强调自然科学技术方面的知识是“知识经济”的基础，似乎同哲学、人文、社会科学（以下简称“社会科学”）没有多大关系。这种根深蒂固的“重理轻文”的思想倾向是长期形成的。今天，面对发展“知识经济”的新形势，这个问题似乎有提出来进行重新认识的必要。

（一）从宏观上看，一个社会的自然科学技术是不可能孤立地发展的，必须树立“大科学”的概念，重视包括社会科学在内的科学的整体功能

如所周知，“科学的发展史，就是一部思维的发展史。思维是大脑的产物，人类社会发展过程中，人的思维的每一次变化、发展和飞跃，都推动和影响了人类历史的发展，推动了社会生产力的发展。可以说，人类创造的精神和物质财富都是思维的结晶，思维是劳动创造的源泉”[①]。

一般认为，思维又可分为“理性思维”（或称逻辑思维、概念思维）与“非理性思维”（或称形象思维、悟性思维、灵感思维）。由于“理性思维”具有推理严谨、定量分析精密等特点，它同近代自然科学的兴起有着直接的联系，由此而产生的理性至上的思潮使“科学主义”“技术主义”一直占统治地位。这一点也许可以看作是我国长期以来“重理轻文”的历史由来。

但“理性思维”并不是万能的。“实际上，那些能一生保持其创造活力的科学家，都不仅具有发达的‘理性思维’，同时也具有发达的‘非理性思维’。”[②]著名物理学家杨振宁等都对此有深刻的感受。而“非理性思维”又同一个人的人文素质有着直接的联系。人文素质也可称文化素

---

① 阳春：《思维研究的集大成之作》，《文汇报》1987年8月10日。

② 王树人：《敞开思与思之路》，《人民政协报》1997年6月16日。

质，它包括语言文字修养、文学艺术修养、伦理道德修养、文明礼仪修养、历史和哲学修养等。人文素质是一个人外在精神风貌和内在精神气质的综合表现，也是一个现代人文明程度的综合表现。[①]即使是自然科学家或工程师，他们的人文素质越高，思路必然越开阔、思想必然越活跃，感悟能力也越强，从而越能激发思维的创造能力，不断取得独创性的丰硕成果。由此可见，自然科学技术是不可能脱离社会科学而孤立地发展的，它需要从社会科学智慧的海洋中不断汲取文化营养和精神力量。

从另一方面看，社会科学的发展也要十分重视从自然科学的发展中汲取思维的养料。恩格斯说过："随着自然科学领域中每一个划时代的发现，唯物主义必然要改变自己的形式。"（《路德维希·费尔巴哈和德国古典哲学的终结》）众所周知，19世纪自然科学的三大发现（进化论、细胞学说和能量守恒定律）对辩证唯物论的建立曾起过重要作用。[②]当然，这里所说的只是一个显例，社会科学其他各个门类莫不如是，它在管理科学中的表现尤为突出。一个社会，高度发达的自然科学建造起高度的物质文明，高度发达的社会科学建造起高度的精神文明，这两个方面同步发展，才能在整个社会构建起交相辉映的物质文明与精神文明的摩天大厦，从根本上增强中华民族在21世纪自立于世界民族之林的整体优势与竞争力。

由此可见，长期以来形成的"重理轻文"的错误倾向，完全不符合时代进步的历史潮流，必须改弦更张，坚决地采取有效措施，使中国的社会科学尽快走上健康发展的道路。

（二）从"知识经济"本身的形成、发展看，也应广义地理解"知识"的涵义，而不能局限于自然科学技术方面

这是因为，"知识经济"作为继发达的工业经济之后的一种社会经

① 杨德广：《从"人不见了"看加强人文教育的重要性》，《文汇报》1997年12月9日。

② 姚诗煌：《重视汲取现代科学的思维成果》，《文汇报》1986年2月26日。

济形态，它是在以金融市场为主导的国际大市场的经济环境中进行运作的。如前所说，当代先进的信息技术又使世界性的经济竞争更趋戏剧化。而国际金融市场的风云变幻，又时刻影响着企业的前途和命运。在这种情况下，科学技术上的优势并不一定能很快转化为经济上的优势。由此可见“科学技术是第一生产力”的论断从理论上看无疑是正确的，但严格说来，科学技术还只能看作是潜在的生产力，而不是现实的生产力。由前者转化为后者还有一个极为复杂的过程，并存在着众多的社会制约因素。这也就是说，用先进的科学技术开发出一种新产品，并不意味着就形成了现实的社会生产力。只有将这种产品投入市场后，能为消费者所喜爱、所接受，并通过销售实现了产品的价值，即实现了商品到货币的关键的一跃，获得了相应的经济效益和社会效益，而且能把这种关系稳定下来，并继续保持下去，潜在生产力向现实生产力的转化才算完成。可见，在这一转化过程中要实现技术与经济的统一，使技术上的优势能转化为经济上的优势，从而稳固地提高企业整体的竞争力，没有卓越的智慧和高超的谋略显然是不行的。这就意味着：在现代化的国际市场体系中，要做一名称职的企业领导者和管理人员，就必须具有立于全球的战略眼光，善于创造性地运用掌握的广博知识，具有高屋建瓴式的综合观察、分析和判断能力，才有可能驾驶企业的航船跨越世界大市场的惊涛骇浪，顺利地到达成功的彼岸。显然，这也不是自然科学技术专家所能做到的。这也许就是国外大多数企业选用具有广博知识的“通才”（软人才），而不选用具有艰深知识的“专才”（硬人才）充当企业主要领导人的根本原因所在。

三、培养创造性人才的外部环境及人才的自我修炼

如前所说，“知识经济”是以人的创造性知识为最核心的生产要素。而人是知识的载体，没有创造性人才，“知识经济”亦无从谈起。

那么，什么是创造性人才？

创造性人才就是具有创造性思维的人才。如前所说，创造性思维不

同于一般思维，往往表现为具有超常性（不墨守成规），富有个性（独出心裁）、开拓性、独创性和灵活性。一个人如果在思维上不具创造性，在行动上就会表现为四平八稳、随波逐流，只能成为一个碌碌无为的“庸人”。这样的“庸人”在“知识经济”的形成和发展中是起不了什么作用的。创造性人才既然具有上述特点，对他们的培养就必须打破常规，具有较大的宽容性。如果仍然以常人的标准来要求他们，要求他们“削足适履”，那么，创造性人才就根本培养不出来。

根据创造性人才的上述特点，对他们的培养，首先必须营造优良的外部环境，同时也必须要求他们自觉地加强自我修炼。

创造性人才的培养能否取得实效，首先与国家的政治大环境有着密切的联系。如果真正要为创造性人才的脱颖而出提供良好的条件，就必须严格划清学术与政治的界限，真正实行“学术无禁区，政治有原则”的方针，在学术领域让人们有充分发挥首创精神的广阔空间。孟子有云“人之所以异于禽兽者几希”，人与禽兽的不同，不在于有没有思维（二者皆有），而在于有没有创造性思维（人有，禽兽没有）。创造性思维既是人类特有的，就应当充分激励，让它为社会造福，在今天为社会主义现代化建设服务。丘吉尔曾经说过这样一句带有预见性的话：“未来的帝国是头脑的帝国。”[①]意思是：一个国家中的每一个人如果都能善用头脑，进行独立思考，那么，这样的国家一定大有希望。

江泽民同志在党的十五大报告中提出“邓小平理论要求我们增强和提高解放思想、实事求是的坚定性和自觉性”，“在全党造成认真学习的风气，民主讨论的风气，积极探索的风气，求真务实的风气”，还在《在庆祝北京大学建校一百周年大会上的讲话》提出“大家要继续解放思想，深化改革，面向现代化，面向世界，面向未来，在教育和科研战线上努力开创人才培养、知识创新的生机勃勃的新局面”，就是要为我国营造一个重

① 缪其浩、姚诗煌：《知识革命：通向知识经济之路》，《文汇报》1998年4月10日。

视人才、重视知识的国家大环境。

关于学术环境的营造，应当做到以下几点：

（1）破官本位，立学术本位。学术组织的领导者必须是名副其实的学术带头人，有“海纳百川，有容乃大”的胸怀，能以身作则。带动所属成员群策群力，在学科的前沿奋力攻关，不断取得开拓性成果。

（2）在组织内部形成民主、团结、宽松、和谐、求真、务实的良好气氛，能使每个成员对组织产生强烈的向心力与归属感，进而在工作中能充分发扬团队精神。

（3）领导者善于识才、用才、知人善任，能把最合适的人放在最合适的位置上，做到人尽其才，才尽其用。这样，既可使每个成员心情舒畅地开展工作，又能充分发挥智能互补的群体效应。

（4）领导者能以诚待人，以德服人，善于同所属成员进行思想交流，并鼓励每个成员勇于发表各种各样的不同意见，真正做到“知无不言，言无不尽”；而领导者又能虚怀若谷，从善如流。这样，就能及时消除彼此之间的隔阂，真正做到坦诚相处，引为知己，使每个成员不致产生“怀才不遇”之感。

（5）在学术领域坚持真理面前人人平等，在学术观点上鼓励求同存异，学术成果的价值及其正确程度要由实践、时间、历史去检验，不能搞少数服从多数，更不能用行政命令的形式来裁决学术上的是非。

（6）建立有效的激励机制，促使每个成员充分发挥潜能，建功立业，奋勇争先。

人才的自我修炼是内因，十分重要。作为一个创造性人才，必须严于律己，以天下国家为己任，自觉地进行严格的自我修炼。特别要注意以下两点：

（1）做人是立身之本。一个人如果品格低下，学问再好，也会被社会所遗弃。古今中外，莫不如是。在做人方面，中国知识分子具有光荣的历史传统。耿直、诚信，可以说是做人的最起码的要求。趋炎附势、虚伪奸诈、损人利己，是最为人所不齿的。孟子所说的“富贵不能淫，贫贱不能移，威武不能屈”则是士人所应追求的崇高思想境界。因此，在处理人与人的关系上，人不可“自傲”，但不能没有“自豪感”，否则就会失去继续前进的信心；人不可以有“傲气”（盛气凌人），但绝不能没有“傲骨”，否则就会失去做人的尊严。特别是在外国人面前，绝不可卑躬屈节，做出有损人格、国格的事。

（2）在做学问方面，特别需要认真做到：①博学思精，不迷信权威，敢于独辟蹊径，开拓新天地。但我们这里说不迷信权威，不等于说可以不尊重权威。我们的研究必须在前人达到的高度上继续攀登，在前人达到的终点上继续前进。②戒浮躁和急功近利。浮躁与真正的学术无缘。一个有志于为学术而献身的学子必须提升自我修养，力求达“淡泊以明志，宁静以致远”的思想境界，才能以超然的态度，冷静地、客观地去思考、分析、研究问题，取得经得起实践、时间、历史检验的学术成果。③勇于坚持自己认为正确的东西，决不曲学媚俗，随波逐流，做学术上的风派。

（编者注：本文发表于《中国经济问题》，1998年第4期）

论现代管理会计方向博士生培养、教育中的几个理论认识问题

一、培养目标

（一）培养目标应从过去培养“纵向深入型”人才向“综合性通才型”人才转变

面对现代化的国际大市场体系和知识经济新时代的日益临近，大学教育总体上应从过去专业划分过细的“纵向深入型”人才的培养向“综合性通才型”人才的培养转变，这是当前大学教育改革面临的历史使命。“通才”是既在某些领域学有专、精，同时又知识广博、能通观全局的人才，正如杜甫在《望岳》一诗中所说的“会当凌绝顶，一览众山小”那样的人才。

“纵向深入型”人才可称为“硬人才”；“综合性通才型”人才可称为“软人才”。即将到来的知识经济新时代，将为通才型的软人才提供广阔的施展才华的空间。

通才的最主要的特点是能做到：博、专、贯通，学科之间融会贯通。只有将有关知识融会贯通，才能综合运用它们，从而做到以博、专取胜。在这里，知识广博是基础，融会贯通是关键，综合运用是目的。

博士生的培养，是大学教育的最高层次，也是最后层次（“博士后”并不是比博士学位更高一个层次的学位）。

什么是博士？从中文的字义讲，就是博学之士，而英文则称之为

PhD，即哲学博士，它源于西方在中世纪时将所有自然科学统称为“自然哲学”。而今则不仅自然科学各个门类的博士称为PhD，其他门类学科的博士也都称为PhD，PhD具有哲学家（philosopher）、思想家（thinker）和探索者（explorer）多层涵义，他们不仅被要求有广博的知识，同时还应具有将相关知识融会贯通，通过创造性思维和艰苦的探索，不断提出新理论，解决新问题的能力。

由此可见，博士生的培养，总体上应以“综合性通才型”的高级人才为培养目标。

（二）现代管理会计方向博士生的培养，总体上应以高素质的属于“决策支持系统”的“管理顾问”为培养目标

这是时代的要求，因为在即将到来的知识经济时代，由高智能的专家担任“管理顾问”，履行“管理咨询”的职能，可以为企业提供高智慧的谋略，企业能据以增强整体的竞争优势，从而创造卓越的经营业绩。

“管理顾问”可分为两类，一类是由他们自行组建管理咨询公司，应客户的要求提供有关的管理咨询服务；另一类是任职于工商企业或公共事业组织，为他们所属的机构提供管理咨询服务。

这两类“管理顾问”的工作岗位可以相互转换，因而他们在素质上的要求基本上是相同的。

（1）总体素质要求。在知识经济体系中，随着管理顾问职能的扩大和任务的加重，对其应具备的总体素质也应有更高的要求，否则，就难以同迅速发展的客观经济环境相适应。

对跨世纪的管理顾问综合素质的培养，从总体上看，应要求他们在面对风云变幻的世界市场时，具有战略意识的头脑、开阔的思路、高瞻远瞩的谋略和敏锐的洞察力和准确的判断力，善于抓住机遇，从整体发展的战略高度来认识和处理问题，力求做到“运筹帷幄之中，决胜千里之外”。因而这种人才，从总体上看是一种具有高智能、高创造力的人才。

（2）总体素质在知识结构上的具体化。按照“管理顾问”总体的素

质要求，博士生的培养，应致力于使他们具有博、专、新的知识结构。

这里所说的“博”，是指学识广博，最好能做到“学贯古今，兼融中外”。为此，就要引导他们重视跨学科与多学科的研究，使之成为学术视野宽广、全面发展的开放型人才。因为只有开放型人才才能成为新事物最敏锐的开拓者或新事物苗头最敏感的接受者。开放的对立面是僵化，一个人如果思想僵化，不仅自己不能进行独创性的开拓，就是当别人开拓的新事物或新事物苗头已经出现时，也会表现为熟视无睹、麻木不仁，这样的人只能成为跟在别人后面亦步亦趋的“庸人”。这样的人在知识经济社会中是难以有所作为的。

历史和现实都有力地证明：人文素质是人才素质的基础，人的全面发展必须以人文素质的提高为条件。人文素质包括语言文字修养、文学艺术修养、伦理道德修养、历史哲学修养、文明礼仪修养等。它们是一个人外在精神风貌和内在精神气质的综合表现，也是一个现代人文明程度的综合表现。[①]一个人无论从事哪一方面的工作，人文素质越高，必然思路越开阔、思想越活跃、感悟能力也越强，从而越能提高思维的创造能力，不断取得创造性的丰硕成果。

这里所说的“专”，要从广义上理解，既立足专业，又超越专业，使之成为视野宽广、一专多能，具有高度灵活性与应变能力的柔性人才。

这里所说的“新”，要从动态上理解。因为当今的时代是一个正处于大变革、大发展中的时代，各个领域的新鲜事物层出不穷。这就要求在决策支持系统中提供管理咨询服务的管理顾问，绝对不能墨守成规，而必须把握时代的脉搏，积极、主动地不断进行知识更新，不断在学科的前沿努力开拓，并掌握相关学术思想形成与发展的来龙去脉，从中把握其形成和发展的内在规律性及其今后发展的总趋势。只有这样，才能顺应时代潮流提出既具客观现实性又具前瞻性的有价值的意见和建议。

---

① 杨德广：《从“人不见了”看加强人文教育的重要性》，《文汇报》1997年12月9日。

二、培养方法

作为大学教育的最高层次，对博士生的培养应着重培养、提高他们的综合素质和创造性地分析、解决问题的能力，以促使他们自由、自觉地成长为全面发展的人才。

与此相适应，在教学过程中，必须尽量减少刚性教学（一言堂式的教学）方法，而代之以灵活、多样的柔性教学（群言堂式的教学）方法。其教学方式，主要包括：指定能反映本学科和相关学科学术思想源流及其最近发展的必读书目；有计划地由导师（或培养小组成员）围绕本学科和相关学科发展中的重大或前沿问题作启发性的主题报告；组织博士生在充分准备的基础上，开展生动活泼的专题讨论，借以激发才思，达到相互启发、共同提高的目的；有计划地组织博士生参加社会调查、社会实践，掌握现实经济生活中丰富的第一手材料；要求他们结合个人具体情况，在理论与实践结合的基础上，撰写具有在学术刊物上正式发表水平的“课程论文”，以此作为学位课程成绩考核的重要依据，对博士论文的撰写提出严格要求，把它视为检验培养质量的总关口。因为博士论文既是博士生在学习期间掌握先进理论思想的广度和深度的综合反映，又是其综合运用相关理论思想分析、解决实际问题能力的具体体现。如博士生撰写的博士论文达不到应有的水平，则应要求他们推迟论文答辩，决不允许滥竽充数，以维护学位授予的严肃性。

以上培养方法的最大优点，是把激发和提高博士生的创造性思维能力贯穿于培养过程的始终，借以提高他们学习的主动性与积极性，从而全面提升学习效果。

三、对博士生培养、教育中几个基本关系的认识

（一）做人与做学问的关系

做人是立身之本。要做好学问，首先要做好人，做到人品与文品的统

一。一个人如果品格低下，学问再好，也会被社会所遗弃。古今中外，莫不如是。

在做人方面，中国知识分子具有光荣的历史传统，其中许多可以跨越时空的属于真理性的部分，今天仍可以继承和发扬。在这里，笔者拟特别指出以下三点。

1. 坚持公德与私德的依存性

儒家经典之一的《大学》强调："古之欲明明德于天下者，先治其国；欲治其国者，先齐其家；欲齐其家者，先修其身；欲修其身者，先正其心；欲正其心者，先诚其意……意诚而后心正；心正而后身修；身修而后家齐；家齐而后国治；国治而后天下平。自天子以至于庶人，壹是皆以修身为本，其本乱而末治者否矣。"①

笔者认为，《大学》中上述经典的关于公德与私德之间环环相扣的依存关系的论述，至今仍有重大的现实指导意义，特别是其中最后一句"本乱（根本性的关系没有理顺）而末治（想把末节性的问题治理好）是不可能的"，更是振聋发聩，发人深省！

2. 要有强烈的社会责任感

明清之际的大学者顾炎武曾有言："天下兴亡，匹夫有责！"意在勉励广大学人应以天下国家为己任，勇于承担艰巨的社会责任！顾炎武的这种博大胸怀，对中国广大知识分子产生了深刻而广泛的影响！从而产生了许多在国家民族处于危难之中的关键时刻，义无反顾地挺身而出，舍生忘死地为了国家和人民的利益而进行艰苦卓绝斗争的杰出人士！他们的崇高品德为中国广大知识分子树立了光辉的榜样，将永远为人民所追思和怀念！今天，处于世纪之交的优秀年青一代，更应效法"前贤"，刻苦自励，培养崇高的精神境界！

---

①　《四书》，理雅各英译，杨伯峻今译，长沙：湖南出版社，1992年4月第1版，第3—4页。

3. 弘扬学术正气，树立良好的学风

古人云："诗言志。"文亦如是，因此，一个真正的学者，决不可曲学阿世、随波逐流，看有权势人物的眼色作违心之论，做学术上的风派，以实现文品与人品完满的统一。否则，就可能沦为"文痞"，为广大正直的学人所不齿。

（二）做学问（进行学术研究）必须正确认识与处理的几种关系

1. 继承与发展的关系

任何人做学问，都不可能从空地上做起，而必须充分吸收、借鉴前人已有的学术成果，才有可能实现真正意义上的开拓创新。否则，就有可能重复别人已做的。发展必须以继承为基础，比较形象地说，就是我们必须在前人已经达到的高度上继续攀登，在前人已经达到的终点上继续前进。

全部科学发展史已充分证明了这一点。

例如，就爱因斯坦的相对论和牛顿力学的关系来说，爱因斯坦自己就说过，他是对牛顿力学的继承和发展，而不是推翻。牛顿力学在微观、低速条件下仍然有效。他称赞牛顿力学是牛顿在他所处的时代最伟大的创造。

浮躁是学术研究上继承和发展的大忌。在学术研究上，继承与发展前人的成果，都必须老老实实、扎扎实实地下功夫。浮躁（心浮气躁）与真正的学术无缘。所以，笔者一向崇敬历史学家范文澜教授所倡导的"板凳甘坐十年冷，文章不写一句空"的治学精神。有了这样的精神，才能把继承与发展都落到实处，而不会出现浮光掠影、华而不实，甚至一知半解的情况。如果出现这样的情况，取得的所谓学术成果自然经不起实践、时间和历史的检验，而成为昙花一现的东西。一个学人要有效地克服浮躁，就必须提升自我修养，努力达到诸葛亮所说的"宁静以致远，淡泊以明志"的思想境界，才能以超然的态度（超越世俗的利害得失的态度）冷静地、客观地去思考、分析、研究问题，取得能真正经得起实践、时间、历史检验的学术成果。

2. 学与思的关系

大教育家孔子说过："学而不思则罔，思而不学则殆。"这句话，也经常被国外学术界所引用。

为什么"学而不思则罔"呢？

因为"学而不思"可以皓首穷经成为一个饱学之士，但不能提高自己由此及彼、由表及里的分析、研究能力，开拓出自己别出心裁的独创性成果。所以，在学的过程中，要勤于、善于思考，实现学与思的统一，才不致学而不化，进而在充分吸收、借鉴前人优秀学术成果的基础上有所创新、有所前进。

那么，为什么"思而不学"也不行呢？

这是因为人的头脑好比一个加工厂，要想加工必须不断有材料输入。学就是从外界接收各种思想材料，通过人的认知能力，并结合自己已有的知识和经验，在头脑中进行加工（反复进行分析、思考），才能从已知引申出新知，不断丰富、发展已有的东西，从而不断产生新的东西。如果你头脑空空，不从外界不断输入新的思想材料，这样的想，只能是胡思乱想，最终导致徒劳而无功。

3. 量的积累与质的飞跃的关系

在博学的基础上进行精思，最终取得新的学术成果，并不是一蹴而就的，往往要经历一个由量变到质变的过程。人们往往引用近代大学者王国维所倡导的"三境界"来说明这一过程。

他说的第一境界是："昨夜西风凋碧树，独上高楼，望尽天涯路。"借以说明一个人必须登高望远，才能正确确定比较长远的学习研究上的奋斗目标。

他说的第二境界是："衣带渐宽终不悔，为伊消得人憔悴。"借以说明做学问要有很大的毅力，必须坚持不懈地付出艰苦的劳动，通过苦学、深思，进行量的积累，要坚决反对任何急于求成，甚至投机取巧的错误倾向。

他说的第三境界是："众里寻他千百度，蓦然回首，那人却在，灯火阑珊处。"借以说明通过较长期坚持不懈地努力进行量的积累，当它达到了由量变到质变的“临界点”，就会突然产生一个质的飞跃，在相关学术领域实现新的突破，使它进入一个新的发展阶段。

由此可见，王国维的“三境界”说，既科学又形象，以此为指针进行学术研究，将使我们终身受益。

4. 行万里路与读万卷书的关系

这里指的是向实践学习和向书本学习的关系。

一个学人要在学术上取得成就，不读书——不从古今中外浩如烟海的典籍中汲取前人的学术营养，是断然不行的。但只局限于闭门读书也不行，还必须走出书斋，进行多种形式的社会调查、考察和实践活动，将相关的书本知识到实践中去印证、检验，才能加深认识与理解，以弥补闭门读书的不足。

因此，只有将这两个方面相互结合起来，才能取得相得益彰的效果。

一个国家、社会，在学术上要出现一个繁花似锦、英才辈出、群星灿烂的局面，固然有赖于广大学者自身坚持不懈的努力，同时也要有适当的外部环境相配合，其中最重要的一点，是在学术领域，要允许、鼓励广大学者“独立精神，自由思想”的充分发挥，不受任何组织或个人的干预。这是大学者陈寅恪教授从20世纪50年代开始，就坚持认为应该做的，他认为：在学术领域，如果不能发挥“独立精神，自由思想”，就根本谈不上什么搞真正的学术研究，而只能人云亦云，写出一些应景式的论著，而这样的所谓“论著”，是不会有什么实际价值的，时过境迁，只能成为一堆废纸。

由此可见，只有在学术领域形成了“独立精神、自由思想”可以充分发挥的大环境，才能坚持在真理面前人人平等的原则、在学术观点上鼓励求同存异；学术成果的价值及其正确性程度如何，才能坚持要由实践、时间、历史去检验，不搞所谓少数服从多数，更不能再用行政命令的方式来裁决学术上的是非。只有这样，才能让我国的学术领域，真正形成百花齐放群星灿烂的可喜局面，从而促进我国学术的空前繁荣和迅速发展！

（编者注：本文发表于《财会通讯》，1998年第12期）

对高层次人才评价中几个基本理论问题的新认识①

摘要：“两个宇宙、两个世界”，是人才评价的总体依据。对高层次人才评价中两个基本要求（文理兼通、德才兼备）和三个基本关系（求真、求善、求美相统一，立德、立功、立言相统一，才、学、识相统一）的分析表明，具备一个基本的人文视野和可贵的科学精神，自觉遵循并维护有利于整个社会共荣共存的伦理、道德规范，对世代相传的物质文明和精神文明善于继承、敢于创造，是对高层次人才综合素质的基本要求。对高层次人才创新能力的培养，应关注想象能力、质疑能力、记忆能力、自信能力、洞察能力五个方面。

关键词：两个宇宙；两个世界；人文视野；科学精神；创造性思维；创新能力

一、“两个宇宙、两个世界”是人才评价的总体依据

世界上有两个宇宙，一个是外在于人的由大自然组成的“大宇宙”，另一个是存在于人的内心深处的“小宇宙”，前者属于物质的世界，后者属于精神（心灵）的世界。人的存在具有两重性。人的肉体，作为物质

① 基金项目：教育部人文社会科学重大研究项目（02JAZJD630007）。

的存在形式，受自然规律的支配，也是“大宇宙”中物质世界的一部分；而人作为地球上唯一有自我意识的生物，其特有的、存在于内心深处的心灵世界，则是超越于物质层次之上的、不受制于自然规律的精神层面的东西。人的物质存在，相对于由大自然组成的大千世界，只是“沧海之一粟”。但作为万物之灵的人，心灵世界却是无边无际、奥妙无穷的。为什么会这样？这是由于人类具有经过35亿年进化而形成的高度发达的、奇妙的器官——大脑。人的大脑是极其复杂的高级的思维器官。大脑思维能力的高度发达，使人超越自身的有限，趋向宇宙的无限，达到“思接千载，视通万里”[①]的境界。这是人类区别于其他动物，成为万物之灵的最根本的标志。

人类为什么能做到这一点？这主要是由于人类社会在长期的进化过程中，发明了记载信息的符号——文字，从而可以将前人的经验和知识一代一代地积累起来，使后人可以站在前人已经达到的水平上，开始自己的思维和行动。这种由经验和知识的历史积累所产生的巨大效应，使人类越来越远离动物界。而一般动物只能直接从父辈那里继承体能、本能一类的主要属于物质层面的东西，代代相传，也只能停留在原有的水平上，不断重复，难以有新的突破。

二、对高层次人才评价中两个基本要求的新认识

1. 对“文理兼通”的新认识

人文学科把人的精神领域作为自己的领地，以人的精神文化活动为研究对象。人与一般动物的根本不同在于，人不仅有基本的物质上的需求，还有精神、文化上的需求，即不懈地追求精神、心灵上的满足、超越和升华。人文学科是对人的精神的存在、社会的存在和历史的存在进行考察、

① 刘勰：《文心雕龙》（汉英对照）（Ⅱ），北京：外语教学与研究出版社，2003年，第374页，第376页。

研究，目的是弘扬人的主体精神，帮助人们树立正确的人生观、价值观和审美观，以促进人类社会的发展更趋完美与和谐。

自然科学以物质世界为研究对象，探求其联系、变化、发展的本质和规律。观察、实验方法和逻辑推理方法是其基本的研究方法。研究的结论要求得到普遍的认同，具有客观真理性，经得起实践的、历史的检验。“科学无国界”即源于此。由此形成的求真务实、严肃认真、一丝不苟，和不断地开拓、创新的精神，是科学精神的精髓，是人类社会的财富。

当然，人文科学和自然科学的各个门类的内容都是极为丰富、专门甚至极为艰深的，要某一个领域的专门人才对它们门门精通，是完全不可能的。这里所说的“文理兼通”，只能要求人能对人文科学和自然科学的各个门类有一个大致的了解，其目的是从人文科学成就的启发中，确立一个基本的人文视野（humanistic perspective），从自然科学成就的启发中，吸取可贵的科学精神（scientific spirit），以作为研究、分析和观察自己所从事的专业领域相关问题的思想武器。这对于全面提高高层次人才的综合素质和思想境界，无疑是极为有益的。

2. 对“德才兼备”的新认识

以“两个宇宙、两个世界”为论述基点，笔者认为：

从德的方面，人作为大自然的一分子，是生性自由、生来平等的，应捍卫自己独立自主生活的权利，不能成为任何人的工具或奴仆；同时人作为社会的人，则应自觉遵循并维护有利于整个社会共荣共存的伦理、道德规范，进而达到较高的精神境界，如孔曰成仁、孟曰取义，以至舍身而取义的境界。这是人从根本上区别于其他动物之处。

从才的方面看，人作为自然的存在，应热爱生命，善于保护生命的安全及其延续的生生不息；而人作为社会的存在和历史的存在，则应对世代相传的物质文明和精神文明善于继承、勇于创造，以促进其不断向更高的水平发展。

三、对高层次人才评价中三个基本关系的新认识

1. 对“求真、求善、求美”相统一的新认识

在人类思想史上，有三个基本的价值观：真、善、美。这是高尚的人追求的人生的三种境界。一般认为，科学求“真”，伦理道德扬“善”，艺术崇“美”，并认为“艺术”和“美”是人类最高价值之所在。因为“艺术”和“美”是与“真”和“善”密不可分的，并在“真”与“善”的最高境界中得到具体体现。也就是说，这三者在进入最高境界时，是可以相得益彰，完满地趋于统一的。

首先，从科学求“真”来说，优秀的科学家以忘我的献身精神，百折不回地在科学的征途上披荆斩棘，奋勇攻关，为取得创造性成果尽心竭力。其过程和结果，不仅是求“真”的体现，“善”与“美”也是贯穿其中的。作家徐迟写的关于青年科学家陈景润的报告文学《哥德巴赫猜想》对此作了生动而具体的描述。其中谈到，当时陈景润尽管生活的物质条件很差，但由于他已超然物外，全身心地投入到研究的课题中去了，从而使他的研究工作升华到了一个艺术的境界，因而在他看来，抽象的数字演算，就像优美乐章中跳动着的音符那样动听而迷人，使他可从内心充分感受到对艺术的享受和美的满足，由此他能乐此不疲，义无反顾。可见真、善、美三种境界，已经在这里完满地体现出来了。

其次，从伦理、道德扬“善”来看，当达到高境界时，“善”与“真”和“美”也是相统一的。著名学者梁漱溟曾指出，道德并不是有些人所想的那样是冷冰冰的僵死的教条，其关注的是生命的和谐，即要求通过社会的伦理、道德规范来实现一个人的生命同社会其他人的生命相和谐，最终达到“从心所欲不逾矩”的最高境界。这时，道德修养也就转化为胸怀坦荡、身心和谐的人生艺术了。一个社会，如果人人都能这样，那么彼此和谐相处、互敬互爱，艺术的人生就会散发出一种美的魅力和情韵，使人人如沐春风之中，并从心灵深处得到美的慰藉和满足。反之，如果一个人的道德修养很差，表现为人格分裂、口是心非、利欲熏心，这样

的人一定使人感到语言可恶，面目可憎。而这样的人彼此相处，就必然会表现出冷酷无情、尔虞我诈的态势。这是伦理、道德上真、善、美相统一的正、反两方面的具体体现。

最后，再看艺术的“美”同“真”与“善”的关系。中国是一个具有优秀传统文化的国家，其千古传诵的丰富的诗词、文赋，就是中国具有鲜明特色的文化的载体。但它们所体现的艺术上的美，不是单纯靠华丽的辞句取得的，而是真、善、美相统一的体现。众所周知，任何优秀诗词、文赋的动人心弦，单纯靠美的辞句是绝对达不到的。归根到底，是其内含的道德的力量、真理的力量能震撼人的心灵，使之得以流传千古。从诗词看，被誉为诗圣的唐代大诗人杜甫写的“朱门酒肉臭，路有冻死骨”“安得广厦千万间，大庇天下寒士俱欢颜”，王之涣写的“白日依山尽，黄河入海流。欲穷千里目，更上一层楼”，都是以浅显易懂、朴实无华的语言表现深刻的思想，是以其道义、哲理的力量穿透历史的烟云，从而使古往今来的无数读者产生思想感情上的共鸣，并从中获得思想上的启迪和美的感受。从文赋看，汉代司马迁基于“究天人之际，通古今之变，成一家之言”的宏伟抱负，忍辱负重，历时十五载写就的“史家之绝唱，无韵之离骚”——《史记》，唐初四杰之一王勃写的《滕王阁序》，宋代范仲淹写的《岳阳楼记》，以及现代被誉为“民族之魂”，用笔作武器，为天下兴亡战斗至死的大作家鲁迅写的充满血泪的文章，无不是以他们的高尚情操、浩然正气、杰出智慧引起无数人心灵上的震撼而流传千古的。在这里，美和真与善高度融合在一起，并展现出无尽魅力。

2. 对“立德、立功、立言”相统一的新认识

立德、立功、立言，是古往今来无数志士仁人所向往、追求的人生“三不朽”境界。

有些人认为，“立德、立功、立言”是可以和孔子所说的“智、仁、勇”——“智者不惑、仁者不忧、勇者不惧”联系起来认识的，即“仁者立德、勇者立功、智者立言”。这样说，似乎也有一定的道理。但笔者认为，要真正做到永垂不朽，德、功、言是必须统一起来考察的，三者缺

一，就不可能经得起历史的检验而永垂不朽。司马迁撰写的皇皇巨著——《史记》，共130篇，是二十四史中记载年代最长（2000多年）的一部，是我国历史上“立言”的光辉榜样，这自不待言。但它的巨大价值，是不能单纯地从“言”本身的数量和质量上看的，还要看它能产生多大的社会价值。正由于《史记》的写作态度极为严谨，做到了“一字之褒，荣于华衮；一字之贬，严于斧钺”，因而如孔子作《春秋》而乱臣贼子惧一样，司马迁作《史记》所产生的警喻世人、光照万代的功绩（贡献），绝不是任何御用学者曲学媚世、谋取功名的所谓“立言”所能做到的。其之所以能如此，是同他的道德情操紧密地联系在一起的。正是由于这部巨著是司马迁为实现其“通古今之变，成一家之言”的宏愿，不惜长期忍受世人所不能忍受的屈辱和痛苦用血泪写成的，因而使他的“立言、立功、立德”取得了高度的一致，为千秋万代所崇敬。司马迁真正实现“三不朽”，也就顺理成章了。

南宋民族英雄岳飞的“立言”，主要体现在他的词作《满江红》上，这首气壮山河、让人荡气回肠的词之所以为时人和后人所传诵，是由于词中饱含的热血沸腾的激情，正是他本人“立功、立德”的生动体现，使三者达到了高度的统一。反之，同岳飞相对应的奸相秦桧，也是一个有一定成就的历史学家，既有史学的著作，还发明了至今仍在广泛使用的宋体，但为什么他的“言”就“立”不起来呢？显然，是由于秦桧卖国求荣，专权祸国，丧失了民族大义，他就只能被钉在历史的耻辱柱上，而永远为人所唾骂了。

现代大思想家、大文学家鲁迅同他的同胞兄弟周作人，也存在类似的情况。鲁迅的光辉与“大汉奸”周作人的耻辱，恰好形成了鲜明的对比。即使至今仍有一些人不知出于什么动机，还在挖空心思地尽量为周作人开脱，但在大是大非面前，只能碰得头破血流。因为不管对什么人，铁一般的历史辩证法，是绝不会容情的。

3. 对“才、学、识”相统一的新认识

唐代史学家刘知几（661—721年），字子玄，所著《史通》，是我国

第一部评论史籍的著作。在该书中，他首创史才的“才、学、识”学说：“史才须有三长，世无其人，故史才少也。三长：谓才也，学也，识也。夫有学无才，亦犹有良田百顷，黄金满籝，而使愚者营生，终不能致于货殖者矣。如有才而无学，亦犹思兼匠石，巧若公输，而家无楩楠斧斤，终不果成其宫室者矣。”①

清代史学家章学诚（1738—1801年），字实斋，他在《文史通义》中，也对此作了进一步的论述。他说：“才学识三者，得一不易，而兼三尤难。……记诵以为学也，辞采以为才也，击断以为识也。”②章学诚认为，“记诵以为学”，说明“学”体现在通过记诵学到的语文知识（认字义、懂句法和文法）上，这是为写文章奠定基础。“辞采以为才”，是说“才”体现在文章的文采上，即不仅能做到文通字顺，遣词用句还能做到文情并茂，文采灿然。这是作者很有文才的表现。这一点很重要，因为“言而无文，行之不远”。古往今来，千古传诵的美文都是很有文采的，所以能使人荡气回肠，引人入胜。“击断以为识”，说的是一个人的见识，体现在击断的广度和深度上。意思是对文章的内容进行分析、评判，能不能抓住要点，体会其主旨是在宣传什么、反对什么；有没有什么弦外之言、言外之意，来暗示、隐喻什么。即要求能由浅入深、由表及里地进行解读，取得较全面深刻的认识，说明“识”——“远见卓识”是一种更高的境界。从章学诚对学、才、识关系的论述中，可以看到“学”是基础，“才”是对学到的知识进行综合的、灵活的应用的能力，因为不学无术、孤陋寡闻的人是不可能有什么才的。而“识”（一个人的远见卓识），不仅要以广博的知识为基础，还有赖于从丰富实践的感悟中增长才华，因而“识”是对“学”与“才”作综合的、创造性的运用的能力。

唐代史学家刘知几是“才、学、识”学说的首创者。但在上述引文中，只举了两个例子来说明“才”与“学”的关系，并未涉及“识”的问

① 《旧唐书》（卷一百二十六《刘子玄传》），转引自朱杰勤：《中国古代史学史》，郑州：河南人民出版社，1980年，第149页。

② 章学诚：《文史通义》，上海：大连图书供应社，1935年，第47页。

题。第一个例子是对财货进行经营能不能增值的问题。他认为，“学”为财货，“才”是经营。同样的财货，经营得好，可以增值；经营得不好，不仅不能增值，甚至还可能减值。第二个例子是盖房子。木材、工具是“学”，良工巧匠的本事是“才”。没有好的木材、工具，良工巧匠本事再大，也盖不成房子。上面两个例子所要说明的问题，同通常所说的“巧妇难为无米之炊”是相类似的。

巧妇用米做饭，米是物质性的东西，巧妇的本领是为了顺应人的需要，对物质性的东西进行加工改造的技术。基于同样的物质条件，技术水平不同，能为人提供的价值的大小也随之不同。这可看作是“学”与“才”的关系的具体体现。笔者认为，如由“巧妇做饭”引申到“庖丁解牛”，则可较好地说明“学、才、识”三者关系的层次性。

《庄子》中讲了一个著名的“庖丁解牛”①的故事。大意是：普通厨师解牛用的刀，1个月要更换一次；高明的厨师解牛用的刀，可1年更换一次；而庖丁解牛，由于他能洞察牛全身的结构，解牛时刀只穿过牛全身有空隙之处，不会发生任何的碰击，一把刀用了19年，刀刃锋利的程度还像刚刚磨过的一样。从这里可以看到，高明的厨师与一般厨师的不同，是由于高明的厨师已熟能生巧，通过熟练技术实现了量变；而庖丁与高明的厨师的不同，在于他能做到游刃有余，已是“技近乎道”，从技术层面上升到“道”（掌握客观规律性）的层面，从而表现为出神入化。这种由技入道的转变，是一种从熟练性向创造性的转变，即从量的积累向质的飞跃的转变。从思维的角度看，意味着由常规性思维向创造性思维的转变。

四、高层次人才创造性思维的特点与创新能力的培养问题

作为万物之灵的人，能对世代相传的物质文明与精神文明，善于继承、勇于创造，以促进其不断向更高的水平发展，是人越来越远离动物界

① 《庄子·养生主》，载庄周：《庄子选集》，北京：人民文学出版社，2001年，第42页。

的根本标志。而人具有创造性思维，是人不同于其他动物的分水岭。人类社会世代积累的物质文明与精神文明，都是人类创造性思维的结晶。

1. 高层次人才创造性思维的特点

创造性思维属于非逻辑思维，包括形象思维、直觉思维、灵感思维诸种思维方式，是与常规性思维（或称重复性思维）相对应的一个概念。进入知识经济社会，高层次人才是由高层次脑力劳动者组成的社会精英，他们具有的高度发达的创造性思维是人类社会极为宝贵的精神财富。

高层次人才的创造性思维具有以下特点：

（1）创造性思维一旦被激活，就能不断地产生创意，促使各种新颖的想法和奇异的见解源源不断地涌现。活跃的创造性思维，能不断产生创意（creative idea），在思想观念上产生新的飞跃，这是一切创新之源。因为思想观念上的创新是一切实践上的创新的先导，更具根本性。一个人在思想观念上如果因循守旧，只会循规蹈矩，跟在别人后面人云亦云，在行动上必然安于现状，不敢越雷池一步。要求具有这种思想状况的人进行创新，就像缘木求鱼，是完全不现实的。因为创新实质上是对现实的超越（突破），只有首先在思想观念上有新的飞跃，创新的实践才能实现。可见人的创造性思维只要被充分地激活，各种新颖的想法和见解才能源源不断地涌现出来，因此，建立必要的激活机制与创造相应的环境和条件是极为重要的。

在当今物欲横流、功利至上的世界，激活创造性思维最关键的因素，是人首先必须找回自我，使人从物欲的深渊和功利的牢笼中解放出来，脱离兽性化的物质人生，回到人性化的精神生活中来。也就是说，作为社会精英的高层次人才，只有超然物外，不为世俗的功名利禄所困扰，才能恢复和保持心灵的宁静。只有宁静的心境才能领悟人生的真谛，任思想自由地飞翔，创意也就会自然而然地不断涌现出来。这样，就可使人在脱离兽性的道路上越走越远，进而进入一个使心灵充满生机和乐趣的创造性的艺术人生的境界。

（2）直觉与灵感是创造性思维的灿烂之花。前已指出，人之所以能成为万物之灵，是由于人具有高度发达的、奇妙的大脑。人的大脑是极其复杂、高级的思维器官。人类的思维具有多种形式，可分为逻辑思维与非逻辑思维。逻辑思维也称抽象思维、理性思维，非逻辑思维又可细分为形象思维、直觉思维与灵感思维。[①]古往今来，凡是具有社会价值和科学意义的新观点、新理论、新发明和发现，都不是只靠某种思维形式能取得的，而是靠综合运用多种思维形式取得的，其中尤以直觉与灵感思维能发挥独特的、突破性的创新作用。许许多多为人敬仰和怀念的文学艺术家的“神来之笔”，军事指挥家的“奇谋”，科学家的“顿悟”和“豁然贯通”等，都说明了灵感思维的奇功。所以，直觉与灵感可以看作创造性思维的灿烂之花。

爱因斯坦依据自己的科学创造实践，得出结论：“我相信直觉和灵感。”他还认为，在科学发明创造过程中，从科学观察和实验到一种新颖见解的提出之间，没有逻辑的桥梁，必须诉诸直觉和灵感。[②]爱因斯坦将直觉与灵感并提，说明它们之间有共性。其共性在于：直觉与灵感都是非逻辑思维方法。当逻辑思维方法失效时，得依靠非逻辑方法来开辟新路。直觉与灵感，都发生在潜意识领域，是潜意识与显意识相互交融的结果，二者都是基于知识与经验的长期积累，经外界信息的意外激发而突然显现的，表现为“长期积累，偶然得之”，不可能是无源之水。而不同之处在于：知识与经验的长期积累——“积学以储室”[③]，形成了智慧的潜力。灵感是在环境比较宽松，心灵自由、自在，从容不迫，无外在压力的情况下，突然闪现的；而直觉则是在遇到外部强大压力，情况非常紧急、千钧一发的情况下，突然生出的。汉代名将飞将军李广射石的故事，可较好地

① 钱学森：《关于思维科学》，载钱学森主编：《关于思维科学》，上海：上海人民出版社，1986年第1版。

② 刘奎林：《灵感发生论新探》，载钱学森主编：《关于思维科学》，上海：上海人民出版社，1986年第1版，第354页。

③ 刘勰：《文心雕龙》（汉英对照）（Ⅱ），北京：外语教学与研究出版社，2003年，第374页，第376页。

说明这一点。[1]

2. 高层次人才创新能力的培养问题

创新能力是运用创造性思维进行创新实践的能力。“创新能力是一种综合能力，是一种能以‘已知’为起点，由此及彼、由表及里地进行推陈出新，提出新理论、新学说、创造新成果的能力。在社会科学领域，一种新理论、新学说的创立，往往能引发社会秩序的变革；在自然科学领域，重大的创新成果往往会促进社会生产力实现新的飞跃。当今世界，一个民族能否称雄世界，关键在于是否具有长盛不衰的创新能力。”[2]较具体地说，创新能力的培养，应着重关注以下几个方面。

（1）想象能力。想象能力是对现实世界没有的东西进行想象的能力。想象力可以超越时空的局限，做到“思接千载，视通万里”。它通过对已有的认识进行延伸、扩展，产生新的智慧的火花，构筑新的形象。最有创造性的思想家，往往也是最富想象力的幻想家。

爱因斯坦说过：“物理学给我知识，艺术给我想象力。知识总是有限的，而想象力是无限的，它可以概括世界的一切。”[3]可见想象力是创造力的基础和源泉。

（2）质疑能力。质疑是指对世界上已有的各种各样的已有“定论”性的东西进行质疑。因而质疑能力是善于发现问题、提出问题的能力。善于质疑（于人无疑处有疑），是一个人的探索精神的表现。一个人要有所发现、有所创造，就必须敢于质疑、善于质疑，大疑大进，小疑小进，无疑则无进矣。

（3）记忆能力。没有记忆，人就不能积累和保存知识，一切都得从零开始。人的大脑好比一个加工厂，要想加工，必须不断有新的材料输

---

① 卢纶：《塞下曲》，载蘅塘退士《唐诗三百首（卷七）》，北京：中华书局，1959年，第11页。

② 余绪缨：《论知识经济与跨世纪高层次人才的培养》，《财会月刊》2003年第10期。

③ 《中国大学人文启思录（第三卷）》，武汉：华中理工大学出版社，1999年，第45页。

入。学习就是从外界吸收各种思想材料，通过记忆内化于自己的头脑中，结合自己的知识和经验，在头脑中进行加工，使之活化和扩展，从已知引申出新知，不断丰富、发展已有的东西，从而不断产生新的成果。否则，头脑空空，真正有价值的创意是绝不会闪现的。因此，博闻强记，往往是一切有大成就的学者的显著特点之一。如当代举世闻名的大学问家陈寅恪、钱锺书，就是这样。

也许，有人认为，当今世界已进入电脑时代，要什么材料，都可以很便捷地从电脑上查到，今天还谈什么记忆能力，已完全不合时宜了。须知，电脑上的东西，都是外在于人的东西，没有经过记忆，使之内化和活化于人的大脑，就不可能收到“积学储宝”的效果。

（4）自信能力。真正具有创新能力的人才，往往是个性鲜明，独立性、自信心很强的人，独立自主性是创新人才的核心品质，其创造能力往往就蕴藏在独特、鲜明的个性中。

一个人只有具有充分的自信，才能特立独行，不迷信任何权威和已有的定论，能坚持不懈地通过自己艰辛的创造性劳动，源源不断地开创出原创性的成果。

（5）洞察能力。洞察能力是对事物本质和发展趋势所具有的敏锐、正确而深刻的预见能力。洞察能力的提高，虽不能完全排除天赋的因素，但主要是知识、经验的长期积累和深思熟虑的结果，因而能“见微而知著，鉴往而知来”，其中隐含着许多闪耀着东方智慧光芒的“只可意会、不可言传”的东西。

（编者注：本文发表于《高等教育研究》，2006年第1期）

人文社会科学的品位与功能

内容提要：本文由四个部分组成，它们分别是：人文社会科学的基本特性，人文社会科学为“治国安邦”提供高层次的理论指导，建设和谐社会是一种“以人为本”的总体性价值追求，以及人文社会科学振兴、繁荣之道。其中第一部分是本文立论的基点，其余三部分既是分别从不同的层面进行展开和具体化，同时它们又是相辅相成、相互贯通的，从而使全文形成一个有机的整体而显示出鲜明特色。

关键词：和谐社会独立精神；自由思想；学术规范；学术带头人

一、人文社会科学的基本特性

人文社会科学的基本特性，可通过它与自然科学的特性相对比进行说明。

自然科学以“物质世界”为研究对象，以探求其联系、变化、发展的本质和规律，观察、实验和逻辑推理是基本的研究方法。因而自然科学基本上是以严密的数量分析为基础的“硬科学”，是关于“事实”的科学。自然科学提供的“工具理性”在认识自然、改造自然方面获得了巨大成功，促进了自然科学和工程技术的长足发展，为社会带来了极为丰富的物质财富，并由此促使了“科技万能论”的形成以及世俗社会对科技文化的崇敬。

人文社会学科是关于人与社会的科学，以人的物质精神文化活动为研究对象。对人的精神存在、社会存在和历史存在进行考察、研究，目的是弘扬人的主体精神，帮助人们树立正确的人生观、价值观和审美观。因此，人文社会科学是“以人为本”的“软科学”，是关于“价值”的科学。它提供的“价值理性”对自然科学成果的社会应用具有价值导向的功能。人文社会科学（软科学）与自然科学（硬科学）的不同在于：前者主要是运用观察、归纳、领悟、体验等思维方式与研究方法，通过思辨定性，探究人文世界中许许多多表现为非线性、不确定性（复杂多变）的现象和问题，以期达到深层次的规律性认识。

基于自然科学技术形成的物质性力量，可称为“硬力量”，基于人文社会科学形成的精神性力量，可称为“软力量”。一般地说，“软力量”是一种听之无声、望之无形的隐性或软性资源，似乎是无足轻重的。但“软力量”像“一只无形的手”，它通过“润物细无声”的形式激发人内心世界的精神动力，作用是十分巨大的！据此，本文认为，基于人文社会科学形成的“软力量”，既是“治国安邦”之本，也是建设和谐社会，使人类社会充满生机与活力，从而自强不息地和谐发展的精神源泉！其巨大的价值导向功能是自然科学技术无法取代的。

二、人文社会科学为“治国安邦”提供高层次的理论指导

上文所界定的“硬力量”与“软力量”，是从原始意义上作的理解。其实，事物包含刚与柔（硬与软）两个方面，是广泛存在于现实世界中的。它在社会经济生活和管理世界中的体现，可以归结为：单一性、确定性，意味着刚性；多元性、不确定性，意味着柔性；物质与精神、实体与虚体、有形与无形等，也可以认为是刚性与柔性相对应的概念。例如，厂房、机器、设备等物质性资产为硬资产，商誉、商标、版权、专有技术等精神性资产，为软资产。术有专精的人才是硬人才。学识广博、能通权达变的人才，为软人才。在军事上，依靠物质力量攻城略地的战斗，是硬战

斗，依靠精神力量攻心夺魄的战斗是软战斗。

历史和现实都充分说明“柔性观”的运用比“刚性观”的运用，能更好地适应社会经济从低级形态向更高级形态发展的需求。例如，当今经济高度发达国家，正在从以物质资源为主导的工业经济社会向以精神资源（知识、智力）为主导的知识经济社会转变，就可以看作是从刚性化社会向柔性化社会转变的一种不依人的意志为转移的历史潮流，它将对人类社会政治、经济、思想文化的各个方面产生广泛而深刻的影响。与这一历史特征相适应，当今世界上的任何一个国家，其“治国安邦”大方略的制定和实施，都不能不重视“刚性观”与“柔性观”的运用，以做到恰到好处，作出明智的抉择。

较具体地说，一个国家的国力，有的表现在物质层面上，如疆域的大小、自然资源丰富的程度、人口的多寡、社会生产力和科学技术的发展水平等；有的表现在具有强制约束力的制度层面上，如政治、经济制度和立法、司法制度等；有的表现在历史和社会文化层面，如历史是否悠久、传统文化是否博大精深、源远流长，人民大众的综合素质、道德情操的高低以及由此而形成的创造力、凝聚力的大小等。从任何一个方面看，不同的国家差异是很大的。其中体现在物质层面和制度层面的国力，是“硬国力”，体现在历史和社会文化层面的国力，是“软国力”。当今世界处于经济趋于全球一体化、信息和交通高度发达、知识经济的大潮正在兴起的时代，一个国家应如何自立、自强于世界民族之林呢？根据我国的国情，大力发展自然科学技术，尽快制造出先进的武器系统（如“两弹一星”），形成物质上巨大的威慑力量，以彻底改变我国百年积弱、倍受列强凌辱的历史，自然是必要的，问题是：不能“一俊遮百丑”，不能认为这一方面取得了举世瞩目的成就，国人就可以此为满足而高枕无忧了。在这个问题上，笔者很赞同中科院院士杨叔子一个广为流传的观点，大意是：在当今世界上，一个国家如果没有用先进的自然科学技术制造出先进的武器系统，敌人来犯，将“一打就倒”，但如果没有用正确的人文社会科学理论武装人的头脑，导致道德情操、精神支柱丧失（如一切向钱看），将“不打自倒”。这种见解是既深刻又发人深省的。

16世纪德国宗教改革家马丁·路德也说过：“一个国家的前途，不取决于它的国库之殷实，不取决于它的城堡之坚固，也不取决于它的公共设施之华丽，而在于它的公民的文明素养，即人们所受的教育、人们的学识、开明和品格的高下。这才是利害攸关的力量所在。”①其实，我国孟子早在2000多年前就说过：“天时不如地利，地利不如人和。……故曰：域民不以封疆之界，固国不以山溪之险，威天下不以兵革之利。得道者多助，失道者寡助。寡助之至，亲戚畔之；多助之至，天下顺之。”孟子还说：“施仁政于民”，则“仁者无敌”。“上下交征利而国危矣。”孟子在这里十分强调治国安邦，“软力量”（人和、仁政）远比“硬力量”（山川之险、兵革之利）重要，因而强烈反对凭恃武力，不顾百姓死活的“霸道”政治；提倡充分重视百姓利益，以仁义治天下的“王道”政治，并认为这是实现一个国家“长治久安”的康庄大道。笔者认为这种宝贵的历史智慧，对我们今天的“治国安邦”仍具有重大的启迪意义。就是在今天的历史条件下，无论是处理国家与国家的关系，还是处理自己国家的内部关系，强调凭借“硬力量”解决问题，都是不可取的；“仁者无敌”的原则，从长远看，却是普遍适用的。

三、建设“和谐社会”是一种“以人为本”的总体性价值追求

（一）人类社会是复杂的有机体，其总体性和谐，要以其各个组成部分的和谐为基础进行系统性整合

人类社会是一个复杂人文社会的系统，而不是机械性的组合，其各个组成部分之间存在着错综复杂的互动关系，牵一发可以动全身。因而和谐社会的建设，必须从全局着眼、从局部入手，坚持以“系统观”为指导，

① 转引自贺善侃：《提高科技发展的人文内涵》，《文汇报》2004年5月24日。

正确认识和处理局部与全局的关系。

较具体地说，人类社会，作为一个复杂的动态有机体，从纵向看，包括个人、家庭、社会由下而上的各个层次；从横向看，包括政治、经济、文化同时运行的各个领域。它们纵横交错、相互作用，以促进整个社会有序地运转。因此，实现社会和谐，要分别从这两个方面作较具体的分析。

1. 实现纵向各个层次的和谐

（1）个人自我身心的和谐。人是社会的主体。人，作为万物之灵，与其他一般动物不同的在于，人不仅是一种物质存在，有基本的物质上的需求，更重要的是人作为精神存在，还有精神文化上的需求，即不懈地追求精神、心灵上的满足、超越和升华。在当今物欲横流、功利至上的世界，实现人自我身心的和谐，首先必须从物欲的深渊和功利的牢笼中找回“自我”，使之不为世俗的功名利禄所困扰，才能恢复和保持心灵的宁静，实现人自我身心的和谐。这是以人为主体的社会实现社会和谐的基础和关键所在。

（2）家庭成员之间的亲密无间。家庭是社会的基层单位，“齐家”是孔子所说的治国、平天下的起点。中国民间也有“家和万事兴”的格言。夫妻和谐，父慈子孝，兄友弟恭，是中国传统文化所倡导的齐家要诀，至今并未过时。当今社会上出现的许多乱象甚至罪恶，很多都是由于这些基本的伦理关系被破坏造成的，焉然不察！

（3）社会成员之间的友好相处。人是作为“社会人”而存在的。在一个社会中，人与人之间时刻发生着千丝万缕的联系。怎样正确认识和处理人与人之间的关系，是社会实现和谐的一个中心问题。在这里，笔者认为，以儒家学说中的“仁学”为指导，确立正确处理人际关系的准则，是十分必要和重要的。因为“仁学”主张的“仁者爱人”，是人文精神的核心。基于“仁爱”而形成的博大的爱心、善心、同情心，是人之所以为人的根基和人之所以异于禽兽的分水岭。用仁爱精神来认识、协调人与人之间的关系，从而确立“己欲立而立人，己欲达而达人”“己所不欲，勿施于人”的人和观，就会在全社会自然而然地形成一种彼此尊重、团结互助友爱、共存共荣并充满生机活力的可喜现象，使社会和谐提升到一个全新的境界！

（4）正确处理人与自然的关系。把仁爱精神推广到宇宙万物，是实现人与自然和谐的基石。早在2000多年前，孟子提出的“亲亲而仁民，仁民而爱物”的思想，就已经明确认识到，人类社会是不能脱离整个自然界而孤立地发展的，人类社会只有在同宇宙万物保持和谐的前提下，才能不断发展。孟子基于当时的历史条件，就反对人为了眼前一时的利益，对大自然进行掠夺和破坏，并具体指出：“不违农时，谷不可胜食也；数罟不入洿池，鱼鳖不可胜食也；斧斤以时入山林，材木不可胜用也。谷与鱼鳖不可胜食，材木不可胜用，是使民养生丧死无憾也。养生丧死无憾，王道之始也。”孟子在这里指出，实现人与自然的和谐，是人类社会健康发展、保持国家长治久安的基础。

2. 实现横向各个领域的和谐

以下就政治、经济、文化三个方面，作较具体阐述。

（1）政治上实现政通人和。首先，要坚持以人为本，实行“以德服人”的“王道”政治，摒弃“以力服人”的“霸道”政治。因为只有“以德服人”，才能顺民意、得人心，使执政具有广泛的群众基础。其次，要严肃法纪，坚持“在法律面前人人平等”，坚决破除“礼不下庶人，刑不上大夫”的陋习，真正做到“王子犯法，庶民同罪”，才能实现社会公正，天下归心。再次，领导者应有“海纳百川，有容乃大”的博大情怀，真正尊重广大群众当家作主的民主权利，并广开言路，虚心倾听各种不同意见，听过则喜，从善如流，才能真正增强广大人民群众政治上的向心力和凝聚力。最后，任何领导者都不能高高在上，而应同广大人民群众休戚与共，同忧同乐。正如孟子所说：“乐民之乐者，民亦乐其乐；忧民之忧者，民亦忧其忧。乐以天下，忧以天下，然而不王者，未之有也。”

（2）经济上实现以公平竞争为基础的繁荣昌盛。首先，在经济领域要破除各种强加于它的权力垄断，使经济活动能遵循客观经济规律，真正做到以公平竞争为基础卓有成效地运行。只有这样，才能在全社会的各个方面深挖潜力，出现人尽其才、物尽其用、货畅其流的可喜景象，从而使社会经济的健康、可持续发展充满生机和活力。其次，经济的发展，要遵循老子所倡导的“天之道，损有余而补不足”的准则，把实现全社会共同富裕作为努力目标，绝不能“损不足而奉有余”，使富者愈富，贫者愈贫，导致社会两极分化加剧而陷入严重危机。最后，经济的发展，要坚决克服狭隘的以GDP为主的经济发展观，明确以人民大众幸福的增长为终极目标，树立以促进生态环境、经济和社会三方面综合效益最大化为主旨的经济增长观。以这一经济增长观为指导，经济的发展才能走上既对社会主体充满人文关怀，又与大自然密切协调的康庄大道。

（3）文化上英才辈出、百花争艳、欣欣向荣。随着经济的发展，社会物质财富极大丰富，人民大众在物质上的基本需求得到满足后，人的需求已开始越来越从物质层面转向超越于物质层面的精神和文化层面，即开始在精神、文化层面追求一种品位更高的生活和消费，借以愉悦心情，力求得到更大的精神和心理上的满足。这就在物质产品之外，为精神、文化产品的生产开拓了无限发展的空间。个性化、多样化是精神、文化产品的基本特征，具有丰富多彩的“文化创意”（cultural creative idea）是这一类产品构思、设计和制作的核心要求。这样，具有创意的文化产业的发展，也就成为和谐社会中文化建设的一个重要组成部分。与这一时代发展的潮流相适应，一个社会的文化部门，可以分为两大类：一是纯文化部门（如文学、艺术、科学、教育等部门），它们以培养和提高人民大众的人文素质，发扬优秀人文精神，提高全民族的综合创新能力为己任，在社会文化的发展中，居于主导和核心地位。二是文化产业部门，它们是致力于把人的思想、情感、文化创意等融入一定的物质载体中形成文化产品，并进行制作、营运的部门。文化部门主要是精神生产的部门，“创意”是发展文化事业根本性的要求。因而富有创新精神的英才辈出，是发展文化事业的关键所在。这就要求在全社会营造出一种宽松、宽容、有助于创造性人才茁壮成长的人文环境，并为他们在各自的领域独立自主、豪情满怀地施展才华创造有利条件。这样，在文化建设的各个领域就有可能呈现英才辈出、百家争艳、欣欣向荣的可喜景象，并不断取得具有重大理论与实际意义的创新成果。

关于和谐社会的建设，以上从纵向的各个层次、横向的各个领域，分别作了说明。社会是一个大系统，纵向的各个层次、横向的各个领域，都是它的子系统。在这里，接着要谈的一点是，如何对它们从整体上进行系统性整合的问题。在人文世界，道德风尚作为一种无形的影响力，是无所不在的。要实现一个社会整体的和谐，贤明的领导者和社会各界的知识精英在道德情操上率先垂范，“譬如北辰，居其所而众星拱之”，就可高屋建瓴地对社会的各层次、各个领域起到潜移默化、“润物细无声”的影响。这种影响力是巨大又具持久性的。因为正如孔夫子所说：“君之德风，小人之德草，草上之风必偃。”这也是“以德治国”具有无比优越性的具体体现。

（二）“天下为公”是人类所追求的“和谐社会”的最高境界

早在2000多年前，儒家经典之一《礼记·礼运》曾对“天下为公”的宏伟图景作了生动而具体的描述：“大道之行也，天下为公，选贤与能，讲信修睦。故人不独亲其亲，不独子其子，使老有所终，壮有所用，幼有所长，矜、寡、孤、独、废疾者，皆有所养，男有分，女有归。货恶其弃于地也，不必藏于己；力恶其不出于身也，不必为己。是故谋闭而不兴，盗窃乱贼而不作，故外户而不闭，是谓大同。”提出上述大同社会的时间，与古希腊哲学家柏拉图（前427—前347年）提出《理想国》属于同一时期，二者有许多相似之处，但比欧洲最早的空想社会主义者托马斯·莫尔提出“乌托邦”设想早了近2000年。

人类社会的发展有其自身的规律性，2000多年前，《礼记·礼运》提出的大同社会的理想，虽由于有许多条件还未成熟而未能完全实现，但儒家先哲于此提出的伟大理想、信念，却是弥足珍贵的。我们对此应抱“虽不能至，心向往之”的态度，并力求自己的思想和行为与之相接近（如选贤与能、讲信修睦等），绝不能与之背道而驰。否则，就是对历史前进潮流的“反动”，不可不戒！

四、人文社会科学振兴、繁荣之道

（一）概述

一个社会以先进的自然科学技术为依托，可以创造高度发达的物质文明，以先进的人文社会科学为依托，可以创造高度发达的精神文明，从而在整个社会构建起交相辉映的物质文明与精神文明的摩天大厦，从根本上增强一个民族自立、自强于世界民族之林的整体优势与竞争能力。

毋庸讳言的是，由于种种原因，“重理轻文”的不良倾向曾在我国一度盛行，致使我国人文社会科学的发展有许多方面还难以尽如人意。因而像“人文社会科学振兴、繁荣之道何在”这样的问题，也就不能不引起人们广泛的关注了。这是时代的呼唤，主动积极地为此大胆建言献策，也是一切有良知的人文学者义不容辞的社会责任。那么，当前人文社会科学振兴、繁荣之道何在？众所周知，西方有些与人文相关的词组，如“文科”（liberal arts）、“人文教育”（liberal education），就是用“自由”这个词根组成的。它表明：人文精神，归根到底，是一种自由的精神。世纪伟人爱因斯坦曾强调指出，进行科学研究，“要有两类自由，一个是外在的自由，不会因为发表不同的观点而受到压制；二是内心的自由，内心的自由就是要有自由的思想，不要总是拘囿于传统的理念。”[①]这也正如我国举世景仰的大学者陈寅恪教授在为王国维所写的碑文中说：“惟此独立之精神，自由之思想，历千万祀，与天壤而同久，共三光而永光！”他认为“独立精神、自由思想”这八个金光闪闪的大字，是学术研究的灵魂，舍此，则无真正的学术研究可言。据此，笔者认为，这也正是振兴和繁荣我国人文社会科学的关键所在。

① 《纪念爱因斯坦诞辰125周年专家座谈纪要》，《文汇报》2004年3月21日。

（二）全社会要为人文社会科学的振兴与繁荣营造宽松、宽容、民主、和谐的大环境

一个国家的人文社会科学要出现一个繁花似锦、英才辈出、群星灿烂的局面，固然有赖于学界自身进行坚持不懈的努力，同时也要有适当的外部环境相配合，其中最重要的有以下两点。

1. 破官本位，立人才本位

当今在学术界也存在相当严重的“官本位”泛化现象，似乎一个人的官位提升了，他的学问也就随即增长了。一个学者的社会地位往往不是取决于他的学术成就，更多的是取决于其官职的大小。“官本位”的泛化，自然就无法确立人才的独立、自主的地位，“尊重知识，尊重人才”的社会风气自然也无法真正形成。在这种情况下，自然也就无法在全社会形成有效的激励机制，激励一切才智之士充分发挥内在潜力，孜孜不倦地去完善和超越自己，为社会做出越来越大的贡献！

2. 学术无禁区，行政不干预

学术研究是一种创造性工作。创造性思维鼓励独出心裁，不墨守成规。如果预先设置“禁区”——什么可以研究、什么不能研究，可以这样研究、不可以那样研究，学术思想还能自由驰骋，取得突破性、创造性成果吗？禁锢性与创造性是根本对立的。要相信学者的科学精神，只有在全国范围内形成“学术无禁区，行政不干预”的大环境，学术界才能坚持在真理面前人人平等的原则，在学术观点上鼓励求同存异；学术成果的正确程度和价值大小以至学术人员的升迁，都应严格遵循公认的学术规则，取决于有关专家的集体意见，而非长官意志，更不能以行政命令的方式来裁决学术上的是非。只有这样，才有可能形成百花争艳、群星灿烂的蓬勃景象，从而促进我国的人文社会科学出现繁荣昌盛的可喜局面。

（三）学者自身严以律己、自强不息，是我国人文社会科学繁荣的关键

1. 坚持做人是立身之本，在道德情操、人格修养上率先垂范

宋代大学者司马光在《资治通鉴》中说："才者，德之资也；德者，才之帅也。"意思是：才是德的辅助，才要以德为统帅，才与德相比，德是第一位的。居里夫人逝世之后，大科学家爱因斯坦也曾深有感触地说："第一流人物对时代和历史进程的意义，在道德品质方面的榜样作用，也许比单纯才智上的成就，影响更大，更加深远！"[①]因此，具有一定社会影响的学者，道德品质上应有很高的要求。

首先，要坚持做人是立身之本。古人云："智欲圆，而行欲方。""方""直"是指人品、信念、节操上的不苟且、不趋时，是一种壁立千仞、无欲则刚的人格精神。有了这种精神，才能有尊严地活着，守住人生价值的底线，力求做到孟子所说的："富贵不能淫，贫贱不能移，威武不能屈。"

其次，不能"独善其身"，而应有"天下兴亡，匹夫有责"的强烈历史责任感，勇于充当社会的良心、国家的良知，言人之所不能言，言人之所不敢言，为推动社会的变革和进步，提供批判性的智力支持。

最后，应自觉遵循公认的学术规范，作为社会精英的学者，应对自己提出严格要求，自觉按公认的学术规范行事，严格遵循"先规范后创新"的原则。也就是：应先有规范化，然后才有可能谈创新。当前，在现实生活中，学术领域也和其他领域一样，存在种种腐化、堕落现象，就是没有严格遵循公认学术规范的结果。

学术规范的基本准则，是"求真务实"，其反面就是"弄虚作假"。一个学者，要求他在自己安身立命的学术工作中"求真务实"，不"弄

① 爱因斯坦：《悼念玛丽·居里》（爱因斯坦于1935年11月23日在纽约Roerich博物馆举行的居里夫人悼念上的演讲），转引自选编组编《蔚蓝的思维——科学人文读本》，上海：上海教育出版社，2005年1月第1版，第123—124页。

虚作假”，守住为人、为学的伦理底线，要求并不高。真正的学者都会懂得：学术声誉的建立，应完全依靠自己研究工作的数量和质量，来不得半点虚假。古人说：“文章千古事，得失寸心知。”靠自欺欺人，迟早会被揭穿，招致身败名裂，一失足成千古恨！所以，加强“自律”，是清除“学术腐败”的根本。同时也要加强外界的社会监督和法律制约，以弘扬正气、扫除歪风邪气。笔者认为，以学风的根本好转带动世风的根本好转，应作为一切有良知的学者义不容辞的崇高的历史使命。

2. 正学风

“学风”是一个学者学术生命的重要组成部分。一个有成就的学者必然有其独特的学风。就共性方面看，良好的学风至少应包括以下几个方面：

（1）戒浮躁和急功近利。无数事实证明：浮躁与真正的学术无缘，急功近利是治学的大忌。一个有志于学术的人，必须提升自我修养，努力达到诸葛亮在《诫子书》中所说的“淡泊以明志，宁静以致远”的思想境界，才能以超然的态度（超越世俗的利害得失的态度），冷静地、客观地去思考、分析、研究问题，取得真正经得起实践、时间、历史检验的学术成果。

（2）正确认识和处理继承与发展的关系。任何人做学问，都不可能白手起家，而必须充分吸收、借鉴前人已有的学术成果，才有可能实现真正意义上的开拓创新。否则，就可能重复别人已做过的工作，进行无益的重复劳动。因此，学术研究上的发展必须以继承为基础。但也不能迷信权威，迷信已有的定论。当然，这里说不迷信权威，不等于说可以不尊重权威。我们的研究必须在前人达到的高度上继续攀登，在前人达到的终点上继续前进。

（3）正确认识和处理学术与思想关系。古往今来，凡大学问家，必然同时是大思想家。思想贫乏、品格低下的人，是不可能写出有价值的论著的。人们常常说：“道德文章。”意思是说，文章之所以感人，不是靠词句的华丽，更不是靠作者地位的显赫，而是靠其蕴含的道德力量、人格力量和真理力量。因此，一篇论著的学术价值，归根到底，取决于作者思想的深度和高度。人们看到，一些大学问家的论著，之所以能历久弥新，具有超越时空的价值，正是其论著完满地实现了学术与思想高度统一的结果。

（4）应具有“十年磨一剑”的精神，坚持长期积累、厚积薄发。真正的学术研究与创新，都有一个由量变到质变的过程，绝不可能一蹴而就，也无任何“捷径”可走，只有经过较长期的艰苦的积累，才能取得经得起时间、空间检验的真正具有特色的创新成果。否则，写出来的东西，只会昙花一现，很快就成为学术垃圾而被丢进垃圾堆。在现实生活中，人们也看到，“泰山不让土壤，故能成其大；河海不择细流，故能就其深”，意思是：泰山不拒土壤才能成其高，只有在泰山深厚的土壤中才能生长出参天的大树；大海不择细流才能成其深，因而不管多么重的东西，大海也能承载！同理，做学问，也必须像大海、泰山那样，努力使“水变深”“土变厚”，形成深厚的学术功底，然后，以此为基础，通过分析、综合，推陈出新，形成自己独特的具有原创意义的成果。

（5）学术成果的评价，应力求做到客观、公正。学术成果是研究人员创造性劳动的结晶，其价值的大小应将研究中所取得的开创性的大小作为衡量的标准，尽量排除人情、关系甚至权势等外加因素的干扰。如有关专家意见分歧，一时难以作出结论，则宜暂时不议，让其经受时间的检验。如果有些相关人员急于强行作出定论，则有可能是基于现实利益的驱动，更容易得出不公正的结果。

（6）勇于坚持自己认为正确的东西，不做学术上的风派。学术研究工作是一种创造性的工作，勇于坚持自己认为正确的东西，是对自己取得的成果有信心的表现，也是有强烈学术主体意识的体现。古人云“诗言志”，文亦如此。因此，一个真正的学者，深知自己的成果得来不易，就决不会典学阿世，人云亦云，做学术上的风派，以实现文品与人品的统一。

3. 对已居学术带头人地位的高级学者，应提出更高的要求，特别要求他们能正确认识与处理以下几个关系

（1）学术带头人应发挥好带头作用。学术带头人与学术群体内部

成员的关系，绝不能看作是领导与被领导的上下级关系。学术带头人（academic pioneer），作为学术的领航人（navigator），应随时了解本学科发展的最新动态，站在学科的前沿，把握本学科的发展方向，并在学术探索中率先垂范。学术带头人之所以能起到学术带头的作用，靠的是自己的学术造诣、精神风貌和人格魅力，而非靠来自官方的权势。一个人如果是靠权势取得学术带头人的身份和地位，就有可能沦为“学阀”（如同军界中的“军阀”），也就有可能滥用学术领导的身份，剽窃、霸占他人的研究成果。这同学术带头人的身份是完全不相称的。

（2）处理好学术群体内部民主与集中的关系。在学术群体内部应充分发扬学术民主，容许不同的、多样化的学术观点同时并存，尊重每一个人不同见解的发表和坚持的权利，绝不能搞少数服从多数，甚至由学术带头人裁决等那一套霸道的东西。在经常性的学术讨论中，应让大家无拘无束地畅所欲言，尊重学术观点的多样性，在讨论、交流中既相争又相融。不能由学术带头人作一言堂式的权威性、倾向性的发言，而应人人平等、求同存异，让不同观点、观念在相互碰撞中迸发出灿烂的思想火花，从而收到令人惊喜的果实。这是彻底的学术民主具有无比优越性的生动体现。

（3）处理好学术群体内部的利益关系。学术群体原是以学术创新为共同的精神追求而联结起来的。他们之间的关系应为超越于世俗利益的“道义之交”。这是一个学术群体能否保持旺盛创新生命力的关键所在。这种“道义之交”的关系如果蜕化、沦落为世俗的利益关系，则成员之间将为各种各样的物质性的利益（如稿费、奖金的分配）和精神性利益（如论著署名的前后、学术成果报奖的等级）而纷争不已，群体的学术创新生命力将因此丧失殆尽，耀眼的学术光芒也将因此荡然无存。这种情况的出现，将令人悲叹不已！而能否避免这种情况出现，学术带头人在道德情操上的修为与精神影响力是起关键性作用的。这也是人们不得不对学术带头人的品质提出更高要求的根本原因。

（编者注：本文发表于《中国经济问题》，2006年第6期）

对高层次人才培养中几个基本理论问题的新认识①

摘要：本文阐述了知识经济条件下高层次人才的特点，论述了“创新能力”的培养应着重关注的几个主要方面，分析了各种思维方式的区别与联系及其理论与实践意义，并指出了高层次人才培养的根本途径。

一、知识经济条件下高层次人才的特点

与知识经济的形成与发展相适应的高层次人才是进行高度复杂的脑力劳动的劳动者。高度复杂的脑力劳动，是创造性劳动，具有巨大的价值创造功能。这是因为，高度复杂的脑力劳动所创造的价值，不同于一般性（重复性）的脑力劳动，更不同于主要运用人的双手进行具体操作的体力劳动在价值创造中所起的作用。根据劳动价值学说，体力劳动的价值大小取决于劳动时间的长短，而脑力劳动价值的大小则应取决于其能动性和创新程度，创新程度越高，价值量越大。脑力劳动巨大的创新能力从何而来？这是一个值得深思的问题，须从历史、人文、心理、思维等各个层面较细致地进行剖析。

---

① 基金项目：教育部人文社会科学重大研究项目（02JAZJD630007）。

（一）高级脑力劳动者复杂的脑力劳动是为高深的知识所武装的劳动

他们所掌握的高深知识，具有深厚的历史积累性，可使其劳动的创新能力得到空前提高，因而其劳动支出能产生异乎寻常的效果。正如牛顿所说：“我之所以有成就，是因为站在巨人的肩上。”（实际上是站在一代又一代，代代传承的众多巨人的肩上）知识的历史积累性，是高级脑力劳动者的超常智力之源！

（二）高度复杂的脑力劳动是异常艰辛的劳动

不仅需要高度专注，还需要创造激情。当高度复杂的脑力劳动进行到紧张阶段时，就会像艺术家进入创作高潮一样，工作与休息是很难明确区分的，因为进入高度活跃状态的思维活动很难遵循通常的作息时间。所谓“日有所思，夜有所梦”，甚至在做梦时，也会突然闪现出一个“创意”来。这也充分说明高度复杂的脑力劳动的高强度性。

（三）高度复杂的脑力劳动创造过程往往具有不可重复性

因为创造性的脑力劳动是高度个性化的心智活动，同劳动主体瞬时的心境、情绪等有着密切的联系，他们可贵的创意、灵感、顿悟的涌现，往往具有突发性和随机性，是转瞬即逝、难以重复的。这是创造性脑力劳动与一般性（重复性）脑力劳动的根本差别。

二、“创造性思维”与“创新能力”的培养，是创造性人才培养和其思维境界提高的关键

（一）“创造性思维”的特点

通常认为，人类具有的经过漫长岁月进化而形成的高度发达的、奇妙的器官——“大脑”，是人类之所以能与其他动物区别开来而成为“万物之灵”的最根本的标志。思维是人脑的机能活动，而人具有“创造性思

维”，是人不同于其他动物的分水岭。人类社会世代积累的物质文明与精神文明都是人类“创造性思维”的结晶。由于“创造性思维不同于一般思维，往往表现为具有超常性（不墨守成规），富有个性（独出心裁）、开拓性、独创性和灵活性”，因而活跃的“创造性思维”，是人类心智活动的高级形式，能不断产生“创意”（creative idea），在思想观念上产生新的飞跃，这是一切创新之源！因为思想观念上的创新是一切实践上创新的先导，更具根本性。一个人在思想观念上如果因循守旧，只会循规蹈矩，跟在别人的后面人云亦云，在行动上必然安于现状，不敢越雷池一步。要求具有这种思想状况的人进行创新，就像缘木求鱼，是完全不现实的。因为，创新实质上是对现实的“超越”（突破），只有首先在思想观念上有新的飞跃，创新的实践才能实现。

（二）“创新能力”的培养应着重关注的几个主要方面

创新能力是运用“创造性思维”进行创新实践的能力。

“创新能力是一种综合能力，是一种能以已知为起点，由此及彼、由表及里地进行推陈出新，提出新理论、新学说、创造新成果的能力。在社会科学领域，一种新理论、新学说的创立，往往能引发社会秩序的变革；在自然科学领域，重大的创新成果往往会促进社会生产力实现新的飞跃。当今世界，一个民族能否称雄世界，关键在于是否具有长盛不衰的创新能力。”

较具体地说，“创新能力”的培养，应着重关注以下几个方面。

1. 想象能力

想象能力，是对现实世界没有的东西进行想象的能力。想象力可以超越时空的局限，做到“思接千载，视通万里”。它通过对自己已有的认识进行延伸、扩展，产生新的智慧的火花，构筑新的形象。最有创造性的思想家，往往也是最富想象力的幻想家。

爱因斯坦说过：“物理学给我知识，艺术给我想象力。知识总是有限的，而想象力是无限的，它可以概括世界的一切。”可见想象力是创造力的基础和源泉！

2. 质疑能力

质疑是对世界上各种各样已有“定论”的东西进行质疑。因而质疑能力是善于发现问题、提出问题的能力。善于质疑（于人无疑处有疑），是一个人具有探索精神的表现。一个人要有所发现、有所创造，就必须敢于质疑、善于质疑，大疑大进，小疑小进，无疑则无进矣。

3. 记忆能力

没有记忆，人就不能积累和保存知识，一切都得从零开始。人的大脑好比一个加工厂，若要加工，必须不断有新的材料输入。学习就是从外界吸收各种思维材料，通过记忆内化于自己的头脑中，结合自己已有的知识和经验，在头脑中进行加工，使之活化和扩展，才能从已知创出新知，不断丰富、发展已有的东西，从而不断产生新的成果。否则，头脑空空，真正有价值的“创意”是绝不会闪现的。因此，博闻强记，往往是一切有大成就的学者的显著特点之一。如当代举世闻名的大学问家陈寅恪、钱锺书等就是这样。

也许有人认为，当今世界已进入网络信息化时代，要什么材料都可以很便捷地从电脑上查到，今天还谈什么记忆能力，已完全不合时宜了。须知，电脑上的东西，都是外在于人的东西，没有经过记忆，使之内化和活化于人的大脑，就不可能收到“积学以储宝”的效果。

4. 自信能力

真正具有创新能力的人往往都是个性鲜明、独立性、自信心很强的人，独立自主性是创新人才的核心品质，其创造能力往往就蕴藏在独特、鲜明的个性中。

一个人具有充分的自信，才能特立独行，不迷信任何权威和已有的定论，而能坚持不懈地通过自己艰辛的创造性劳动，源源不断地开创出原创性的成果。

5. 洞察能力

洞察能力是对事物本质和发展趋势所具有的敏锐、正确而深刻的预见能力。洞察能力的提高，虽不能完全排除天赋的因素，但主要是知识、经验的长期积累和深思熟虑的结果，因而能“见微而知著，鉴往而知来”，其中隐含着许多闪耀着“东方智慧”光芒的“只可意会不可言传”的东西。

创新能力是一种综合能力，综合地、灵活地创造性运用以上各种能力，就能取得相得益彰的效果。

三、“对创造思维”认识上的进一步深化

前已指出，人之所以能成为“万物之灵”，是由于人具有高度发达的、奇妙的大脑。人的大脑是极其复杂、高级的思维器官。人类思维具有多种形式，较深入地分析，可作如下细分：逻辑思维与非逻辑思维。逻辑思维也称抽象思维、理性思维；非逻辑思维又可细分为艺术思维（形象思维）和哲学思维（悟性思维），它们之间的不同在于以下几点。

（一）逻辑思维重“理”，具有推理严谨、定量分析精密等特点

主要表现在：“它是一种链条式、环环相扣的递进式的思维方式，借助于分类、比较、分析、综合、归纳、演绎等逻辑方式来实现。逻辑思维对确定性、可量化事物的认识，可以编成严密的程序，用计算机模拟再现。”

（二）艺术思维重“情”

主要表现在：遵循艺术创作的规律进行创作，要达到以情感人，不仅不要求作品的内涵被精确性地描述，反而要求其具有一定的模糊性，以便给人较大的自由想象的空间。因而古往今来，优秀文学、艺术作品，通过情景交融，表达出许多人心中所有、而自己又无法恰当地表达出来的思想感情，就能超越时空、扣人心弦，引起人们思想感情上的共鸣和赞叹，成为千古绝唱！

（三）哲学思维重“悟”，同佛教中国化的禅宗有着直接的关系

禅宗讲求的“悟”是一种不可言说的领悟、感受。一般地说，“所谓悟，是运用直觉、灵感、想象、联想、类比、假设等手段，经过思维的飞跃，突然了解、领会、判断以把握事物的一种思维现象。”大量实践证明，对确定性事物的认识，有赖于理性；对不确定性事物的认识，则有赖于悟性。许多表面上看来不确定的无序现象，实际上其中也深藏着一定的有序性。大量无序现象中的有序性，是不可能直接用计算工具“算”出来的，而有赖于高智慧的人通过悟性思维“悟”出来，据以作为行动的指南。

属于非逻辑思维的艺术思维与哲学思维都具有不追求精确、清晰、规范和可量化的特点，这是它们之间的共性。那么，我们又应怎样进一步理解它们之间的差别所在呢?

哲学思维可以看作是艺术思维的升华和超越，因为它更具深刻性，是在更高的层次上领悟世界！成书于2500年前的《老子》（亦称《道德经》），全书只有5000字，被尊称为“中国智慧的源头”。其最大特点，就是围绕中国古代哲学的最高范畴——“道”，来探索宇宙人生一切事物的普遍规律，显示出既高屋建瓴、又包罗万象的大视野和大智慧！因而被称为世界哲学宝库中的一颗璀璨明珠，受到普遍尊崇，产生了广泛的影响！

例如，西汉历史学家司马迁在其皇皇巨著《史记》中作《老子韩非列传》时就指出：“老子所贵道，虚无因应变化于无为，故著书辞称微妙难识。庄子、申子、韩子……皆原于道德之意，而老子深远矣。”

老子哲学所包含的超越时间的真理性，是其生命力之所在。

司马迁不惜长期忍受世人不能忍受的屈辱和痛苦用血泪写成的《史记》，将“究天人之际”与“通古今之变”融合在一起，是用老子的哲学思维观察事物的卓越范例，也是司马迁本人以其大视野、大智慧融入其中的生动体现。

（四）直觉、灵感是悟性思维（创造性思维）的灿烂之花

哲学思维重“悟”，“悟”孕育“创意”（creative idea），而“直觉”与“灵感”则可以看作是悟性思维（创造性思维）的灿烂之花。这是由于“直觉与灵感”思维能发挥独特的突破性的创新作用。许许多多为人敬仰和怀念的文学艺术家的“神来之笔”，军事指挥家的“奇谋”，科学家特有的“顿悟”和“豁然贯通”等，都说明直觉与灵感思维在关键时刻建立了奇功。

爱因斯坦依据自己的科学创造实践，得出结论：“我相信直觉和灵感。”他还认为：在科学发明创造过程中，从科学观察和实验到一种新颖见解的提出之间，没有逻辑的桥梁，必须诉诸直觉和灵感。爱因斯坦在这里，是将直觉与灵感并提，说明它们之间有共性。其共性在于：直觉与灵感都是非逻辑思维方法，当逻辑思维方法失效时，得依靠非逻辑方法来开辟新路；直觉与灵感，都发生在潜意识领域，是潜意识与显意识相互交融的结果；都是基于知识与经验的长期积累，经外界信息的意外激发而突然地显现的，表现为“长期积累，偶然得之”，不可能是无源之水。

而其不同之处在于：知识与经验的长期积累——“积学以储宝”（《文心雕龙》，见前引）形成了智慧的潜力，灵感是在环境比较宽松、心灵自由自在、从容不迫、无外在压力的情况下，潜力突然闪现的；而直觉则是在遇到外部强大压力，情况非常紧急、千钧一发的情况下，潜力突然发挥出来的。汉代名将飞将军李广射石的故事，可较好地说明这一点。

（五）以管理会计师面临的时代挑战为例，分析人的思维方式与先进信息技术的关系

在今天信息技术高度发展的情况下，管理会计师提供的专业服务如果还停留于程序化、计算性的水平上，这一类职能已完全可为信息技术所取代，其专业性服务价值近于零。因为遵循逻辑思维的规则进行定量的信息处理，电子计算机信息处理技术完全可以比人脑做得更快、更好。但电脑

不管怎样先进，都不可能有“人性”，人脑产生精神内容的方式，依旧不能仅靠计算程序的执行来实现。因而，“艺术思维”与“哲学思维”所能做到的“思接千载，视通万里”（《文心雕龙》，见前引），电脑就无能为力了。基于此，在新的历史条件下，管理会计师的自立、自强之路，在于努力提高自己的综合素质，特别要在提高人文底蕴、哲学修养和艺术修养上下功夫，借以不断增强自己的“艺术思维”和“哲学思维”能力。由此而取得的超常智慧与洞察力（见微而知著、鉴往而知来的能力）和超常的想象力与感悟能力，以及由此而形成的大思路、大视野、大气势，则是任何先进的信息技术都无法取代的。管理会计师在这些方面取得的优势就足以使他们的专业性服务无可替代，从而完全可以充满信心，走向自己广阔的自立、自强之路。

四、高层次人才思维境界的提高要以提高其人生境界为条件

高层次人才思维境界的提高要以提高其人生境界为条件，这是由于一个人的人生境界不高，是不可能有高的思维境界的。因为正如《左传》中的一篇文章《曹刿论战》中所说：“肉食者鄙，未能远谋。”（意思是：人生境界不高，沉醉于物质享受的人，是不可能有什么才智的）而人生境界的提高，又可从“为人”“为学”两个方面入手。

（一）“为人”的三境界

第一境界：物质人生。

表现为物欲横流，功利至上，灯红酒绿，纸醉金迷，最终导致人的非人化。

第二境界：艺术人生。

表现为心灵宁静，享有广阔的精神自由空间，善于从创造的乐趣中感受幸福，秋水文章不染尘。

第三境界：哲理人生。

表现为超然物外，“上善若水”，以“出世”的精神，做“入世”的事业，“朝闻道，夕死可矣”！

怎样提高“为人”的境界呢？

1. 找回自我

在当今物欲横流、功利至上的世界，提高人生境界最关键的因素，是人首先必须找回“自我”，使人从物欲的深渊和功利的牢笼中解放出来，脱离兽性化的物质人生，回到人性化的精神生活的道路上来，作为“万物之灵”的人的内心世界，才能恢复灵性而充满活力。也就是，作为社会精英的高层次人才，只有超然物外、不为世俗的功名利禄所困扰，努力达到诸葛亮在《诫子书》中所说的“淡泊以明志，宁静以致远”的思想境界，才能恢复和保持心灵的宁静。人只有心境宁静，才能领悟人生的真谛，任思绪自由地飞翔，创意也就会自然而然地不断涌现出来。这样，就可使人生在脱离兽性的道路上越走越远，进而进入到一个使心灵充满生机和乐趣的创造性艺术人生的境界！

2. 率性为人，心胸坦荡，去浮存实，养成爱其所当爱、憎其所当憎的崇高品德

也就是，应像世纪伟人爱因斯坦那样，以“纯澈严谨的思辨理性，奇异深邃的想象力，以及强烈的批判精神，拒绝对任何权威的服从”。另外“要有两类自由，一个是外在的自由，不会因为发表不同的观点而受到压制；二是内心的自由，内心的自由就是要有自由的思想，不要总是拘囿于传统的理念”。

（二）“为学”的三境界

孔子曰：“古之学者为己，今之学者为人。”

第一境界：“为人”。

“为人”之学是做给别人看（作秀）之学，是把学术当作追逐功名利禄的工具（敲门砖），为达目的可以不择手段。这种人实在不配称为一个真正的学者，只能称之为混入学界的骗子或强盗。

第二境界："为己"。

"为己"之学是基于自己执着于对真理的不懈追求，因而能甘于寂寞、淡泊名利，自觉发扬"板凳甘坐十年冷，文章不写一句空"的精神，厚积薄发，不断取得创造性成果。

第三境界："究天人之际，通古今之变，成一家之言"所体现的"大视野""大智慧"，是足以照耀千秋的"为学"的最高境界。

怎样提高"为学"的境界呢?

（1）"知之者不如好之者，好之者不如乐之者。"

（2）"真正的科学家是不在乎奖赏的。他们神游于宇宙之外、粒子之谜，参天地之造化，究万物之至理。怡然自得，乐在其中。"

（2）不破不立。不除邪恶，就无以立崇高；不除污秽，就无以立圣洁。

因而应以"子规夜半犹啼血，不信东风唤不回"的精神，义无反顾地反学术腐败、反学术垃圾的泛滥成灾！因为一个精神沉沦的社会，将会丧失一切生机与活力，甚至走向罪恶的深渊！

（编者注：本文发表于《会计之友》，2006年第11期）

附　录

余绪缨先生主要论文目录（1947—2007）

余绪缨先生的主要论文涉及会计基本理论、经济活动分析、管理会计、财务管理、会计教育与人才培养等众多学科领域。为了便于阅读，将余绪缨先生的主要论文做了大致的分类（编入《余绪缨经典文集》的论文用星号*表示）。

一、会计基本理论

1. 《苏联会计制度概述》，刊载于《现代会计》1948年第8期。

*2. 《币值变动会计之理论及其方法（上）》，刊载于《公信会计月刊》第十二卷第3期（1948年3月）。

*3. 《币值变动会计之理论及其方法（下）》，刊载于《公信会计月刊》第十二卷第4期（1948年4月）。

4. 《论固定资产的折旧与再生产》，刊载于《厦门大学学报》1952年第1期。

5. 《社会主义经济核算的客观基础问题》，刊载于《中国经济问题》1961年第3期。

6. 《社会主义企业经济核算的基本特征和指标体系探讨》，刊载于《中国经济问题》1963年第4期。

7. 《论经济核算与会计的关系——依据经济核算企业资金运动的客观规律性阐述复式记账的基本原理》，刊载于《中国经济问题》1963年第9期。

8. 《略论社会主义企业会计报表的结构原理》，刊载于《中国经济问题》1964年第5期。

9. 《社会主义会计学的阶级性与科学性的探讨》，刊载于《厦门大学学报》1964年第1期。

10. 《认真贯彻“勤俭建国”的伟大方针　加快我国社会主义建设——学习毛主席关于勤俭节约一系列光辉指示的初步体会》，刊载于《中国经济问题》1976年第3期和第4期。

*11. 《试论“复式记账法”的理论基础——兼论“资金收付记账法”》，刊载于《厦门大学学报》1978年第2、3期合刊。

*12. 《要从发展的观点，看会计学的科学属性》，刊载于《中国经济问题》1980年第5期。

13. 《从当代会计学科的发展谈我国现行企业会计体系的改革》，刊载于《财会通讯》（郑州）1982年第1期。

14. 《关于建立适应我国社会主义现代化建设需要的会计学科体系问题——兼论与此有关的几个会计理论问题》，刊载于《会计研究》1982年第2期。

15. 《会计学科的新发展》，刊载于《高等学校财务管理论文集》（1987年）。

16. 《试论我国新的会计模式的理论基础及其基本结构》，刊载于《厦门大学学报》（哲学社会科学版）1988年第3期。

*17. 《当代会计科学发展的大趋势》，刊载于《厦门大学学报》（哲学社会科学版）1992年第1期。

18. 《对社会主义市场经济理论伟大意义的初步认识》，刊载于《厦门大学学报》（会计学专刊）（1992年）。

19. 《试论社会主义市场经济与国有企业的股份制改革——兼论我国会计理论建设的目标模式问题》，刊载于《中国经济问题》1992年第6期。

20. “The Fund Market in China：Its Formation, Development, and Impact on Accounting”, *Changing International Financial Markets and Their Impact on Accounting*, published in 1992 by the Board of Trustees of the University of Illinois.

21. 《以社会主义市场经济理论为指导，对几个会计理论问题的重新认识》，刊载于《厦门大学学报》（哲学社会科学版）1993年第1期。

22. 《以社会主义市场经济理论为指导，进行国有企业的股份制改革及其有关问题的探讨》，刊载于《财会通讯》1993年第3期。

23. 《纵论现代会计的形成与发展》，刊载于《财会月刊》1993年第6期。

24. 《略论财务会计的社会职能及其历史发展》，刊载于《财务与会计》1993年第7期。（与林勇峰合著）

*25. 《帕乔利对复式簿记的历史性贡献为此后会计科学的发展奠定了坚实基础》，刊载于《财会通讯》1994年增刊。

26. “L. Pacioli's Historic Contributions to Double Entry Bookkeeping Laid A Solid Foundation for the Continuous Development of Accounting Science in the World Ever Since”, published in the Supplement Communication in Finance and Accounting (1994),a monograph specifically edited to celebrate the 500th anniversary of the publication of L. Pacioli's epoch marking work concerning Accounting. This monograph was highly prized in the commemorating world conference held at L. Pacioli's birthplace in Italy. This significant world conference was sponsored by The International Accounting Historian Association in 1994.

27. “Changes in Accounting in Response to Changes in Economic Environment”, delivered at the Kyushu University[Japan], Nov. 8，1995.

28. “The Reform and Development of China Accounting in the 21st Century”, the author was invited as one of the three keynote speakers to deliver this paper at the plenary session of the 8th Annual Conference of Accounting Academics, sponsored by Hong Kong Society of Accountants, 6th June 1996.

29. 《现行会计体系中必须重新认识的几个主要问题》，刊载于《福建财会》1996年第6期。

30. 《会计信息失真问题剖析》，刊载于《财会月刊》1996年第8期。

31. 《论迈向二十一世纪的中国会计与世界会计的接轨及其文化层面的特色》，刊载于《对外经贸财会》1996年第9期。

32. 《论增值表的编制原理及其分析利用》，刊载于《财会通讯》1996年第10期。

33. “On the Socio-cultural Analysis of Chinese Accountancy's Transformation over the Period 1950s—1990s and Its Prospective Developments Heading for the 21st Century—Explicit Evidences of Cultural Influences on

Accountancy", delivered at the 8th World Congress of the International Association for Accounting Education and Research (Oct. 24, 1997, Paris), and published in the proceedings of this conference (disc. Version).

34. 《杨时展教授遗著〈1949—1992年中国会计制度的演进〉读后感言》，刊载于《财会通讯》1998年第7期。

35. 《弘扬传统文化的精华　促进社会主义市场经济健康发展》，刊载于《中国经济问题》1999年第4期。

36. 《试论〈孙子兵法〉的哲理性与人文性是现代企业战略管理境界提升的智慧源泉》，刊载于《会计论坛》2007年第1辑。

37. 《以具有中国特色的学术成果开展国际学术交流的实践与认识》，刊载于《会计之友》2007年第8期。

38. 《会计与诗的交融——侯文铿教授新作：〈话说会计三风〉读后感》，刊载于《会计研究》2002年第7期。

39. 《论知识经济形成与发展中的四大关系》，刊载于《厦门大学学报》(哲学社会科学版)2002年第5期。

40. 《社会经济制度演变的思想文化分析——以资本主义尚存和苏联崩溃为案例的分析》，刊载于《中国经济问题》2003年第5期。

41. 《论中国优秀传统文化与现代化管理》，刊载于卢继传主编《中国当代思想宝库》(中国工人出版社，2004年)。

42. 《博·新·深——评廖泉文教授的专著〈人力资源管理〉》，刊载于《人才瞭望》2004年第6期。

43. 《知识经济条件下管理柔性化等问题研究》，刊载于《中国经济问题》2004年第5期。

二、经济活动分析

44. 《论企业之偿债能力》，刊载于《经建研究》(季刊)1947年第4期。

45. 《论流动资金周转率指标体系的结构——关于阿法那西也夫教授所提供的流动资金总周转指标与其各要素的部分周转指标相互联系的理论之研究》，刊载于《厦门大学学报》（财经版）1954年第2期。

46. 《论流动资金节约额的计算与分析》，刊载于《厦门大学学报》（社会科学版）1955年第2期。

47. 《关于连锁替代法在分析工作中的应用问题》，刊载于《厦门大学学报》（社会科学版）1955年第6期。（与陈仁栋、黄忠堃、黄道标合著）

48. 《对〈火力发电厂分场燃煤成本分析的商讨〉一文的商榷》，刊载于《工业会计》1955年第6期。

49. 《论分析流动资金节约额的几个问题》，刊载于《厦门大学学报》（社会科学版）1956年第4期。

50. 《关于怎样根据报表资料分析工业企业的劳动生产率》，刊载于《学术论坛》1957年第1期。

51. 《论工业产品成本分析中的品种构成问题》，刊载于《学术论坛》1957年第2期。

52. 《机器制造业产品成本的技术经济分析》，刊载于《厦门大学学报》（社会科学版）1959年第2期。

53. 《流动资金利用效果的指标体系及其分析》，刊载于《中国经济问题》1959年第12期。

54. 《工业企业财务、成本的指标体系问题——〈工业会计学〉中几个基本理论问题的探讨》，刊载于《中国经济问题》1961年第9期。

55. 《会计报表分析的基本原理》，刊载于《中国经济问题》1962年第7期和第8期。

56. 《再论流动资金利用效果的指标体系及其分析》，刊载于《中国经济问题》1962年第12期。

57. 《流动资金分析中几个专门问题的探讨》，刊载于余绪缨主编《工业企业经济活动分析》（上海人民出版社，1980）附录。

三、管理会计

58. 《机器制造厂如何运用定额比例法加强成本核算——拟订“厦门电机厂定额比例法成本核算规程”的体会》，刊载于《中国经济问题》1959年第7期。（与庄表峯合著）

59. 《如何根据人民公社的经济特点来研究其成本计算问题》，刊载于《中国经济问题》1959年第10期。

60. 《回归分析法在管理会计中的应用》，刊载于《经济资料译丛》1980年第3期。

61. 《现代管理会计的主要特点及其吸收利用问题》，刊载于《中国经济问题》1981年第1期。

62. 《第一讲　现代管理会计的形成、发展与“洋为中用”》，刊载于《中国经济问题》1982年第2期。

63. 《第二讲　成本性态与变动成本计算》，刊载于《中国经济问题》1982年第3期。（与蔡淑娥合著）

64. 《第三讲　盈亏临界点和成本—产量—利润依存关系的分析》，刊载于《中国经济问题》1982年第4期。（与蔡淑娥合著）

65. 《第四讲　经营决策的分析评价》，刊载于《中国经济问题》1982年第5期。（与蔡淑娥合著）

66. 《第五讲　资本支出决策的分析评价》，刊载于《中国经济问题》1982年第6期。（与蔡淑娥合著）

67. 《现代管理会计的主要特点及其吸收利用问题的探讨》，刊载于《财会通讯》1982年第1期。

*68. 《现代管理会计是一门有助于提高经济效益的学科》，刊载于《中国经济问题》1983年第4期。

69. 《提高企业生产经营的经济效益与现代管理会计的“洋为中用”》，福建省会计学会1983年年会报告。

70. 《现代管理会计对成本概念、分类与成本函数问题的剖析》，刊载于《江西会计》1983年第3期和第4期。

71. 《略论“三论”对现代管理会计的具体指导作用》，刊载于《福建电子财会》1984年第2期。

72. 《现代管理会计基本特征初探》，刊载于《福建电子财会》1984年第3期。

*73. 《现代管理会计中几个基本理论问题的探索》，刊载于《厦门大学学报》（哲学社会科学版）1984年第4期。

74. 《现代管理会计的数量方法的实践性与科学性问题》，刊载于《农业会计研究》1984年第6期。

75. 《现代管理会计怎样为提高经济效益服务》，刊载于《陕西会计通讯》1984年第7期。

*76. 《试论中西管理会计的共性及具有中国特色的管理会计的主要特点》，刊载于《财会探索》1985年第6期。

77. 《现代管理会计中的数量方法的实践性问题》，刊载于《广东财会》1986年第5期。

78. 《现代管理会计中的数量方法的科学性》，刊载于《广东财会》1987年第1期。

79. 《当代管理会计的发展及其有关问题的分析》，刊载于《财会探索》1987年第1期。

80. 《经营决策与成本概念》，刊载于《成本管理论文集》1984年第4期。

*81. 《试论现代管理会计中行为科学的引进与应用问题》，刊载于《厦门大学学报》（哲学社会科学版）1990年第4期。

82. 《建设项目国民经济评价的几个理论问题》，刊载于《财会通讯》1990年第10期。（与熊楚熊合著）

83. 《试论现代管理会计的特性——兼评“会计管理活动论”》，刊载于《中国经济问题》1990年第6期。（与毛付根合著）

84. 《跨国投资项目经济评价的几个专门问题（上）》，刊载于《福建会计》1990年第11期。

85. 《跨国投资项目经济评价的几个专门问题（下）》，刊载于《福建会计》1990年第12期。

86. 《外汇风险的计量与控制（上）》，刊载于《福建会计》1991年第3期。

87. 《外汇风险的计量与控制（中）》，刊载于《福建会计》1991年第4期。

88. 《外汇风险的计量与控制（下）》，刊载于《福建会计》1991年第6期。

89. 《跨国运转资本存量的优化问题》，刊载于《福建会计》1991年第7期。

90. 《跨国运转资本流量的优化问题》，刊载于《福建会计》1991年第7期。

91. 《跨国经营企业业绩评价的主要特点》，刊载于《福建会计》1991年第11期。

92. 《对现代管理会计的基本认识》，刊载于《厦门大学学报》（会计学专刊）1991年6月。

93. 《略论现金流动会计》，刊载于《财务研究》（季刊）1991年第3期和第4期。

94. 《现代管理会计的新发展》，刊载于《财会通讯》1992年第4期。

95. 《在当代高科技蓬勃发展的新形势下会计取得的新进展》，刊载于《当代财经》1992年第1期。

96. 《具有中国特色的责任会计的主要特点》，刊载于《财会通讯》1992年第7期。

*97. 《以ABM为核心的新管理体系的基本框架》，刊载于《当代财经》1994年第4期。

98. 《简论当代管理会计的新发展》，刊载于《厦门对外经贸财会》1995年第8期。

*99. 《简论当代管理会计的新发展——以高科技为基础、同“作业管理”紧密结合的“作业成本计算”》，刊载于《会计研究》1995年第7期。

100. 《论当代管理会计面临新的重大突破》，连载于《对外经贸财会》1995年第9期至第12期。

101. Briefly Expounding the Application of the Art of War by Sun Zi to Strategic Management Accounting， delivered at the University of Hull [UK], Oct. 1997.

*102. 《简论〈孙子兵法〉在“战略管理会计”中的应用》，刊载于《会计研究》1997年第12期。

*103. 《柔性管理的发展及其思想文化渊源》，刊载于《经济学家》1998年第1期。

104. “The General Character of Chinese and U. S. Management Accounting Style”, *Recent Accounting and Economics Development in the Far East*, published in 1988 by the Board of Trustees of the University of Illinois.

*105. 《简论工业经济向知识经济转变及其对现代管理会计的冲击》，刊载于《财会通讯》1998年第4期。

106. 《论知识经济的形成、发展将对管理会计体系产生重大影响》，刊载于《东南学术》1998年第6期。

*107. 《论管理会计的技术观与社会文化观》，刊载于《财会月刊》1998年第7期。

108. 《先进技术设备投资决策　效益评价的特点及例解》，刊载于《财务与会计》1998年第12期。

109. 《管理会计的形成与发展》，刊载于《中国会计年鉴》（1998年）。

110. 《展望21世纪管理会计的新发展——知识经济的形成、发展将对管理会计体系产生重大影响》，刊载于《财会月刊》1999年第1期。

111. 《再论现代管理会计的特性》，刊载于《财会通讯》1999年第6期。

*112. 《企业战略管理与战略管理会计基本理论问题》，刊载于《财务与会计》1999年第8期。

*113. 《论知识经济的社会文化观与现代管理会计》，刊载于《财会月刊》1999年第9期。

114. 《从社会文化观看知识经济对现代管理会计体系的重大影响》，刊载于《中国会计年鉴》（1999年）。

*115. 《半个世纪以来管理会计形成与发展的历史回顾及其新世纪发展的展望》，刊载于《财会通讯》，2001年第1期。

*116. 《管理特性的转变历程与知识经济条件下管理会计的人文化趋向》，刊载于《财会通讯》2001年第10期。

*117. 《从“商业语言”的特性看管理会计的人文性》，刊载于《财务与会计》2002年第9期。

*118. 《论人文主义思潮与管理会计的发展趋势》，刊载于《财会通讯》2003年第11期。

119. 《管理会计形成与发展的“三阶段论”》，刊载于《会计论坛》2003年第2辑。

120. “The Modern Rise of Humanism and the Developing Tendency of Management Accounting”, delivered at the International Conference on Accounting and Finance in Transitional Economies, sponsored by Center for Accounting Studies and Department of Accounting, Xiamen University, P. R. China（Nov. 2003, Xiamen）。

*121. 《现代管理会计研究的新思维》，刊载于《财务与会计》2004年第2期。

122. 《现代管理会计新发展的主要特点》，刊载于《财会通讯》2004年第5期。

*123. 《智力资产与智力资本会计的几个理论问题》，刊载于《经济学家》2004年第4期。

124. 《知识经济条件下管理会计的新特点》，刊载于《中国经济问题》2004年第2期。

*125. 《论体验经济与管理及管理会计创新》，刊载于《厦门大学学报》（哲学社会科学版）2005年第4期.

*126. 《管理与管理会计理论的几点新认识》，刊载于《中国经济问题》2005年第5期。

127. 《认识、研究管理与管理会计的新视野："由技入道"论》，刊载于《会计之友》2006年第5期。

128. 《管理会计学科建设的方向及其相关理论的新认识》，刊载于《财会通讯》2007年第2期。

四、财务管理

129. 《关于成本、利润和资金的最优规划问题》，刊载于《会计研究》1980年第3期。

130. 《社会主义市场经济体制下财务与会计的关系》，刊载于《当代财经》1993年第1期。

131. 《对股份制企业的资金结构、资本成本与财务杠杆问题的探讨》，刊载于《中国经济问题》1993年第3期。

132. 《欢庆我国企业财务管理的重大变革》，刊载于《会计之友》1993年第3期。

133. 《简论企业理财的对象、方法论和基本方法》，刊载于《财会月刊》1994年第3期。

134. 《简论现代市场经济中企业理财的特点、职能和基本指导原则》，刊载于《财会研究》1994年第9期。

135. 《简论〈企业理财学〉的创建及其与相关学科的关系》，刊载于《当代财经》1994年第11期。

136. 《试论现代企业的经营环境、财务目标与财务干部应具备的素质》，刊载于《财会月刊》1995年第1期。

137. 《简论我国企业财务改革的历史必然》，刊载于《财务与会计》1995年第3期。

138. 《财务管理前沿的开创性探索——评〈财务预警系统管理研究〉》，刊载于《财会通讯》2004年第17期。

五、会计教育与人才培养

139. “Reform of Accounting Education，Dissemination and Application of Western Accounting in China—A Tentative Retrospect, Perception and Summary of Significant Changes in Accounting in China over the Decade 1980–1990”，delivered at the 1990 International Accounting Seminar, sponsored by Center for International Education and Research in Accounting, University of Illinois at Urbana–Champaign[USA].

140. “Reform of Economic Systems and University Accounting Education in China”，delivered at the 7th International Conference on Accounting Education and Research，and included in a monograph entitled *Accounting Education for the 21st Century: The Global Challenges*, published in 1994 by American Accounting Association.

141. 《对管理会计师的职能及综合素质的认识》，刊载于《财会月刊》1998年第3期。

*142. 《论知识经济与创造性人才的培养》，刊载于《中国经济问题》1998年第4期。

*143. 《论现代管理会计方向博士生培养、教育中的几个理论认识问题》，刊载于《财会通讯》1998年第12期。

144. 《立身与为学之道——谈青年学子的成才之路》，作者应邀参加香港理工大学2002年度“杰出中国访问学人计划”（2002年9月），曾用本文作公开学术演讲。

145. 《论知识经济与跨世纪高层次人才的培养》，刊载于《财会月刊》2003年第10期。

146. 《论“正学风”是青年学子学术上成才的必由之路》，刊载于《教育科研论坛》2004年第1期.

147. 《关于杰出管理人才“核心能力”培养问题的探讨》，刊载于《财会月刊》2005年第1期。

148. “Several Theoretical Problems Concerning PhD Candidate's Education in the Area of Modern Management Accounting”, *Journal of Modern Accounting and Auditing*, July 2005.

*149. 《对高层次人才评价中几个基本理论问题的新认识》，刊载于《高等教育研究》2006年第1期。

*150. 《人文社会科学的品位与功能》，刊载于《中国经济问题》2006年第6期。

*151. 《对高层次人才培养中几个基本问题的新认识》，刊载于《会计之友》2006年第11期。

152. 《关于培养高层次管理会计人才的认识与实践》，刊载于《财会月刊》2007年第8期。

153. 《立足专业，超越专业》，刊载于《财务与会计》2007年第3期。

154. 《一个会计战线老兵的“从容论道”》，刊载于《财务与会计》2007年第7期。

155. 《谈管理的技与道》，刊载于《财务与会计》2007年第17期。

156. 《谈现代管理会计的刚与柔》，刊载于《财务与会计》2007年第19期。